Maria Herrmann / Florian Karcher

anders,

Maria Herrmann / Florian Karcher

# anders,

denn Kirche hat Zukunft.
Wie Fresh X neue Wege gehen.

FREIBURG · BASEL · WIEN

© Verlag Herder GmbH, Freiburg im Breisgau 2022
Alle Rechte vorbehalten
www.herder.de

Umschlaggestaltung: Dorle Schmidt, Studio komplementær, Köln
Satz: ZeroSoft SRL
Herstellung: GGP Media GmbH, Pößneck

ISBN (Print) 978-3-451-39236-8
ISBN (PDF) 978-3-451-82885-0
ISBN (EPUB) 978-3-451-82884-3

# Inhaltsverzeichnis

anders, denn Kirche hat Zukunft
    Ein Vorwort . . . . . . . . . . . . . . . . . . . . . . . . . .   11
*Maria Herrmann und Florian Karcher*

anders, weil es stetig neue Formen braucht und sie
    jetzt schon entstehen. . . . . . . . . . . . . . . . . . .   23

„Afresh for each generation"
    Das Neue in der Tradition der Kirche. . . . . . .   24
*Christian Schröder*

Die Kirche. Ökonomische Analogien im
    Transformationsprozess . . . . . . . . . . . . . . . . .   32
*David Gutmann und Fabian Peters*

Von Trockenblumen, erfrischender Grünkraft und
    warum hier überhaupt Stroh liegt. . . . . . . . . .   41
*Mathias Albracht*

Kirche, die ist, was sie sein wird
    Veränderungen zwischen Transzendenz
    und Temporalität . . . . . . . . . . . . . . . . . . . . . . .   50
*Friederike Erichsen-Wendt*

Inhaltsverzeichnis

Dass überhaupt mal etwas anders sein darf
  Über Fluchtreflexe, Enttäuschung und jede
  Menge Hoffnungstrotz.................... 60
*Miriam Fricke*

anders durch Freiheit ....................... 69
*Johanna Kalinna*

Macht mal
  Warum entsteht das Andere? ............. 80
*Maria Herrmann*

Form follows function
  Von der Architektur für die Kirche lernen ... 89
*Lena Niekler*

**anders, aber in Vielfalt ein Teil der Tradition.** ..... 99

anders denken, anders machen, anders sein
  Von den Charismen des Gründens ......... 100
*Katharina Haubold*

Von Baristas und außergewöhnlichen Begleitungen
  Teamarbeit in neuen Formen von Kirche .... 109
*Andrea Legge*

Machtfragen
  Anders über Macht denken .............. 117
*Miriam Hoffmann*

Anders waren wir schon immer
    Menschen of Color in der weiß dominierten
    Kirche .............................. 127
*Sarah Vecera*

Die Angst verlieren, etwas zu verlieren
    Elemente einer Ekklesiologie im Spagat à la
    François Jullien: Vielfalt als fruchtbare
    Ressource entdecken..................... 134
*Dag Heinrichowski SJ*

Fresh X und Zivilgesellschaft
    Da geht noch mehr .................... 142
*Adrian Micha Schleifenbaum*

the medium is the message
    Kontextuelle Evangelisation in neuen Formen
    von Kirche (Fresh X) .................... 149
*Florian Karcher*

Eine Kultur der Nachfolge .................... 159
*Nico Limbach*

Licht. Stille. Konfetti
    Eine Auseinandersetzung mit dem Warum
    des gottesdienstlichen Feierns und der Frage
    nach neuen Feierformen ................ 166
*Isabelle Molz*

**anders, damit Sendung und Berufung die Welt verändern** 175

... und dazwischen ist Gott
    Christliche Gemeinschaft im Internet . . . . . . . 176
*Felix Goldinger*

Von Suppen, Stolpersteinen und Seelsorge zwischen Tür und Angel
    Einrichtungsgemeinde am Beispiel einer Tagesstätte für wohnungslose Menschen . . . . . . . . . . . . . . 187
*Anna-Sofie Gerth*

Ein Wickeltisch im ehemaligen Frisiersalon
    Gibt es Kriterien für neue Ausdrucksformen kirchlichen Lebens – und was bringen sie uns? 195
*Janette Zimmermann*

Gott hinterherstolpern
    Von den alten Mönchen lernen . . . . . . . . . . . 203
*Jonte Schlagner*

Der Boden des Alltags heiligt dich . . . . . . . . . . . . . 213
*Dave Jäggi*

Beten und Businessplan
    Unternehmerische Ansätze als Chance für Innovation in Fresh X und Kirche . . . . . . . . . 225
*Anna und Erik Reppel*

Global denken, kontextuell handeln
    Fresh X und das für die Welt schlagende Herz 234
*Daniel Hufeisen*

Der Weg ist das Spiel
  Wie Kirche nicht zu retten, aber zu haben ist . 244
*Andrea Kuhla*


anders – und doch nicht. Ein Schlusswort zum Anfangen  255
  *Maria Herrmann und Florian Karcher*


Autor:innen . . . . . . . . . . . . . . . . . . . . . . . . . . . .  263

# anders, denn Kirche hat Zukunft
# Ein Vorwort

*Maria Herrmann und Florian Karcher*

Gesellschaft und Kirche in Deutschland verändern sich, sie werden *anders*. Darüber wird an unterschiedlichen Stellen nachgedacht, eine Menge wird ausprobiert, viel unternommen. Manches davon ist im kirchlichen Bereich von den sogenannten *Fresh Expressions of Church* inspiriert – einer Bewegung, die vor beinahe 20 Jahren in der Church of England ihren Namen bekommen hat.

Die in England gemachten Erfahrungen inspirieren nun seit über 10 Jahren auch Interessierte im deutschsprachigen Raum an unterschiedlichen Ecken und (Neu-)Anfängen der Kirche: in bestehenden Strukturen und in Aufbrüchen, in Teams vor Ort sowie in kirchlichen Behörden und Kirchenämtern; in digitalen Communities und Bahnhofsmissionen, an Fakultäten, in Instituten und Kneipen.

Während zu Beginn dieser Bewegung von der Insel aufs Europäische Festland eine Reihe von Veröffentlichungen im deutschsprachigen Raum stand, ist es in den letzten Jahren etwas ruhiger geworden. Doch die Prozesse vor Ort und in den kirchlichen Strukturen gingen weiter. Nun ist es an der Zeit wieder einmal genauer hinzusehen und Diskurse und Erfahrungen aus verschiedenen Bereichen der Bewegung im deutschsprachigen Raum zusammenzutragen.

## Wie aus Fresh Expressions of Church Fresh X wurde

Veränderungs- und Erneuerungsprozesse in Kirchen werden häufig durch zwei Faktoren angestoßen: Zum einen ist es oft der Druck von außen, der Veränderung notwendig macht. Zum anderen löst eine (theologische) Konzentration oder Neubesinnung auf das Kernanliegen – oder besser: die eigene Sendung – Veränderung aus.

Beides trifft auf die Entstehung der Bewegung der Fresh Expressions of Church in Großbritannien zu. Gesellschaftliche Veränderungen Ende des 20. Jahrhunderts führten zu einem rapide ansteigenden Relevanzverlust der Church of England und anderer Kirchen in Großbritannien. Auch wenn die Entwicklungen nicht wirklich vergleichbar sind, lassen sich dabei durchaus Parallelen zur aktuellen Situation in Deutschland ziehen, wenn von Mitgliederschwund, Austrittswellen und Vertrauensverlusten durch zahlreiche Krisen und Skandale die Rede ist. Mit dem Unterschied: Im britischen System, in dem sich Kirche nicht durch Kirchensteuern finanziert, sondern auf die aktive finanzielle Unterstützung Einzelner angewiesen ist, wurden diese Entwicklungen schnell existentiell für englische Gemeinden und die Organisation Kirche. Die Reaktion von kirchlicher Seite war eine inhaltliche Fokussierung auf die Themen Evangelisation und Wachstum. Die 90er Jahre wurden zur Dekade der Evangelisation innerhalb der Church of England ausgerufen. Diesem Anliegen schlossen sich andere Denominationen an, so dass von Anfang an von einer ökumenischen Bewegung die Rede sein kann. Damit war die Grundlage gelegt, um zahlreiche Themen und Experimente rund um die Frage, wie Kirche auch in einem postchristlichen Zeitalter relevant, ja sogar wachsend, sein kann, anzugehen.

In einer ersten großen Welle wurde dabei das Konzept des *church planting*[1] verfolgt, das ganz vereinfacht gesagt, darauf fußt, dass kleine Gruppen aus bestehenden Gemeinden an anderen Orten eine neue Gemeinde mit Unterstützung der „Muttergemeinde" pflanzen. Die Erfahrungen und Diskurse aus der Dekade und dem church planting waren entscheidende Grundlagen für die Entwicklung der Fresh Expressions of Church: In einer sich schnell veränderten und diverser werdenden Gesellschaft spielt der konkrete Kontext vor Ort oder in einem Netzwerk eine zentrale Rolle dafür, ob und wie christliche Gemeinschaften als relevant empfunden werden. In dem für die Bewegung zentralen Bericht „mission-shaped church. church planting und fresh expressions of church in a changing context" der Church of England wurden diese neuen Formen von Kirche 2004 dann beschrieben und eingeordnet. Damit wurden sie fester Bestandteil der strategischen und geistlichen Ausrichtung der Church of England in Zusammenarbeit mit anderen Kirchen, allen voran der englischen Methodist Church. Seitdem wird viel in neue kirchliche Formen investiert, es gibt ein, mittlerweile dezentrales Team, das die Bewegung durch Bildungs- und Begleitprozesse unterstützt, Fresh Expressions sind in die Amtsstrukturen integriert und es sind kirchenrechtliche Voraussetzungen geschaffen worden: Neue Formen kirchlichen Lebens können rechtlich neben pfarrlichen / parochialen Strukturen existieren, wofür das Bischofsamt Sorge trägt. Dazu gibt es eigene theologische (auch auf Ordination zielende) Ausbildungswege. Die Church of England gibt auf ihrer Website im Jahr 2022 an, dass die Fresh Expressions of Church mittlerweile 15% alle Gemeinden in-

---

[1] Diese Bewegung lässt sich vor allem in der 1994 erschienen Publikation „Breaking New Ground. Church Planting in the Church of England" nachvollziehen.

nerhalb der Kirche ausmachen.² Im statistischen Bericht aus 2021 wird die Zahl der Fresh Expressions mit 9.100, bei kontinuierlichem Wachstum, benannt.³ Darüber hinaus gibt es eine Reflexion darüber, wie die neuen Formen im Verhältnis zu traditionellen Formen stehen, die sich im Begriff der „Mixed Economy" (oder mittlerweile wird auch von „Blended Economy" oder „Mixed Ecology") nieder schlägt. Damit ist gemeint, dass Kirche eben beides in einer sich positiv ergänzenden Haltung braucht. In England sind die Fresh Expressions of Church ein großes Ding. Und in Deutschland?

Im deutschsprachigen Bereich wird häufig darauf verwiesen, dass die Situation eben eine *andere* sei: Es gibt keine zentralen Großkirchen, sondern relativ selbstständige Landeskirchen und Bistümer; es gibt eine Kirchensteuer; die Ausbildung von Theolog:innen ist eine andere. Damit sind nur einige Argumente benannt. Ja, es stimmt die Situation ist eine andere und gleichzeitig wächst seit Jahren auch der Druck auf die Kirchen – der Wunsch nach Veränderung und neuen, anderen Formen von Kirche ist lebendig und spürbar. Bereits früh fand die anglikanische Bewegung Bewunderer:innen und Befürworter:innen aus Deutschland, Österreich und der Schweiz und wurde zu Beginn der 2010er Jahre auch öffentlich wahrnehmbarer ins Gespräch gebracht. Große und kleine Kongresse mit Gästen aus England und zahlreiche Studienreisen auf die Britischen Inseln sorgten für eine erste Verbreitung der Ideen und

---

[2] https://www.churchofengland.org/about/fresh-expressions-church-england

[3] https://www.churchofengland.org/sites/default/files/2021-06/Fresh%20Expressions%20State%20of%20Play%20Report%202019%20Website.pdf

Ansätze. Daraus wuchs ein Runder Tisch, später ein Netzwerk und ein Verein mit dem Namen Fresh X Deutschland.[4]

Von Anfang an entwickelten sich jenseits dieses „Labels" Netzwerke, Arbeitsbereiche und Programm in den beiden großen Kirche, in Freikirchen und Verbänden, die zentrale Anliegen der Fresh X-Bewegung teilen. Auch das Netzwerk selbst ist als Verein divers in den konfessionellen Hintergründen, der Intensität und den Anliegen. So sind verschiedene Landeskirchen, Bistümer, (Jugend)verbände, Freikirchen und andere vernetzt, auf der Website als lokale Fresh X registriert oder inhaltlich verbunden. Von Anfang an war es eine Herausforderung für die Bewegung in Deutschland, zum einen die wertvollen Erfahrungen und Materialien der Anglikaner:innen zu nutzen und auf den deutschen Kontext zu übertragen, aber eben zum anderen auch eigene Impulse und Strategien zu entwickeln und sie in die Bewegung einzutragen. Dabei wurden über die Jahre hinweg nicht nur die Kontakte nach England weitergepflegt, sondern auch europäische Netzwerke genutzt oder aufgebaut und Verbindungen zu anderen nationalen Fresh Expressions-Bewegungen (besonders in die Niederlande) aufgebaut, um Erfahrungen auszutauschen. Anders als in der durch die Church of England geprägten Bewegung in England ist Fresh X in Deutschland kein einheitlicher und zentral gesteuerter Arbeitsbereich. Auch das Netzwerk in Form eines Vereins bildet nicht das ab, was inhaltlich im Geiste von

---

[4] Eine ausführliche und die Protagonist:innen wertschätzende Darstellung der frühen Entwicklung findet sich bei Carla J. Witt: Das deutschsprachige Fresh X-Netzwerk – oder die Biografie einer Bewegung, in: Pompe/Todjeras/Witt: Fresh X – Frisch. Neu. Innovativ. Und es ist Kirche, Neukirchen-Vluyn 2016 und bei Sandra Bils: Kirche2 – eine ökumenische Bewegung, ebd.

Fresh X in Deutschland und dem deutsch-sprachigen Raum geschieht.

Dennoch nimmt die Sache weiter Fahrt auf, was auch am immer größer werdenden Druck zur Veränderung hin liegen dürfte: Nach den beiden ersten Phasen, die man mit (1.) „Kontakte und Kongresse" und (2.) „Netzwerk" überschreiben können, zeichnet sich eine dritte Phase ab, die man vielleicht als (3.) „Strukturelle Einbindung" beschreiben könnte. In vielen evangelischen Landeskirche entstehen Strukturen für neue Formen von Kirche, die mancherorts „Erprobungsräume" heißen. Auf katholischer Seite werden Beauftragungen zum Experimentieren ausgesprochen und die Sendungsorientierung und das missionarische Wesen der Kirche in den Prozessen (lokaler) Kirchenentwicklung oder in anderen Zukunfts- oder Visionsprozessen reflektiert. In beiden großen Kirchen werden Innovationsfonds zur Förderung neuer Aufbrüche aufgelegt und (Teil-)Stellen und Teams zur Entwicklung, Förderung und Begleitung solcher geschaffen. Hier und da sind sogar kirchrechtliche Veränderungen in Arbeit oder bereits rechtskräftig, um auf diese Weise Ermöglichungsstrukturen für das Neue und Andere in der Kirche zu schaffen. In Freikirchen und Verbänden entstehen ebenso Arbeitsbereiche, die sich mit ähnlichen Fragen beschäftigen. Das Thema erhält, wenn auch zögerlich, Einzug in den theologischen Fakultäten und Publikationen und erste Ausbildungsformate für Pioniersituationen sind auf dem Markt. Wenn alle diese Entwicklungen eine großes blaues Fresh X-Logo tragen würden, wäre vielleicht sichtbarer, dass die Bewegung bei uns zwar noch kein „großes Ding" ist (und sich die Engagierten noch viel mehr Unterstützung und Ressourcen wünschen), aber eben doch recht weit verbreitet und mittlerweile dabei ist, sich zu etablieren. Was für die Sichtbarkeit als Narrativ oder Marke hilfreich wäre, ist aber für die deutsche Situation vor Ort nicht unbedingt sinnvoll, wenn es darum geht, das Anliegen in ganz unterschiedliche Kontexte zu transportieren, zu kontextualisieren und dort zu verankern.

Und so gibt es heute ein ökumenisches Netzwerk in Deutschland, das über offizielle Strukturen hinausgeht und das sich themenzentriert, teilweise digital, oft ad-hoc und manchmal formal vernetzt oder in einem Buch wie dem vorliegenden sichtbar wird. Um die Frage nach neuen Formen kirchlichen Lebens aber auf ein nächstes Level zu heben, braucht es im deutschsprachigen Raum neben einem solchen wertvollen Netzwerk nun auch klare kirchenleitende Entscheidungen und neue Strukturen und dabei können wir wieder von den Engländern lernen. Denn die entscheidende Frage ist: Wie holen wir solche Innovationen, also andere frische Formen kirchlichen Lebens aus dem Status eines „nice to have" und der pastoralen Kür heraus und verschaffen Ihnen eine gleichberechtigte Stellung innerhalb der Zukunftsgestaltung unserer Kirchen, damit Sie ihr Potential entfalten können?

## *Hintergründe und Ziele des Buchs*

Denn auch im deutschsprachigen Raum wird immer deutlicher: Das Territorialprinzip von Gemeinden und die pfarrliche Struktur ist an seine Grenzen gekommen oder hat sie teilweise bereits überschritten. Selbst die Ergänzung z.B. durch kategoriale Seelsorge, inhaltliche Arbeit auf einer übergeordneten oder ergänzenden Ebene oder Verbandsarbeit stellt nicht sicher, dass Menschen eine angemessene Sozialform finden, in der sie als mündige Getaufte ihre Form von Kirche (mit-)gestalten können. Auch die Diskurse darüber, wie Kinder, Jugendliche und Erwachsene neu zum Glauben kommen und eine Kultur der Nachfolge in Gemeinschaft leben können, sind intensiver und ernsthafter denn je zu führen. Dies heißt nicht, dass das kirchliche Handeln alleine durch geeignete Sozialformen oder eine Beteiligungslogik zu bewerten ist: Seelsorgerliches Handeln an den Ecken und Kanten des Lebens ohne Vereinnahmung der Menschen muss weiterhin möglich und selbstverständlich sein. Es wird allerdings für die Gestaltung einer kirchlichen Zukunft eine Vielzahl verschiedener Handlungsräume und -optionen geben (müssen). Die Gestaltung kontextueller Gemeindeform neben der territorialen Struktur der Kirche ist eine davon. Dies stellt deutlich die Frage danach: Wie geht Kirche *auch anders*?

Der Ausgangspunkt des vorliegenden Buches ist also die Einschätzung, dass eine Ergänzung kirchlicher Strukturen durch z.B. Fresh X dringend notwendig ist. Diese Beobachtung wird allerdings erweitert: Eine Ergänzung durch Fresh X ist nicht nur notwendig, sondern vor allem auch möglich – und sie geschieht bereits. Der Band setzt an diesen Stellen an und bündelt eine (sicherlich nicht vollständige) Auswahl von Diskursen, die im Zusammenhang mit Fresh X in Deutschland auftauchen. Dabei nimmt er eine notwendige Komplexitätsreduktion vor: Das Buch blickt bewusst nicht auf die gesamte Kirchenlandschaft und setzt auch nicht bei dessen Transformationsprozessen an. Es legt weder vollständige soziologische Analysen, noch umfassende Gesamtstrategien oder ausgefeilte und systematische Ekklesiologien vor. Allerdings fügt sich der Band ein in eine lange Reihe von Diskursen zur Gestaltung der Zukunft, die die Kirchen im deutschsprachigen Raum zu führen haben, in dem er sich auf die Gemeindebildung in neuen Kontexten und die aus diesen Prozessen entstehenden Fragen konzentriert.

Ein Vorwort

Das Ziel dieser Veröffentlichung ist eine Momentaufnahme der Entwicklungen der Fresh X in Deutschland zu dokumentieren. Wir möchten damit die Kontextualisierung der Kontextualisierungsbewegung der Fresh Expressions weiter begleiten: Fast 20 Jahre nach „Mission-shaped Church" und etwa fünfzehn Jahre nach der deutschen Übersetzung des Berichts haben sich nicht nur die Diskurse verändert, sondern können ergänzt und angereichert werden durch bisher ungenutzte Ressourcen und Fragestellungen. Entsprechend baut das vorliegende Buch auf sowohl Reflexion als auch Proflexion, auf das was war, ist und sein kann. Es wird lebendig durch Stimmen aus Theorie und Praxis und profitiert von der Vielfalt unter den Autor:innen, die ihren Platz in der für sie stimmigen Weise füllen. Da der deutschsprachige kirchliche Kontext immer in besonderer Weise ein ökumenischer ist, lebt auch das vorliegende Buch im Sinne einer Ökumene der Sendung bewusst selbstverständlich von den verschiedenen Charismen der Konfessionen.

## Aufbau des Buches

Wenn man der Frage nachgeht, was an und in der Kirche alles (nicht) anders werden soll, lassen sich Antworten auf unterschiedlichen Ebenen finden: Man kann *erstens* Aspekte benennen, die seelsorgerliches und missionarisches Handeln betreffen, wie Gottesdienste, Aktionen und Veranstaltungen, Initiativen und Handlungsfelder – das konkrete Handeln in Kontexten vor Ort, in einem Netzwerk oder Sozialraum. Man kann *zweitens* Haltungen und Atmosphären, Kulturmerkmale und Prozesse identifizieren, die für das Ausrichten einer gegenwartssensiblen und zukunftsfähigen Kirche notwendig sind – das könnte zum Beispiel Fragen einer Leitungskultur betreffen, aber ebenso auch Themen der Spiritualität. Schließlich richtet sich möglicherweise *drittens* der Blick auf Intentionen und Motive, Visionen und Träume, Kirchenbilder und weitere theologische und gesellschaftliche Themen, die ein verändertes kirchliches Handeln begründen, möglich machen oder auch verhindern – die großen Kontexte und Fragen, die Kraft und Mut verlangen, aber eben auch Anlass geben für die fundamentale Veränderungen. Der Autor Simon Sinek hat eine Beobachtung publik gemacht, die diese drei Ebenen reflektiert: Er beschreibt unter dem Stichwort des „goldenen Kreises" einen Zusammenhang dieser drei Ebenen. Er stellt dabei die These auf, dass es sowohl zielführend als auch nachhaltig ist, sich von den großen Fragen her, von der goldenen Mitte, einer Idee zu nähern, daraufhin die Haltungen in den Blick zu nehmen und sich erst im nächsten Schritt den Konkretionen und Handlungen zu widmen. Das vorliegende Buch gliedert sich dementsprechend also in drei Teile:

1. Es fragt zunächst, warum sich die Kirche im Sinne der Fresh X ändert: *Warum* wird Kirche anders, wozu braucht es neue Formen kirchlichen Lebens und woraufhin entstehen Sie?
2. Dann nimmt es die Haltungen, Prozesse und Fragen in den Blick, die sich in aller Vielfalt in der Bewegung der Fresh X im deutschsprachigen Raum zeigen: *Wie* entstehen Fresh X in Deutschland, welche Fragen und Diskurse durchziehen die Prozesse, welche theologischen Ressourcen fördern das Anderswerden?
3. Schließlich beschäftigt es sich mit den Konkretionen: *Was* zeigt sich in Fresh X, was ist daran anders?

Ein Vorwort

*Danke!*

An dieser Stelle möchten wir uns bei allen Autor:innen bedanken, die mit ihrem Beitrag diesen Band möglich gemacht haben. Für viele war dies nur in den späten Abendstunden oder in der sonst geringen freien Zeit möglich. Auch veröffentlichen eine ganze Reihe der Autor:innen in diesem Band zum ersten Mal einen Text für eine große Leser:innenschaft. Wir wissen um den Mut, den es dafür gebraucht hat und das große Engagement und Vertrauen, das uns mit jedem Artikel geschenkt wurde. Ebenso dankbar sind wir Dorle Schmidt vom Studio Komplimentær für die Gestaltung unseres Buchcovers. Fasziniert sind wir davon, wie stimmig und bestimmt dieses Design für unsere Veröffentlichung gelungen ist. Ein großer Dank gilt auch Fresh X Deutschland e.V. und dem Innovationsbeirat des Vereins, namentlich vor allem Rolf Krüger, für das Vertrauen und die Unterstützung in diesem Buchprojekt. Schließlich bedanken wir uns bei unseren Ansprechpartner*innen im Herder Verlag, allen voran Dr. Johanna Oehler: Dafür, dass wir mit dieser Veröffentlichung unseren Thesen, Diskursen und Erfahrungen Raum bekommen haben, auch und gerade weil die Grundthese des Buches in diesen Zeiten von Kirche und Gesellschaft etwas außergewöhnlich klingen mag.

Das Meistern großer Veränderungen in Kirche und Gesellschaft ist Teamarbeit – es geht nur gemeinsam und in Vielfalt. Wir sind dankbar für das Engagement so vieler Menschen in bestehenden Strukturen *und* in neuen Aufbrüchen, in den Fresh X Teams vor Ort sowie in kirchlichen Behörden und Ämtern, in digitalen Communities und Bahnhofsmissionen, an Fakultäten, in Instituten und Kneipen. Im Vertrauen auf Gottes Unterstützung und mit einem hoffnungs- und liebevollen Blick auf die Welt tragen sie Sorge dafür, dass Kirche *anders* werden kann – und eine Zukunft hat.

*Maria Herrmann und Florian Karcher*

anders, weil es stetig neue Formen braucht und sie jetzt schon entstehen.

*Wir fragen also zuerst warum: Warum wird Kirche anders, aber auch: Wofür und woraufhin sollten Veränderungen aktiv angegangen werden? Und: Wozu braucht es (mehr) Fresh X?*

*Christian Schröder schaut im Hinblick auf diese Fragen zurück nach vorn, David Gutmann und Fabian Peters geben einen ökonomischen, Mathias Albracht einen geistlichen Kontext. Friederike Erichsen-Wendt und Miriam Fricke schauen von je unterschiedlichen Seiten auf die nächsten Generationen kirchlichen und theologischen Nachwuchses und sprechen dabei viel Grundsätzliches an. Johanna Kalinna zeigt ausgehend vom Begriff der Freiheit die Notwendigkeit und Möglichkeit der Etablierung von Fresh X für kirchliche Systeme. Maria Herrmann beschreibt den Prozess der Entstehung kirchlicher Innovationen. Schließlich baut Lena Niekler eine Brücke in den nächsten Buchabschnitt und denkt über den Zusammenhang von Form und Funktion neuer kirchlicher Sozialformen nach.*

*Diese Perspektiven ergänzen einander und können miteinander gelesen werden. Sie bilden je unterschiedliche Ausgangspunkte eines vernetzten Nachdenkens über das Warum der Veränderung der Kirche – ohne den Anspruch auf Vollständigkeit zu erheben.*

anders, weil es stetig neue Formen braucht und sie jetzt schon entstehen.

## „Afresh for each generation"
## Das Neue in der Tradition der Kirche

*Christian Schröder*

Vielleicht ist es kein Zufall, dass *fresh expressions* in der anglikanischen Gemeinschaft zuerst entstanden sind. Wohl keine andere christliche Konfession hat ein vergleichbar breites Spektrum an konkreten Ausdrucksformen kirchlicher Kultur hervorgebracht. Als „both catholic and reformed" war anglikanische Identität seit ihrer Entstehungszeit sehr häufig mit verschiedenen Doppeldeutigkeiten und beweglichen Identitäten konfrontiert. Die *mixed economy* der *fresh expressions* gehört in dieser Weise schon immer zur anglikanischen Tradition dazu. Wer heute ein Amt in der Church of England übernimmt, spricht die *Declaration of Assent* und bekräftigt darin, dass es Aufgabe der Kirche sei, *„to proclaim [the faith] afresh in each generation"*. Auch in anderen christlichen Traditionen gibt es ähnliche Kurzformeln für die Überzeugung, dass die Kirche sich ständig erneuert. „Ecclesia semper reformanda" wurde vor allem durch Karl Barth in der reformierten Tradition popularisiert, obwohl der Gedanke deutlich älter ist. Das Zweite Vatikanische Konzil hat festgehalten, dass die katholische Kirche in der Geschichte ihre Verkündigung immer wieder an Zeit und Kontext der jeweiligen Völker angepasst hat (Gaudium et Spes 44).

Diese Selbsteinschätzungen aus unterschiedlichen Konfessionen passen auf den ersten Blick nicht zu dem, was Kirchen in der Regel von außen zugeschrieben wird. Bei denen, die sich ihnen nicht zugehörig fühlen, gelten sie insgesamt eher als Horte der Tradition und nicht der Innovation, eher als veraltet denn als zeitgemäß. Es könnte also sein, dass es sich bei diesen Sätzen um das handelt, was Historiker*innen als „invention of tradition" bezeichnen. Etwas, das in der Gegenwart als wünschenswert oder notwendig erachtet wird, bekommt eine historische Dignität zugeschrieben, wird als wesentlicher Bestandteil der Identität einer Gruppe behauptet, der aber leider in den Wirren der Geschichte teilweise verschüttet worden ist und nun unbedingt zu neuer Blüte gebracht werden soll. Kirchengeschichte als Geschichte von *fresh expressions* zu verstehen wäre deshalb sicherlich eine Verdrehung der Tatsachen. Vor allem deshalb, weil trotz aller Reform- und Anpassungsschritte durch die Jahrhunderte der christliche Glaube zumindest in Westeuropa seit 1700 Jahren Teil der dominanten Mehrheitskultur ist. Dennoch: Neuaufbrüche und kontextsensible Anpassungen der Kirche gab es natürlich trotzdem immer wieder. Vielleicht lassen sie sich als Vorläufer der heutigen Fresh X-Bewegung sehen. Eine kleine Spurensuche in historischen Schlaglichtern anhand der vier Kennzeichen der *fresh expressions*:

## Missional – Die Welt ist Gottes so voll

Das erste Kennzeichen ist wohl dasjenige, das historisch am schwierigsten zu entdecken ist. Heute wird oft das Wort missional benutzt, um sich von einem traditionellen Missionsverständnis abzugrenzen. Es wäre leicht, Beispiele für Mission in der Geschichte zu finden, bei der vor allem die Ausbreitung kirchlicher Strukturen und gesellschaftlicher Dominanz der Christ*innen im Vordergrund stand. Aber Christ*innen, die andere nicht vereinnahmen wollten, sondern selbst auf der Suche danach waren, wo Gott sich in der Welt finden lässt, sind nicht so leicht zu entdecken. Historisch führt die Spur immer

anders, weil es stetig neue Formen braucht und sie jetzt schon entstehen.

wieder zu Mystiker*innen. Dann finden sich selbst in klassischen Missionsbewegungen solche, die nicht einfach Heiden für ihren kolonialen Glauben gewinnen wollten, sondern sich zuerst selbst als Suchende nach dem Geheimnis Gottes empfanden. Besonders mit dem Rückgang tradierter Kirchlichkeit in Europa und Nordamerika entstanden auch hier solche Beispiele: Madeleine Delbrêl etwa lebte nicht Jahrzehnte in einer atheistisch geprägten Pariser Banlieue, um dort möglichst viele Taufen zu erreichen, sondern um „Gott einen Ort zu sichern". Und diesen Ort sah sie gerade in einem völlig entkirchlichten Milieu. Ähnliche Beobachtungen lassen sich für einige Protagonist*innen der Theologie der Befreiung machen. Die Verbindung von Mystik und Politik, von Gotteserfahrung und sozialer Not zielte nicht auf die Bewerbung der Kirche als heilsnotwendiger Institution. Sie führte deswegen aber immer wieder zu einer anderen Art der „Popularisierung" des Glaubens, indem sie in ungewöhnlichen Kontexten nach Gott fragte und die Kirche zurückstellte.

### *Kontextuell – Zeit, Ort und Milieu erfordern neue Ideen*

In soziokulturellen Entwicklungen gibt es selten Neues im Sinne einer Erfindung (invention), sehr häufig allerdings im Sinne von Innovation. Diese meint hier vor allem das neue Konstellieren oder Kombinieren verschiedener Modelle, aus denen eine als nützlich empfundene Sozialgestalt entstehen kann. Soziale Innovation in diesem Verständnis lässt sich in der Geschichte tatsächlich dauernd beobachten, zunehmend aber als Begleiterscheinung des technischen Fortschritts der letzten 200 Jahre. Die gesellschaftliche Veränderung durch die Industrialisierung führte bei vielen Christ*innen zu einem verstärkten Einsatz für die „neuen Armen", für die es öffentliche Sicherungssysteme noch nicht gab. Klöster oder Stiftungen hatten bis zur Französischen Revolution vielerorts die Armenfürsorge getragen, die lokalen Fonds waren oft eng mit den kirchlichen Strukturen verbunden. Das alles fehlte nun oder war nicht mehr in der Lage, Schutz vor Massenarbeitslosigkeit oder die Versorgung von Waisenkindern und Alten zu gewährleisten. Das 19. Jahrhundert hat quer durch die Konfessionen einen bemerkenswerten Innovationsschub an diakonischen Formen des Kircheseins hervorgebracht. Von den frühen Kindergärten über Altenheime bis zur Bahnhofsmission sind in dieser Zeit Orte von Kirche entstanden, die allesamt Reaktionen auf spezifische Kontexte und Problemstellungen waren. In einer Phase der Institutionalisierung mündeten viele dieser Initiativen in die beiden großen konfessionellen Sozialorganisationen Caritas und Diakonie. Die meisten hatten ihren Anfang allerdings in einem höchst lokalen Kontext, etwa in einem Stadtteil, einer Kleinstadt oder sogar einem Dorf.

Erfolgreiche Gründungen passten in die Kultur der jeweiligen Zeit. Aus der Sicht von heute sind sie recht einfach zu identifizieren. Von den gescheiterten Innovationen wissen wir meistens nämlich nichts. Was an Ausdrucksformen kirchlichen Lebens bis zu uns überlebt hat, war also mit hoher Wahrscheinlichkeit selbst einmal eine sehr passgenaue Antwort auf einen bestimmten historischen Kontext.

## *Formational – Nachfolgeoptionen jenseits der Kirchenbank*

Menschen, die dieses Buch lesen und bereits seit ihrer Kindheit kirchlich sozialisiert sind, werden es für selbstverständlich halten, dass Gemeinden nach Möglichkeit auch Angebote für

anders, weil es stetig neue Formen braucht und sie jetzt schon entstehen.

Jugendliche haben. Die volkskirchliche Logik, die trotz einiger Spezifika auch für Freikirchen jahrzehntelang prägend war, geht von einer lebenslangen Kirchlichkeit aus, in der Menschen als Kinder und Jugendliche in den Glauben hineinwachsen, den sie dann verantwortet als Erwachsene in den vorgesehenen Formen ausdrücken. Im Laufe der Moderne hatten die Kirchen erkannt, dass es nicht ausreichte, Jugendlichen biblisches Wissen und den Ablauf des Gottesdienstes beizubringen. Einerseits lag dies daran, dass überhaupt erst so etwas wie „die Jugend" im heutigen Sinn entstand. Die zunehmende Varianz möglicher Lebensläufe und das Verlassen des Elternhauses auch vor einer möglichen eigenen Familiengründung waren nur zwei Gründe, weshalb Jugendarbeit zur Rekrutierung künftiger erwachsener Kirchenmitglieder an Bedeutung gewann. Allerdings waren Gemeinden hier nicht die ersten Orte, die die Bedeutung spezifisch jugendgemäßer Verkündigung und Seelsorge erkannten. Der eigentliche Erneuerungsschub ging von denen aus, die Jugend nicht allein als Durchgangsstation zum erwachsenen Gemeindemitglied verstanden, sondern jungen Menschen eigene, altersgemäße Gelegenheiten schufen, ihrem Glauben Gestalt zu geben. Die verschiedenen Jugendverbände, später zusammengeschlossen etwa im CVJM oder BdKJ, waren historisch vor allem deshalb erfolgreich, weil durch sie Nachfolge in einem eigenen Raum jenseits etablierter Formen von Kirchlichkeit möglich wurde, zum Beispiel auf dem Sportplatz oder im Ferienlager.

*Ekklesial – Das Neue soll selbst Kirche werden*

Auch das vierte Kennzeichen ist nicht leicht in andere historische Epochen zu übertragen. Dass etwas kirchlich Initiiertes zu einer eigenen Form von Kirche werden und nicht lediglich eine Art Vorfeldorganisation oder Projekt darstellen soll, war im kirchlichen Mainstream lange Zeit nicht vorstellbar. Häufig lässt sich dies aber in der Gründung von monastischen Gemeinschaften beobachten. Deren Ausgangspunkt lag in der Regel nicht bei einer kirchlichen Autorität, sondern entsprang dem Wunsch Einzelner oder einer kleinen Gruppe nach einer bestimmten Lebensform, die als evangeliumsgemäß empfunden wurde. Eine Förderung oder gar Steuerung „von oben" tritt höchstens in einem zweiten Stadium der Förderung und Verbreitung ein. Häufig war deshalb gerade in der frühen Phase solcher Gründungen unklar, ob sich daraus kirchlich anerkannte Formen entwickeln würden.

In der Armutsbewegung suchten bereits seit dem späten 12. Jahrhundert viele Menschen aus Enttäuschung über den verweltlichten Klerus nach intensiveren Formen des Glaubenslebens. Häufig blieben solche Versuche individuelle oder sogar lokal begrenzte Unternehmungen. Einige gewannen größere Anhängerschaft, wurden aber, wie etwa die Waldenser oder Katharer, aus der Kirche herausgedrängt oder sogar verfolgt. Nach der Logik der Zeit konnte eine Gemeinschaftsform dadurch einen ekklesialen Status erhalten, wenn sie von den kirchlichen Autoritäten approbiert wurde. In den Ordensgründungen, die mit den Namen Franziskus und Klara von Assisi oder Dominikus verbunden sind, gelang diese Anerkennung zum einen deshalb, weil andere, wie die oben genannten, als häretisch abqualifizierte Gemeinschaften gewissermaßen die Vorarbeit geleistet hatten. Das Verständnis für die Kirchlichkeit des gesellschaftlich verbreiteten Armutsideals war auch in der kirchlichen Hierarchie angekommen. Gleichzeitig entstand mit dem Aufstieg der Städte eine Leerstelle in der Seelsorge, denn die alten Orden, wie etwa die Benediktiner oder Zisterzienser,

anders, weil es stetig neue Formen braucht und sie jetzt schon entstehen.

waren ländlich orientiert. Die neuen Gemeinschaften suchten aber bewusst die Städte auf. Auch weil sie Finanzierungsmöglichkeiten suchen mussten und dabei nicht auf Stiftungen und Landbesitz zurückgreifen konnten. Sie fanden sie beim aufstrebenden Stadtbürgertum, das die gut ausgebildeten Bettelorden dem etablierten Klerus vorzog.

## Das Neue als Konstante

Wir können Geschichte nur aus unserer Gegenwart heraus lesen, die in sich schon vielfältig und widersprüchlich genug ist. Deswegen bleibt die Suche nach historischen Vorbildern so oft unbefriedigend. Zu fremd wirken viele tradierte Formen von Kirchlichkeit. Ein fairer Umgang mit Vergangenheit erfordert aber auch die Kontextualisierung nach hinten. Zugestehen dürfen wir den Christ*innen vor uns, dass sie – wo sie Handlungsspielräume dazu hatten – ebenfalls nach Formen zur Verkündigung des Evangeliums gesucht haben, die ihnen passend für ihre Zeit schienen.

Das verbietet keinesfalls einen kritischen Blick auf die kirchliche Tradition, besonders auf ihre patriarchalen oder kolonialen Ausprägungen, und es entschuldigt sie auch nicht. Aber *mixed economy* bedeutet, dass es in der Vielfalt des kirchlichen Ökosystems immer auch Formen gibt, die nicht mehr ganz so frisch sind und dennoch von bestimmten Menschen geschätzt werden. Das wiederum ist nur der Fall, weil die beständige Suche nach einer Kirche, die in einen konkreten Ort und eine konkrete Zeit passt, in der Tat eine Konstante einer ökumenisch gelesenen Kirchengeschichte ist.

## Literatur

David Hempton / Hugh McLeod (Hg.), Secularization and Religious Innovation in the North Atlantic World, Oxford University Press, Oxford 2017.

Salvatore Loiero / François-Xavier Amherdt, Theologie zwischen Tradition und Innovation / La théologie entre tradition et innovation – Interdisziplinäre Gespräche / Échanges interdisciplinaires, Schwabe Verlag, Basel 2019.

Christian Schröder, Gegründet seit 33 AD. Gründungskompetenz als treibender Faktor der Kirchengeschichte, in: Florian Sobetzko / Matthias Sellmann (Hg.), Gründer*innen-Handbuch für pastorale Start-ups und Innovationsprojekte, Echter Verlag, Würzburg 2017, S. 357–367.

anders, weil es stetig neue Formen braucht und sie jetzt schon entstehen.

## Die Kirche
## Ökonomische Analogien im Transformationsprozess

### *David Gutmann und Fabian Peters*

*Das Auto*. Mit diesem Claim warb der größte deutsche Automobilhersteller vor einigen Jahren für seine Fahrzeuge. Über viele Jahrzehnte galten in der Branche die vorherrschenden Attribute *stärker, schneller, weiter*. Dies hat sich binnen kürzester Zeit geändert. Wer in Deutschland auch zukünftig Autos fürs Volk anbieten will, für den gilt: digital, elektrisch, klimaneutral. Und auch wenn insbesondere die Elektromobilität noch nicht der Weisheit letzter Schluss ist, so wird doch eines deutlich: Die Branche verändert sich, sie wird anders.

Die Kirche. Den Volkskirchen geht es heute ähnlich. In diesem Jahr werden erstmals in der Geschichte der Bundesrepublik weniger als die Hälfte der Deutschen einer der beiden großen christlichen Kirchen angehören. Nicht erst seit Veröffentlichung der Freiburger Studie im Jahr 2019 ist klar, dass ein massiver Schrumpfungsprozess bevorsteht, den der evangelische Theologe Thies Gundlach mit der 40 Jahre dauernden Wüstenwanderung des Volkes Israel verglich. Und nicht wenige würden angesichts der projizierten Entwicklung und insbesondere der aktuell hohen Zahl an Kirchenaustritten am liebsten den Kopf in den (Wüsten-)Sand stecken, die Augen vor der Realität verschließen und einfach weitermachen wie bisher.

Für ein Wirtschaftsunternehmen wäre das keine Option. Schon allein wegen seiner Anteilseigner, der Shareholder: die würden wegen ihrer Renditeaussichten auf Veränderung drängen. Auch für die Kirche sollte das keine Option sein. Schon allein wegen ihrer Mitglieder, den bedeutendsten Stakeholder:Innen muss dem kirchlichen Auftrag gemäß auch zukünftig das Evangelium in Wort und Tat bezeugt werden.

Dabei gilt es realistisch auf das Setting der anstehenden Veränderungen zu blicken: Ein „Wachsen gegen den Trend" ist eher unwahrscheinlich. Um dauerhaft die heutige konfessionelle Zusammensetzung der Bevölkerung zu halten, müsste – um allein der kirchlichen Überalterung entgegenzuwirken – die Zahl der Eintritte die der Austritte übersteigen. Davon sind die gegenwärtigen Zahlen weit entfernt. Dennoch gilt es die wesentliche Erkenntnis der Freiburger Studie ernst zu nehmen: Zumindest einen Teil des Mitgliederrückgangs können die Kirchen beeinflussen. Es gilt Ansatzpunkte zu erkunden, wie sie darauf reagieren können.

Was für die Automobilindustrie gilt, kann auch für das institutionalisierte Christentum gelten: Die Kirche verändert sich, sie wird anders.

### *Relevant für Mitglieder und Gesellschaft*

Kirchliche Angebote sollen – entsprechend dem biblischen Auftrag, die frohe Botschaft allen zu verkünden – niemanden ausschließen und grundsätzlich allen unbegrenzt zur Verfügung stehen. Ökonomen würden solche Angebote als öffentliche Güter klassifizieren. Unabhängig von der eigenen Zugehörigkeit zur evangelischen oder katholischen Kirche können sie beliebig oft in Anspruch genommen werden. Das ist bei Wirtschaftsunternehmen grundlegend anders. Diese stellen vorwiegend Güter bereit, die von Einzelnen käuflich erworben werden.

anders, weil es stetig neue Formen braucht und sie jetzt schon entstehen.

Ökonomen sprechen von privaten Gütern. Anders als die Inanspruchnahme ähnelt die Finanzierung der kirchlichen Angebote hingegen der wirtschaftlichen Vorgehensweise. Im Wesentlichen erfolgt sie durch die Kirchensteuerzahlung der Mitglieder entsprechend ihrer Leistungsfähigkeit. In der ökonomischen Logik müssten die kirchlichen Angebote daher prinzipiell nicht als öffentliche Güter, sondern als sogenannte Clubgüter ausgestaltet sein. Nur jene sollten sie in Anspruch nehmen dürfen, die durch ihre Kirchenmitgliedschaft zur Finanzierung beitragen. Da das allerdings im Widerspruch zu theologischen Grundüberzeugungen steht, offenbart sich hier ein echtes Dilemma: Theologisch begründete „Gemeinwesenorientierung" auf der einen und (nicht nur) ökonomisch notwendige „Mitgliederorientierung" auf der anderen Seite. Sogenannte kirchliche Amtshandlungen wie Taufe, Trauung und Bestattung stehen kirchenrechtlich (mit gewissen Ausnahmen) eigentlich nur Mitgliedern zur Verfügung. Ökonomen nennen das Clubgüter. In der gemeindlichen Realität werden diese allerdings aus seelsorgerlichen oder anderen Gründen auch bei Ausgetretenen durchgeführt. Aus ökonomischer Sicht wird es bei besonders begehrten und zugleich limitierten Angeboten wie dem Gottesdienstbesuch an Heiligabend, Jugendfreizeiten oder KiTa-Plätzen brisant. Hier entsteht eine sogenannte Allmendeproblematik. Man denke bspw. an ein katholisches Paar, das sein Kind gerne in einer kirchlichen KiTa mit dem christlichen Glauben vertraut machen möchte. Da die Plätze allen (auch konfessionslosen) Eltern zur Verfügung stehen, kommt es – obwohl beide Kirchenmitglieder sind – im Gegensatz zu einigen Nicht-Kirchenmitgliedern nicht zum Zuge.

Nimmt man die Folgen dieses Dilemmas (mehr oder weniger) bewusst in Kauf, ist es umso wichtiger zu plausibilisieren, warum Kirchenmitgliedschaft dennoch Vorteile gegenüber

Trittbrettfahren hat. Nur wenn der individuelle Nutzen greifbar wird, den man selbst oder andere von der eigenen Kirchenmitgliedschaft haben, kann das System Kirchenmitgliedschaft dauerhaft bestehen. Deshalb sollten gerade die kirchlichen Angebote, die prinzipiell nur Kirchenmitgliedern vorbehalten sind, von Serviceorientierung und Professionalität geprägt sein. Wenn möglich, gilt es persönlich enttäuschende Erlebnisse wie unbeantwortete Tauf-, Trau- und Bestattungsanfragen oder die aus Sicht der Kirchenmitglieder unwürdige Begleitung und Feier dieser Lebenswenden zu vermeiden. Insbesondere bei Kasualien ist die theologische und persönliche Kompetenz der Pfarrpersonen mit ihrer Liebe zu den Menschen und ihrer Kreativität für unterschiedliche Lebensumstände gefragt.

Gefragt ist ein Haltungswechsel von einer Komm- zu einer Geh-Pastoral. Kirche und ihr Handeln müssen aktiv im öffentlichen Raum präsentiert werden. Dies kann nur gelingen, wenn sie als relevant wahrgenommen werden. Die bevorstehende demografische Alterung der Bevölkerung bietet den Kirchen die Chance, sich mit ihrem dichten Netzwerk aus Kirchengemeinden, Pflegedienstleistern, Wohlfahrtsverbänden, Kindertagesstätten, Bildungseinrichtungen, Beratungsangeboten und als Arbeitgeber und Grundeigentümer als relevanter Akteur einzubringen und zu präsentieren. Dies setzt allerdings den politischen Willen voraus, gemeinsam und koordiniert aufzutreten. Wenn es gelingt, dieses Netzwerk ökumenisch zu gestalten, entstehen darüber hinaus Synergieeffekte und zusätzliche Hebelwirkungen bei der Steigerung ihrer gesamtgesellschaftlichen Wahrnehmung.

anders, weil es stetig neue Formen braucht und sie jetzt schon entstehen.

## *Tue Gutes und rede darüber*

Die Arbeit in den Kirchengemeinden und insbesondere von Diakonie und Caritas ist weithin sichtbares Zeichen, wie der christliche Glaube und insbesondere individuelle Kirchenmitgliedschaft dabei helfen, das Leben in der Gegenwart zu bestehen. In der öffentlichen Wahrnehmung ist leider bei diakonischen und caritativen Angeboten allzu oft nicht unmittelbar erkennbar, dass diese Teil der kirchlichen Arbeit sind. Es gilt, überzeugende Persönlichkeiten mit regionaler und überregionaler Reichweite zu suchen, die für die Kirchen und ihr Engagement einstehen und die Sinnhaftigkeit des Solidarbeitrags Kirchensteuer bezeugen. Unter dem Stichwort Marketing machen Wirtschaftsunternehmen nichts anderes und nehmen dafür selbstverständlich die Dienste sogenannter Influencer in Anspruch.

Aus betriebswirtschaftlicher Sicht ist das auch für die Kirchen dringend geboten. Nur etwa 15 Prozent der Kirchenmitglieder erbringen knapp 80 Prozent des Kirchensteueraufkommens. Deren Kirchensteuer ermöglicht Angebote und Dienste der Kirchen, die vor allem denen zugutekommen, die aufgrund fehlenden oder geringen Einkommens keine Kirchensteuer leisten. Zu denken ist an Kinder, Alte, Kranke oder Menschen mit Behinderung. Darüber hinaus können dank der Kirchensteuer auch subsidiärer Einrichtungen wie Kindergärten, Ehe- und Familienberatungen, Telefonseelsorge sowie diakonische bzw. caritative Angebote finanziert werden, die der gesamten Gesellschaft zugutekommen. Ob dies den 15 Prozent bewusst ist?

Besonders jungen Menschen bietet die Kirchensteuer nach einer langen Phase der Kontaktlosigkeit Anlass zum Kirchenaustritt. Hier gilt es sowohl vor der ersten Kirchensteuerzahlung als auch beim Eintreffen des ersten Kirchensteuerbescheids flächendeckend proaktiv über die Kirchensteuer und deren Verwendung zu informieren. Menschen in einem Alter von Mitte bis Ende zwanzig brauchen – zum Glück – in den meisten Fällen keine Unterstützung durch kirchliche Beratungsstellen, haben (noch) keine Kinder oder pflegebedürftige Eltern. Die genannten kirchlichen Angebote sind daher vermutlich wenig attraktiv und in den meisten Fällen unbekannt. Und die klassischen Kommunikationskanäle laufen hier vermutlich ins Leere. Geistliche und andere kirchliche Mitarbeitende sind daher umso mehr aufgefordert, bei Taufen, Kommunionen, Konfirmationen, Firmungen, Trauungen und Beerdigungen, in den kirchlichen Kindertagesstätten und Krankenhäusern sowie im Religionsunterricht und bei Schulgottesdiensten die Chance zur niederschwelligen Kontaktaufnahme zu ergreifen. Und sie sollten vorbereitet, ansprechbar und auskunftsfähig sein, wenn sie kommt: die Frage nach der Kirchensteuer.

## Wirklichkeit wahrnehmen

„Marketing is the activity, set of institutions, and processes for creating, communicating, delivering, and exchanging offerings that have value for customers, clients, partners, and society at large." Nach dieser weiten Definition der American Marketing Association sind durch Marketing nicht nur die Interessen der Unternehmen, sondern sämtlicher Stakeholder, gar der gesamten Gesellschaft im Blick. Diese dialogorientierte Sichtweise auf die Beziehung zu seinen Zuhörern könnte auch Paulus in seinem ersten Brief an die Korinther gehabt haben, als er schrieb: „Ich bin den Juden geworden wie ein Jude, um die Juden zu gewinnen …". Mit den oft fehlerhaft zitierten Zeilen

anders, weil es stetig neue Formen braucht und sie jetzt schon entstehen.

empfiehlt Paulus eine adressatengerechte Kommunikation. Er versetzt sich in seine Zuhörerschaft und sucht Anknüpfungspunkte in deren Lebens- und Denkwelt.

Die gefühlte Wirklichkeit ist oft eine andere als die gezählte Wirklichkeit. Ein kontinuierliches Datenmonitoring, das im Übrigen für Wirtschaftsunternehmen überlebensnotwendig ist, kann dabei helfen, Realitäten wahr- und Herausforderungen anzunehmen. Um sich ein Bild über die tatsächliche Reichweite kirchlicher Arbeit vor Ort zu verschaffen, lohnt es sich nachzurechnen. Wie viele Kinder wurden im vergangenen Jahr getauft? Und wie viele wurden laut den Informationen des Meldewesens in evangelischen oder katholischen Familien geboren? Wie viele Mitglieder im austrittsgefährdeten Alter zwischen 20 und 35 Jahren gibt es in der Kirchengemeinde? Ist es sinnvoll, hier Angebote zu schaffen? Wie viele der Gemeindeglieder haben sich im vergangenen Jahr kirchlich getraut? Wie viele standesamtlich? Wie hoch ist die Quote derer, die sich zu Kommunion, Konfirmation und Firmung angemeldet haben? Wie viele der katholisch und evangelisch Verstorbenen wurden kirchlich bestattet? Wie haben sich diese Zahlen und Quoten in den vergangenen zehn Jahren entwickelt? Wo lohnt es sich auch quantitativ, für die Kirchengemeinde Akzente zu setzen. Und wo nicht? Wo ergänzen sich Begabungen der hauptamtlich Agierenden in Nachbargemeinden? Wird der eine beispielsweise bei Trauungen stark nachgefragt und der andere eher bei der Arbeit mit Kindern und Jugendlichen? Welche pastorale Komm-Struktur sollte durch eine Geh-Struktur ersetzt werden?

Es bedarf keiner weiteren Erläuterungen, dass 28-jährige Männer anders angesprochen werden wollen und sollen als 55-jährige Frauen. Beiden gemein ist, dass sie – aus unterschiedlichen Gründen – überdurchschnittlich aus der Kirche austreten. Daraus zu schließen, Angebote für genau diese Altersgruppen zu unterbreiten, wäre allerdings ein Trugschluss. Vielmehr sollte in die kontaktlose Zeit davor investiert werden. Die wenigen Beispiele zeigen: Vor Zahlen muss man keine Angst haben. Vielmehr können sie dabei helfen, den Blick auf die eigene Arbeit und deren Reichweite zu schärfen. Sie helfen dabei, Potenziale der kirchlichen Arbeit zu evaluieren: Wo lohnen sich Investitionen und wo – aufgrund zu kleiner Zielgruppen – nicht? Welche liebgewonnenen Angebote traut man sich aufzugeben, um für notwendige pastorale Innovationen zeitliche und finanzielle Ressourcen freizusetzen? Nur so lässt sich eine Strategie mit klar definierten und operationalisierten Zielen entwickeln, deren Erreichung und Wirkung auch institutionalisiert überprüft werden können.

## Transformation der Kirche

Brauchen wir also eine Transformation der Kirche? Vielleicht könnte man auch für die Kirche – wie eingangs für Autohersteller – ganz einfach und trivial formulieren: Kirche bedarf der Weiterentwicklung und – ganz im Sinne von Paulus – der Anpassung an geänderte Rahmenbedingungen. Das beinhaltet Ausprobieren und Scheitern. Und auch wenn insbesondere einzelne Entwicklungen, Initiativen und Projekte – wie vielleicht auch die Elektromobilität – noch nicht der Weisheit letzter Schluss sind, so wird doch eines deutlich: Die Kirche verändert sich, sie wird anders.

anders, weil es stetig neue Formen braucht und sie jetzt schon entstehen.

**Literatur**

David Gutmann / Fabian Peters, #projektion2060 – Die Freiburger Studie zu Kirchenmitgliedschaft und Kirchensteuer. Analysen – Chancen – Visionen, Neukirchener Verlagsgesellschaft, Neukirchen-Vluyn 2021.

David Gutmann / Fabian Peters / André Kendel / Tobias Faix / Ulrich Riegel, Kirche – ja bitte! Innovative Modelle und strategische Perspektiven von gelungener Mitgliederorientierung, Neukirchener Verlagsgesellschaft, Neukirchen-Vluyn 2020.

# Von Trockenblumen, erfrischender Grünkraft und warum hier überhaupt Stroh liegt

*Mathias Albracht*

In meinem Wohnzimmer steht auf einer kleinen Kommode ein Strauß Trockenblumen – Schleierkraut und Disteln, sorgfältig arrangiert in einer schönen Vase. Diese Kombination erweckt lange den Eindruck, noch schön frisch zu sein. Austauschen muss ich den Strauß erst, wenn das Grün verblasst, aber auch das kann ich mit der Vase noch lange herauszögern. Dass die Blumen trocken sind, fällt eigentlich nur auf, wenn jemand gegen die Kommode stößt. Dann rieseln einige zu Heu gewordene Blüten herab. Ansonsten ist das Ganze sehr dekorativ.

Wenn ich über Kirche und ihre Zukunft nachdenke, fallen mir oft Motive aus der Pflanzenwelt ein. Verwurzelung, Erblühen, im Saft stehen, Vergehen und Vertrocknen und schließlich das Zu-Staub-Zerfallen. Gerade in einer Konfession der lange gepflegten Traditionen, wie ich meinen römisch-katholischen Glauben erlebe, liegen diese Motive nahe.

### Warum liegt hier Stroh?

Das Bild mit dem trockenen Heu, dem abgestorbenen und dennoch für schön befundenen einstigen Grün finde ich bei einem Künstler der Spätgotik wieder. Es ist der niederländische Meister Hieronymus Bosch mit seinem sogenannten Heuwagen-Triptychon aus der Zeit von 1510 bis

anders, weil es stetig neue Formen braucht und sie jetzt schon entstehen.

1515.[1] Es ist ein Wimmelbild aus einer Epoche, in der Welt und Kirche radikalen Reformbedarf aufwiesen. Dieser sollte sich auch nur kurze Zeit später seine Wege bahnen. Flankiert von Darstellungen des saftigen Gartens Eden zur Linken und einer brennenden Verwüstung zur Rechten, steht dieser Heuwagen im Zentrum des Werks: hochbeladen voller gedroschenem Heu, umgeben von einem aufgewühlten Treiben verschiedenster Gestalten. Die Fahrtrichtung des Wagens, gezogen von bizarren Dämonen, halb Menschen, halb Tiere, ist die wüste, rechte Seite des Triptychons. Ihm folgen Angehörige aller Stände: auf Pferden König und Papst, umschwärmt vom einfachen Volk in seiner Vielfalt. Man streitet sich um die Wagenladung und längst ist dabei eine der gemalten Personen buchstäblich unter die Räder geraten. Es wird heftig gekämpft, jemandem wird an die Kehle gegangen und nebenbei werden Devotionalien verkauft. In der rechten Bildecke sitzen selbstgenügsam Mönche und Nonnen und bewundern das in einem Sack gesammelte, ergatterte Stroh und ein Becher wird auf die Beute erhoben. Zum Wohl! Oben auf dem Wagen spielt sich etwas anderes ab. Weit weg von der Menschenmenge, ganz oben auf dem Berg von Stroh, selbst von einer Leiter nicht zu erreichen, sitzt ein Paar in einer romantischen Szene. Sie sind ein Bild für die Menschheit nach Adam und Eva. Ein ansehnlicher Dämon spielt für sie Musik auf einer Flöte, die seine Nase ist. An der Seite des Paares kniet ein Engel, der sie begleitet. Er hat die Augen zum eigentlich erstaunlichsten Teil der Szenerie erhoben: Unbeachtet von allen Augen hat sich der Himmel über dem Wagen aufgetan und Christus selbst blickt als der in den Himmel Aufgefahrene auf die Szene herab. Den

---

[1] Eine Einführung in das Werk Hieronymus Boschs bietet: Stefan Fischer, Hieronymus Bosch. Das Vollständige Werk, Taschen, Köln 2018.

Kopf gesenkt und die Arme erhoben zu einem rat- bis hilflos wirkenden Schulterzucken, einem Shruggie der Spätgotik. Was haben die Leute, was hat die Kirche mit diesem vermaledeiten trocknen Gestrüpp zu tun? Was ist da so faszinierend, dass es sogar den Blick von ihm selbst, dem offenbarten Gott ablenkt?

Szenenwechsel.

Am Nikolaustag 1273 hält einer der größten Theologen und Philosophen seiner Zeit, der Dominikanermönch Thomas von Aquin, eine Messe zu Ehren des Tagesheiligen. Irgendwas stimmt mit dem großen Meister heute ganz und gar nicht und macht ihm zu schaffen. Er kehrt als ein anderer Mensch zu seinen Brüdern und Schreibern zurück und weigert sich, auch nur eine weitere Zeile zu diktieren. Er, der Urheber der Summa Theologiae, der Summe aller Theologie seiner Zeit, hat nichts mehr zu sagen. Mitten in einem Traktat über die Beichte reißt sein Werk für immer ab. Auf die Frage, was mit ihm los sei, ist nur eine kryptische Antwort von ihm überliefert: „Ich kann nicht mehr, denn alles, was ich geschrieben habe, scheint mir wie Stroh zu sein im Vergleich mit dem, was ich gesehen habe und was mir offenbart worden ist."[2]

Aus. Feierabend. Sein Trockenblumenstrauß ist zerfallen.

Die Stimme des Urhebers der Summe aller Theologie verstummt. Er hat etwas gesehen, das sein Werk alt aussehen lässt wie trockenes Stroh.

Mein Trockenblumenstrauß, Boschs Bild und die Geschichte vom Ende der Lehrtätigkeit des großen Thomas lassen mich nachdenklich zurück. Denn ich erlebe Kirche in einer Art Trockenblumenzeit. Es sind alles andere als saftige Zeiten. Erst recht keine blühenden Landschaften. Theologische Gedanken,

---

[2] Josef Pieper, Thomas von Aquin. Leben und Werk, Kösel, München 1986, S. 30; auch Gilbert Keith Chesterton, Der Stumme Ochse. Über Thomas von Aquin, Herder Verlag, Freiburg im Breisgau 1960, S. 103.

anders, weil es stetig neue Formen braucht und sie jetzt schon entstehen.

Modelle und Konzepte ziehen kein Wasser mehr. Sie verblassen zusehends und scheinen von ihren Wurzeln abgeschnitten zu sein. Dies hat auch Auswirkungen auf die Orte kirchlichen Lebens, die sich auf sie beziehen. Es bleiben an vielen Orten Trümmer, Staub, tote Masse, die Platz für Neues versperrt hat und vielleicht aus Angst, Scham und Trauer um ihr Vergehen nicht sinnvoll beiseite getan und verabschiedet wurde, um ein wieder fruchtbares neues Beet zu bereiten.

Was hat Thomas in seiner Nikolausmesse gesehen? Was weiß Hieronymus Bosch, das er durch seine Bilder mitteilen möchte?

## *Die Grünkraft hinter den Dingen*

> „O edelste Grünkraft, die in der Sonne du wurzelst,
> die in strahlender Klarheit du wurzelst im Rad,
> das keine irdische Größe umfasst,
> umschlossen bist du von der Umarmung der Geheimnisse Gottes.
> Du schimmerst dem Morgenrot gleich
> und brennst wie der Sonne Feuer."[3]

Mit *Viriditas*, Grünkraft, beschreibt die exzentrische Heilige und Kirchenlehrerin Hildegard von Bingen in ihrem Werk „Wisse die Wege" den göttlichen Geist, der im Kosmos auf fruchtbaren Boden trifft und das inspirierte, frühlingshafte Aufkeimen und Wachsen der Schöpfung bewirkt. Ohne die Grünkraft geht nichts. Das geistige Werk vertrocknet, wenn

---

[3] Hildegard von Bingen, Wisse die Wege – Liber Scivias. Herausgegeben von der Abtei St. Hildegard, Eibingen, Beuroner Kunstverlag, Beuron 2018, S. 521.

es diesen Bezug verliert. Die Bilder vom Gärtnern und das Grünzeug sind ihr als Benediktinerin nicht unbekannt. Vermutlich nicht nur aus dem Klostergarten, dem sie in ihren Studien und Werken die heilsame Energie der Schöpfung abringen will, sondern sicherlich auch aus dem hoch gehaltenen Prinzip der benediktinischen „Lectio Divina"[4], dem wiederkäuenden Durchbeten und Meditieren der Bibel, dem nichts vorgezogen werden soll (RB 43,3)[5] und in dessen Lichte alles Leben betrachtet werden soll (RB Prolog 21)[6], mit wiederkehrenden Bildern vom Ernten und Gärtnern in beiden Testamenten. „Bleibt in mir und ich bleibe in euch. Wie die Rebe aus sich keine Frucht bringen kann, sondern nur, wenn sie am Weinstock bleibt, so auch ihr, wenn ihr nicht in mir bleibt" (Joh 15,5), lässt das Johannesevangelium Jesus in einer ähnlichen Metapher sagen. Nicht selten werden diese Worte im Kontext von Disziplin, Treue und Gehorsam gegenüber den verschiedensten Strukturen und Modellen von Kirche gebraucht. Diese Worte sollten jedoch grundsätzlicher, nicht manipulativ, sondern kosmologisch verstanden werden: Die Kraft und Leben spendende Grunddynamik und Basis des christlichen Glaubens ist ein ausgewogenes Spannungsfeld einer lebensförderlichen Liebe zwischen den Polen der eigenen Person, des Nächsten und Gott, dem Schöpfer und Ordner aller Dinge. Hier liegen die Wurzeln des Glaubens und – so mag zumindest ich es verstehen – so auch die Wurzeln jeder Form eines gemeinschaftlichen Glaubens, die von der Grünkraft Gottes genährt werden. Mehr noch: Auch jede gelingende Seelsorge harmo-

---

[4] Salzburger Äbtekonferenz, Die Regel des Heiligen Benedikt, Beuroner Kunstverlag, Beuron 2006, S. 18.
[5] Ebd.
[6] Vgl. ebd.

anders, weil es stetig neue Formen braucht und sie jetzt schon entstehen.

niert mit dieser Kraft, befördert ihr freies Wirken und hat so dienenden Anteil am göttlichen Werk, an Gottes Sendung. Ist aber der nährende Humus dieser Dynamik aus dem Gleichgewicht, gestört, gar vergiftet, die Grünkraft damit verhindert oder ragen gar keine nährenden Verbindungen mehr in ihn hinein, verliert jede Form des Glaubens und kirchlichen Daseins an Leben und Saft. In der Vielfalt der Glaubenswege, der Zeiten und der Menschen, die sie beschritten haben und auch heute beschreiten, wuchsen die buntesten und vielfältigsten Gewächse und Blüten. Doch nichts, was von ihnen durch überschrittene Zeit, schlechten Umgang oder Gewalt von den lebenspendenden Wurzeln in der göttlichen Kraftquelle getrennt wurde, gewinnt einfach so seine Lebendigkeit zurück. Sei es auch ein noch so eloquent gepriesener Strauß edelster Trockenlumen, er bleibt tot und ohne die Kraft, die seine Blüte einst hervorbrachte. Er wird im besten Falle zur dekorativen Erinnerung an sie. Bis jemand an die Kommode stößt.

*Von Pioniergewächsen und neuem Leben*

Doch diese Zusammenhänge lassen sich auch anders erzählen: Aus dem fruchtbaren Saatbeet dieser Dynamik kann auch heute Neues erwachsen. Neue Formen von Glauben und Gemeinschaft, die Lebendigkeit ziehen aus der gleichen Quelle der schöpferischen Grünkraft, die das Evangelium frisch und neu bezeugen, auch wenn uns in mancherlei Hinsicht absurd und entmutigend viel Heu und Stroh umgeben. Das Positive, das vielleicht nur unscheinbar und neu Aufkeimende zwischen all dem trockenen Stroh dennoch im Fokus zu behalten ist dann zugegebenermaßen schwierig und erfordert hohe Aufmerksamkeit. Oder noch einmal anders: Vielleicht hat das Stroh an manchen Orten unbeabsichtigt einen wichtigen Dienst erwiesen und junge Triebe vor dem Frost geschützt.

Blicke ich in die Geschichte meiner römisch-katholischen Kirche und auf die treibenden Personen der wirkmächtigsten Reformen ihrer Zeiten, von einer Hildegard über einen Franziskus bis hin zu einer Teresa von Avila oder einem Ignatius von Loyola, um nur einige der bekanntesten zu nennen, entdecke ich viele dieser Personen im bedrückenden, aber auch produktiven Widerspruch zu ihrem vertrockneten Umfeld. Sie stören in den ausgetrockneten Beeten, den Monokulturen ihrer Zeiten und werden als Randgestalten, Querulant:innen und seltsame Gewächse, wenn nicht sogar als schädlicher Wildwuchs abgetan.

Aber gerade in ihrer Eigenart als diese seltsamen Gewächse hat sie etwas durchpulst, das ihrer Umgebung so dringlich fehlte: Glaube, Liebe und Hoffnung für eine bessere, ja überhaupt eine Zukunft der Welt, die in der lebendigen Grünkraft Gottes wurzelt und gerade in ihrer neophytenhaften, der bisherigen Flora vielleicht unbekannten Eigenartigkeit mehr aufstrahlen konnte als woanders in bisher gängigen Gestalten.

Zurück ins Gewächshaus.

Jede Pflanze taugt für einen bestimmten Boden, kann bestimmten Widrigkeiten standhalten und so einen ihrer Art entsprechenden Ort begrünen und lebendig werden lassen. Am interessantesten sind dabei die sogenannten Pioniergewächse. An Orten, an denen Naturkatastrophen gewütet haben oder bisher einfach nichts gewachsen ist, sind sie die ersten, die das Leben zurückbringen und sichtbar machen.

Eine vom Sturm gerissene Freifläche mit Totholz nutzen sie als ihren Nährboden. Und schon bald nach ihnen beginnen die ersten Himbeeren und Birken mit unerwartet saftigem Grün und leuchtenden Früchten zu wachsen. Sie können das, weil sie schon vorher als vegetatives Potenzial in diesem Boden

anders, weil es stetig neue Formen braucht und sie jetzt schon entstehen.

waren, aber vielleicht durch eine durch den Sturm verschwundene, vormals dominante Vegetation klein gehalten wurden, oder weil ganz banal – und ich mag dieses Bild auch in seinem übertragenden Sinne – irgendein Vogel von einem ganz fremden Ort einen Samen herbeigetragen hat.

Es gibt Hoffnung für Formen von Kirche und Glauben, die auf ihre neue Art und in ihrem Wurzeln in der Grünkraft Gottes an verbrauchten, verwüsteten oder auch ganz fremden Orten entstehen und so den Gott und Ursprung allen Lebens bezeugen.

Ihre Existenz ist keine Kritik am Vergangenen, an der Schönheit und einstiger Relevanz, Wichtigkeit und Schönheit alter Gewächse und Biotope. Denn deren Vergehen ist kein Zeichen für ein Sterben der Grünkraft, die alles Leben bedingt, sondern ein Zeichen für eine dem Wandel unterworfene Lebenswelt, die immer wieder Altes nicht mehr in Saft und Blüte halten kann und deswegen neue Gewächse braucht, die diesen Bedingungen besser standhalten können. Manches an guten Eigenschaften dieser alten Pflanzen und Biotope wird in den Neuen erhalten bleiben und sich vielleicht sogar weiterentwickeln. An manchen Orten wird etwas ganz Neues kommen, und die Tatsache selbst, dass es kommt, ist Grund zur Hoffnung.

Mein Trockenblumenstrauß erinnert an Blütezeiten vergangener Tage. Ich erfreue mich an seiner Schönheit, solange es eben geht. Er ist aber auch ein Bild dafür, dass das Leben mittlerweile woanders weitergeht. In allem jedoch ist er auch Erinnerung daran, dass in dieser Welt eine Kraft am Werk ist, die will, dass Dinge erblühen und sich entfalten können, und die größer ist als alle zeitlichen Werke, die ihr selbst gegenüber stets wie Stroh erscheinen müssen, ist sie doch ihrer aller Lebendigkeit bedingende Quelle.

Ein bloßes Festhalten und sich Zerstreiten über das Stroh, wie es in Boschs Bild passiert, verstellt den Blick auf das Lebendige und die schöpferische Kraft, die hinter allem steht. Sie ist es nämlich auch, die die reichen Ernten, für die die Mengen an Stroh stehen, bewirkt hat. In Hieronymus Boschs Bild schaut kein Mensch nach oben, zum verwunderten Gott, der das Treiben beobachtet. Alle sind beschäftigt mit ihrem Streit um das alte Gestrüpp und mit ihren Begehrlichkeiten. Der Urgrund allen Seins, der himmlische Schöpfer des Weltengartens selbst, bleibt unbeachtet und wird ausgeschlossen. Und so ziehen Volk und Wagen samt Passagieren durch das Bild – den offenen Himmel über ihnen und ihren offenbarten Schöpfer streitend aus dem Blick verloren – an einen trockenen, tristen Ort, an dem sich nichts mehr entfalten kann.

Als Diener einer göttlichen Grünkraft ist es eine Aufgabe derer, die über die Zukunft von Kirche und Glauben nachdenken, den Blick und Zugang zu den Quellen dieser Kraft nicht zu versperren und den Boden zu verstehen und zu befördern, auf dem Neues aufkeimen kann. Die Kraft selbst liegt nicht in ihnen, aber sie können versuchen, ihr einen guten, fruchtbaren Boden zu bereiten. Wie eine gute und aufmerksame Gärtnerin oder ein solcher Gärtner.

anders, weil es stetig neue Formen braucht und sie jetzt schon entstehen.

# Kirche, die ist, was sie sein wird
# Veränderungen zwischen Transzendenz und Temporalität

*Friederike Erichsen-Wendt*

*Biografische Notiz*

Vor etwa 20 Jahren begann ich, auf einen kirchlichen Beruf zuzugehen. Kurz danach, im Jahr 2004, verabschiedete die Generalsynode der Church of England das Positionspapier „Mission-shaped Church". Dieser Text prägte den Begriff „Fresh Expressions of Church", der wenige Jahre später nach Deutschland kam und in der Zwischenzeit auch hier kirchentheoretisch salonfähig geworden ist. Mich motivierte, etwas Sinnvolles zu tun, das verlässlich für alle zur Verfügung steht. Ohne dezidiert kirchlich geprägten Hintergrund wurde mir weniger eine bestimmte Gesellungsform oder soziale Praxis normativ; vielmehr rückte die öffentliche Wirksamkeit von christlicher Religion evangelischer Prägung und eine Volkskirchlichkeit, die bedeutet, sich auf alle Menschen beziehen zu können, in den Fokus.

Im Geflecht organisierter Religiosität stellen Fresh Expressions of Church für mich als Vertreterin einer kirchlichen Institution Knotenpunkte von Kirche dar, an denen programmatisch Veränderung reflektiert und gelebt wird. Ihre Gastfreundschaft und Großzügigkeit machen es leicht, Zugang zu bekommen. In der Art und Weise, „wie Fresh X neue Wege" zu gehen, inspiriert mich in meiner Beruflichkeit als Pfarrerin einer evangelischen Landeskirche bis heute Folgendes: Veränderungen haben es umso leichter, je deutlicher sie Leitungssupport erhalten. Das Feld des begründeten Experimentierens ist kein hierarchiefreier Raum, sondern vielmehr auf eine fokussierte Ausrichtung angewiesen. Galt es vor nicht allzu langer Zeit noch als Adelung, eine „komparative Perspektive" neben oder in der organisationalen „Normalgestalt" von Kirche sein zu dürfen, so ist die gegenwärtige Kirche von der Suche nach dem Vertrauen geprägt, das Experiment als Normalfall gelten zu lassen. Allzu viele Menschen, die in Deutschland um die Jahrtausendwende Verantwortung in kirchlichen Belangen trugen, sind zwischen den doppelten Anforderungen allgemeiner Amtspflichten und besonderer Vorhaben, die oft als „Hobby" galten, zerrieben worden – in ihrer beruflichen Motivation und oft auch ihrer Gesundheit. Im Blick auf die vielen Kolleg:innen meiner Generation, die dies betraf und betrifft, muss ich selbstkritisch sagen: Wir haben Ambidextrie, das Zugleich von kontinuierlicher Weiterentwicklung des Bestehenden und der Arbeit in Experimentierräumen, ideologisiert – letztlich, um uns nicht für die radikale Disruption entscheiden zu müssen. Nicht wenige haben sich durch eine berufspraktische Doppelgleisigkeit – die Erwartungen „des Alten" klug bedienen und zugleich Platz schaffen für „Neues" – co-abhängig gemacht vom morphologischen Fundamentalismus der trägen Systeme. Wer hingegen bei dem blieb, was er schon immer hatte, erlebte, wie leicht es lange war, sich gegen Wandel zu immunisieren. Was mir daneben an Fresh X zu denken gibt, ist die exemplarische Verbindlichkeit im Feld religiöser Praxis, ohne dadurch notwendigerweise Mitgliedschaftsbindung zu erzeugen. Volkskirchlichkeit leistet genau das Umgekehrte: Sie ermöglicht Zugehörigkeit unter Absehung von expliziter religiöser Praxis. Wie lassen sich diese

anders, weil es stetig neue Formen braucht und sie jetzt schon entstehen.

unterschiedlichen Bindungslogiken produktiv zueinander in Beziehung setzen?

Mein Berufsfeld ist die Ausbildung für den Pfarrberuf. Deshalb konzentriert sich meine Perspektive zunächst auf die Dimension religiöser Hauptberuflichkeit – insbesondere die onboarding-Schwelle – und verfolgt die gewonnenen Einsichten dann kirchentheoretisch weiter. Am Ende dieses Textes stehen Thesen für das „onboarding" der Organisation Kirche in einer Zukunft, die jetzt schon sein kann.

## *Blickfeld: Veränderungen*

Veränderungen in Kirchen zeigen sich unterschiedlich, je nachdem, wie nah oder fern die Betrachterin einer kirchlichen Organisation steht. Zugleich lassen sich auch eher sichtbare, intendierte und unsichtbare, mitunter weniger intendierte bzw. kaum steuerbare Veränderungen unterscheiden.

Auf der Vorderbühne geht es bei kirchlichen Veränderungen (und den Diskursen darum) um alles, was Ressourcen bindet. Allem voran ist hier das Personalmanagement zu nennen, das an vielen Stellen überhaupt erst als Thema vollumfänglich entdeckt wird: Menschen werden für kirchliche Berufe interessiert, ausgebildet, sozialisiert, in der Organisation gehalten, entwickelt, fort- und weitergebildet und schließlich aus dem Dienst verabschiedet. Die Organisation muss wissen, dass sie hier um Menschen wirbt, die sie selbst verändern werden, möglicherweise auch in eine andere Gestalt transformieren. Dabei steht auch auf dem Spiel, wie das Verhältnis von Theologie als kirchlicher Referenzwissenschaft und Verwaltungswissenschaften als organisationaler Profession ausgelotet wird. Eine programmatische Stärkung von Fortbildungskultur in der Perspektive einer lernenden Organisation ist unabdingbar, wenn Personal gut und wohlbehalten Veränderungsmanagement moderiert und gestaltet. Dass die Organisationskultur von Kirche heute an vielen unterschiedlichen Orten unterschiedlich geprägt wird, befähigt Kirchen, mit ganz unterschiedlichen Herausforderungen umzugehen. Wichtige Impulse im Blick darauf, wie die „andere" Kirche gefunden wird und unter die Leute kommt, gehen von den Konzepten aus, wie in einer Kirche Verantwortungsträger:innen ausgewählt und ausgebildet werden. Handelt es sich doch bei Young Professionals um diejenigen, die am längsten mit den Effekten von Veränderungen umgehen werden: Wer am stärksten betroffen ist, hat gemeinhin auch die größte Motivation, das Kommende aktiv zu gestalten. Oft werden hier Hoffnungsträger:innen der Kirche willkommen geheißen und mit (zu) hohen Erwartungen konfrontiert. Gleichzeitig tauchen restaurative Diskurse auf, an die Berufsanfänger:innen kaum anschließen können. So kann eine Vikarin etwa sagen: „Ich kenne diese Kirche, von der die Kollegen in meiner Umgebung reden, gar nicht. Ich fühle keinen Verlust, keine Trauer. Mich motiviert doch das, was kommt – nicht das, was einmal war." Das Irritationspotential, das Leitung günstigenfalls auslöst, bekommt derzeit große Bühnen. In der Evangelischen Kirche von Kurhessen-Waldeck, einer mittelgroßen evangelischen Landeskirche inmitten Deutschlands, wird seit 2020 nach dem Modell elementar&flexibel ausgebildet. Dabei ist der Name Programm: Der Verzicht auf Vollständigkeit und die Erwartung einer planenden und im Moment gestaltenden Haltung tragen der Annahme Rechnung, dass Kirche ihren Ort inmitten komplexer Umwelten hat und durch diese mindestens in ihrer Form wesentlich beeinflusst wird. Für kirchliche Organisationen bringt dies eine

anders, weil es stetig neue Formen braucht und sie jetzt schon entstehen.

Veränderung ihrer Rolle mit sich: Sie nehmen zunächst ungewohnte Kontrollverluste wahr und haben die Aufgabe, ihre eigene Unsicherheit zu managen.

Auf der Hinterbühne werden andere Dinge verhandelt. Mentale Bilder und Modelle verändern sich und stehen zur Diskussion. Es entstehen Spannungsfelder zwischen kollektiven Kirchenbildern, die oft Anschlüsse an Tradition und Lehrbildung haben, und individuellen Bildern, die persönlichkeitsspezifisch gewählt und gefüllt werden (müssen). In vergleichbarer Weise ändern sich etwa die Bilder kirchlicher Berufe und treten in Spannung zu den Erwartungen an Berufsrollenträger:innen, die nun zukünftig nicht mehr das verkörpern und tun werden, was ehemals gegolten zu haben scheint. Setzungen dessen, was gilt, in Kirchengesetzen, Verordnungen und Ausführungsbestimmungen werden als Ermöglichungsrecht gelesen für das, was hier und da schon der Fall ist.

*Kirche stabilisiert sich durch Veränderung*

Kirche bearbeitet mittels „Veränderung" die Dichotomie zwischen ihrem programmatischen Transzendenzbezug (etwa der Annahme, dass Gott „da" ist, alles geschaffen hat usw.) und der Temporalität jeder Organisation. Das spitzt sich in der Frage zu, woran Menschen eigentlich teilhaben, wenn sie der Kirche zugehörig sind, und wie sich diese angemessen gestalten lässt. Dass die geglaubte Kirche also notwendigerweise in unterschiedlichen Organisationen Gestalt gewinnt, ist nicht allein ein Thema der Konfessionen oder verschiedener Inkulturationen des Christentums, sondern zeigt sich in jedem Kontext.

Die Möglichkeit, ja Notwendigkeit, je „anders" zu sein, entlastet vom Kampf um das organisational richtige „Sein" der

Kirche. Das macht Kirchen gelassen gegenüber Veränderungen. Gleichwohl werden Auseinandersetzungen um Veränderungen erbittert, gelegentlich existentiell geführt. Diese eigentümliche Dichotomie durchzieht Veränderungsdiskurse nicht erst in den letzten Jahrzehnten. Sie entsteht, weil die Diskurslage permanent oszilliert zwischen der geglaubten Kirche und ihren organisationalen Gestalten. Diese nehmen je und je verschiedene Aggregatzustände an: fest, flüssig/liquid, zäh-flüssig/viskos, über-flüssig bis flüchtig.

All dies ist möglich, weil Kirchen auf vielen Ebenen veränderungsfähig sind: Sie ändern ihre Strukturen und mindsets, ihre Kontexte, ihr Stellenwert ändert sich, mitunter auch ihre theologische Hermeneutik. Je kontextueller Christlichkeit sich organisiert, desto stärker wird der Wandel erlebt. Umgekehrt kann ein distanzierter Blick auf die Institution auch gegenwärtig zu dem Schluss kommen, dass Kirche quasi überzeitlich verfasst sei. Die mitunter starke Binnendifferenzierung der Kirchen sowie ihre hohe Integrationskraft tragen zu dieser Stabilität bei: Von Beginn an kennt das Christentum verschiedene Sozialformen, die es integriert: Ortsstabile Sympathisant:innen und wanderradikale Prediger:innen, Heilende und Schreibende, vor Ort Anwesende und solche, die fernmedial kommunizieren.

## Was motiviert und unterstützt Kirchen, Veränderungen zu gestalten?

1. Gegenwärtig übernehmen nicht nur weniger, sondern vor allem Menschen mit veränderten Haltungen verantwortliche Aufgaben in der Kirche. Mit der faktischen *Abschaffung der Totalinklusion der Person* in religiöse Rollen ist bereits den

anders, weil es stetig neue Formen braucht und sie jetzt schon entstehen.

Berufspersonen das Verhältnis von Kirchlichkeit und „Welt" inhärent. Die Kommunikation darüber sozialisiert auch die Organisation. Dass sie darum weiß und nicht nur wegen des Fachkräftemangels, sondern aus sachlogischen Gründen die Personalentwicklung und damit die Cura an ihren eigenen Leuten entdeckt, ist ein Gewinn an Nachhaltigkeit und Glaubwürdigkeit. Schon längst erfüllt Kirchenleitung nicht mehr die Erwartung, „Vollversorgerin" zu sein, und eignet sich damit nicht mehr glaubwürdig zur Projektion von Entscheidung und Verantwortung. Ihr gelingt viel, wenn sie gute Rahmenbedingungen für verlässliche Arbeit im Dienst des Evangeliums schafft und ansonsten der Freiheit traut. Die Professionalisierung einer kuratierenden Organisationskultur ist eine wichtige Ressource für die verfasste Kirche der Zukunft. Die Erfahrung aus diesen kommunikativen Aushandlungsprozessen, die es ermöglichen, Kirche in ihrer – hoffentlich zunehmenden – Diversität zusammenzuhalten, befähigt so möglichst viele dazu, religiöse Aushandlungsprozesse anderer zu coachen.

2. Kirchliche Organisation ahnt ihre *Affinitäten zum gesellschaftlichen Wandel*: die Skalierbarkeit ihrer Formen, die Nähe zu New Work, die neue Orientierung an kleinen Räumen, an Netzwerken von Tausch und Kooperation und Neogemeinschaften (überhaupt: die aktive Auseinandersetzung mit Megatrends), die allgegenwärtig mögliche Produktion und Nutzung populärer Kommunikationsformate – und schließlich auch die Renaissance ihrer Inhalte, die in neuen Gemeinschaftsformen und in säkularer Gestalt und Codierung anders auftauchen (die sog. „doppelte Pluralisierung"). Nicht immer haben kirchliche Organisationen die Potentiale für sich ausgelotet, die in der Marktlogik stecken, von der sie unweigerlich erfasst sind. Gelingt es ihnen, all dies zu nutzen, ohne eine – mehr oder min-

der – heimliche organisationale Expansionsstrategie zu verfolgen? Reichen die Anschlussmöglichkeiten und Fachlichkeiten aus, um Impulse zu setzen im Blick auf Entwicklungen, die die Moderne überschreiten: das Post- und Metamoderne, das Postheroische, das Postbürokratische, das Post-Wachstum…?

3. Kirche traut ihrem *Störpotential*. Sie erinnert sich an ihre prophetischen Stimmen, an Zeichenhandlungen, an ihre Aufgabe, zu irritieren. Sie verändert sich und andere, indem sie die Freiheit des Relevanzverlustes in vielen Kontexten nutzt, um relevant zu sein. In einer Welt der Effizienz und verspiegelter Fassaden löst dies Ärger aus. Menschen sind aber darauf angewiesen, auf „das Andere" gestoßen zu werden. Bei abnehmender gesamtgesellschaftlicher Relevanz steigt das Bedürfnis, nach innen relevant zu sein. Dieser Auftrag motiviert die Kirchen, die Frage nach ihrer Wirksamkeit nicht allein durch den Verweis auf die Unverfügbarkeit göttlichen Handelns zu beantworten. Sie schaut auf die Angemessenheit ihrer Strukturen, ihrer Sprache, ihrer Schauseite. Sie bewegt sich gelassen im Spannungsfeld von Professionalisierung und deren drohendem Kollaps (in einer anderen Lesart sagen manche, es handele sich um eine De-Professionalisierung).

4. Kirche nutzt ihren *Expertenstatus* in der neuen Offenheit der Diskurse um Gemeinschaftlichkeit. Sie assistiert darin der Gesellschaft, die mit diesem Thema notwendigerweise überfordert ist. Im Begriff der Gemeinschaft verdichtet sich nicht mehr nur das „Unbehagen gegenüber der Moderne", sondern er dient als Container für alle möglichen Formen von Sozialität, die salonfähig werden, weil die industriegesellschaftlich protegierten Formen kaum mehr funktionieren. Vor allem vielfältige Erfahrungen aus dem diakonischen Bereich regen

anders, weil es stetig neue Formen braucht und sie jetzt schon entstehen.

das weitere Nachdenken darüber an, wie Menschen gut zusammenleben können.

5. Entlastend ist es für Kirchen, sich vor Augen zu führen, dass sie nicht besitzen, was Andere haben sollten. Es geht vielmehr um *gemeinsame Prozesse des Findens* von göttlichem Wirken in der Welt, das sich in gemeinsamer Kommunikation weiteren Ausdruck verschafft. Empirische Methoden helfen, dabei hermeneutisch auf der Höhe der Zeit zu sein, ebenso das Denken von der Nutzerin her. Experimentieren in einem kulturellen Sinne, das die Dichotomie von vermeintlich exakten und reflexiven Wissenschaften überwindet, bietet mögliche Versuchsaufbauten an. Stabilitäts- und Autoritätserwartungen werden in diesem Zusammenhang regelmäßig enttäuscht, kirchliche Leute leiten vielmehr an, erwartend zu leben und die Welt offen für Gottes Wirken zu betrachten.

6. Kirche hat in der Sache ihre eigene Rückkoppelung etabliert: Sie hat eine ihr *inhärente Hinterfragungsstruktur*, mit der die Lehre auf die Organisation einwirkt. In Zeiten, in denen die Sehnsucht nach Selbstbestätigung und Sicherheit besonders groß ist, sinkt deshalb das Ansehen und der faktische Stellenwert der Lehre. Kritischer Maßstab sind weder individuelle Gestimmtheiten noch gruppenbezogene Ästhetiken, sondern Lehreinsichten, die die Kirchen von Beginn an prägen, vor allem die Überlieferungen von Jesus als Christus im biblischen Kanon. Um dies angemessen ins Spiel zu bringen, müssen Kirchen ihre intellektuelle Infrastruktur gut nutzen, ohne hermeneutisch den Anschluss an gesellschaftliche Diskurse zu verlieren oder sich umgekehrt innertheologisch zu verzetteln. Kirche hat diese Loops eigener Selbstvergewisserung, um radikal anders nach außen zu wirken. Deshalb bringen Beschädigungen des Innen kaum reversible Vertrauensverluste mit sich.

All dies zeigt: Sachlogisch hat das Christentum in seinen verbürgten organisationalen Gestalten allen Grund, mutig „anders" zu sein – Kontrapunkt, Einspruch, Prophetie des guten Lebens. Faktisch kommt das Neue organisational vor allem durch minimale Verschiebungen in Deutungen, Zuschreibungen, Frames in die Welt. Alles Anders-Sein, jede Veränderung hat seinen Platz im weiten Feld dieser Grundspannung.

**Literatur**

Friederike Erichsen-Wendt/ Adelheid Ruck-Schröder, Pfarrer:in sein, Praktische Theologie konkret, Vandenhoek & Ruprecht, Göttingen 2022.

Christian Grethlein, Kirchentheorie. Kommunikation des Evangeliums im Kontext, de Gruyter, Berlin/ Boston 2018.

Stefan Kühl, Organisationen. Eine sehr kurze Einführung, VS Verlag, Wiesbaden 2011.

anders, weil es stetig neue Formen braucht und sie jetzt schon entstehen.

# Dass überhaupt mal etwas anders sein darf
# Über Fluchtreflexe, Enttäuschung und jede Menge Hoffnungstrotz

*Miriam Fricke*

*Sehnsucht*

Ich bin vieles, was die römisch-katholische Kirche nicht ist – zumindest nicht in Deutschland. Nicht in ihrer scheinbar liebsten Erscheinungsform – in Gemeinden und Pfarreien.

Ich bin weiblich, außerdem jung und habe mich mit 19 Jahren bewusst und freiwillig durch eine Konversion für die römisch-katholischen Kirche entschieden. Dem vorweg gingen viele Jahre, in denen ich verschiedenen Menschen Löcher in den Bauch gefragt habe – über Gott und Glaube, Kirche und Welt. Ich war als Jugendliche kritisch, fragend, idealistisch und suchend und glaube, ich bin all das bis heute – und das hilft mir sehr. Denn zumindest in Pfarreien, aber auch in anderen kirchlichen Strukturen, erlebe ich es zu selten, dass überhaupt mal jemand zugibt, suchend zu sein, statt immer schon alles zu wissen. Ich erlebe es zu selten, dass sich Menschen in Kirche mal selbst hinterfragen oder überhaupt noch Fragen haben. Geschweige denn eine Sehnsucht, die mehr umfasst als eine Sehnsucht nach der Vergangenheit. Mir fehlt der Idealismus, dass wir tatsächlich als Christ*innen alle vor Ort etwas tun können, um am Reich Gottes mitzuwirken.

## Fluchtreflexe

Meine Konversion ist inzwischen zehn Jahre her. Mittlerweile arbeite ich als Gemeindereferentin im Bistum Magdeburg, in Südbrandenburg, in einer Region, die sich durch viel Gegend und wenig Menschen auszeichnet, und: durch *Weite*.

Ich spreche hier von einer räumlichen Weite, wünschte mir aber, sie wäre so viel mehr als das. Wünschte, sie wäre ein Sinnbild für eine weite, offene Kirche. Weltweit, aber auch konkret vor Ort in den Pfarreien und kirchlichen Strukturen. Leider erlebe ich Kirche oft anders. Sehr anders, und dabei spielt es keine Rolle, ob es um kirchenpolitische Themen geht, um Äußerungen von offiziellen Kirchenvertretern (zu gendern ist an dieser Stelle unnötig) oder um konkretes kirchliches Leben vor Ort.

Was ich oft (nicht immer!) erlebe, ist eine Kirche, die in mir massive Fluchtreflexe auslöst. Weil ich mich – wie viele junge Menschen – in kirchlichen Settings selten wohl fühle und sie noch seltener etwas mit meiner Lebenswelt zu tun haben.

Ich höre vor allem oft in und von Vertreter*innen der Kirche, was alles nicht geht, zum Beispiel:

- Gottesdienste außerhalb der Kirche feiern (… weil da ist ja Gott gar nicht so richtig da und wozu haben wir denn die Kirche …)
- Gottesdienste zu anderen Zeiten als gewohnt oder auf eine andere Weise feiern (… warum, das haben wir doch schon immer so/noch nie anders gemacht …)
- Dinge in schön machen – mit wertigen Materialien und viel Liebe (… dafür Geld zu verschwenden ist doch unnötig …)

anders, weil es stetig neue Formen braucht und sie jetzt schon entstehen.

- Da sein, wo die Menschen sind – z. B. im Internet (... die Kirche schafft es ja nicht mal, sich um die eigenen Leute zu kümmern ...)
- Bedingungslos liebende Menschen zu segnen, auch wenn sie z. B. das gleiche Geschlecht haben (... das kann so nicht von Gott gewollt sein ...)
- Wert auf Kommunikation und Öffentlichkeitsarbeit legen (... warum? Ein Worddokument in den Schaukasten zu hängen reicht doch aus – unsere Leute wissen doch eh Bescheid ...)
- Arbeitszeit in Menschen und Projekte investieren, die nichts mit Kirche zu tun haben (... aber die Menschen, die sich in der Gemeinde engagieren, sind doch die, die alles tragen ... also kümmere Dich vor allem um die ...)

Das sind nur ganz wenige von unendlich vielen Punkten, die deutlich machen, warum mich vieles in Kirche nicht anspricht. Warum ich viele Haltungen unterirdisch finde. Nicht falsch verstehen, ich will nicht alles in oder an Kirche verändern – *aber ich möchte, dass überhaupt auch mal etwas anders sein darf!*

Denn manchmal will ich diese Kirche verlassen, weil ich glaube: Sie wird sich ja doch nie ändern – und wie absurd ist dieser Gedanke? Wo Jesus doch genau das immer und immer wieder getan hat. Leben und Menschen auf vielerlei Weisen verändert und gewandelt, Maßstäbe, Gesetze und Regeln neu interpretiert und ausgelegt hat. Der in allen Bereichen ein Grenzgänger und immer unterwegs war, Menschen herausforderte – aus ihrem bisherigen Leben und in ein Neues hinein. Der auf Menschen zuging, sie ansah und ihnen dadurch ein Ansehen gab. Der mitten im Nirgendwo bedingungslos Menschen empfing, ihnen Raum und einen Platz gab und ihren Lebenshunger an Leib und Seele stillte.

Der sie so etwas vom Leben in Fülle erfahren ließ (vgl. Mt 14,13-21). All das würde ich gerne tun. Aber als junge Gemeindereferentin habe ich manchmal das Gefühl, ich sei nicht beauftragt und gesendet worden, um das Evangelium Jesu Christi zu verkünden und zu leben. Sondern ich sei vor allem dafür da, Erwartungen zu erfüllen. Und zwar sehr, sehr viele.

## *Enttäuschung*

Man erwartet von mir, ich soll bitte für alle Menschen wach und bestenfalls auch da sein. Ob sie kirchlich gebunden sind oder nicht, spielt dabei keine Rolle, und für diese Offenheit bin ich mehr als dankbar. Wo Not ist, da darf ich hingehen und hinsehen. Ich darf für sie da sein, zuhören und (Gottes) Zuspruch weitergeben. Durch Worte, durch tatkräftige Hilfe, manchmal auch nur dadurch, still mit auszuhalten, aneinander zu denken und füreinander zu beten oder durch's Dinge möglich machen. Seelsorgerin und Ermöglicherin zu sein, dem versuche ich gerecht zu werden. Oft habe ich aber das Gefühl, in Pfarreien und Gemeinden geht das nur bedingt. Ich muss deren Strukturen oft erst verlassen, um meinem Auftrag – vielleicht auch meiner Rolle, so wie ich sie verstehe – als Gemeindereferentin gerecht zu werden. Denn in ihnen geht es zu oft schlicht um die Erwartungen. Ich soll Gewohnheiten fortführen, diese weiterhin gewährleisten und bewahren. Man erwartet von mir, dass ich alles so mache, wie es immer war – völlig egal, ob das heute noch passt oder nicht. Zugleich soll ich aber Menschen neu mitreißen und für eine Kirchenform begeistern, die schon längst fast niemanden mehr begeistert und tot wäre, wenn man sie denn endlich auch mal sterben lassen würde.

anders, weil es stetig neue Formen braucht und sie jetzt schon entstehen.

Als Gemeindereferentin höre ich ständig, an welchen Stellen ich Menschen und ihre Erwartungen enttäusche und was ich alles wie genau machen müsste, damit wieder mehr Menschen am Sonntag in die Gottesdienste kommen und sich am Gemeindeleben beteiligen würden – so wie früher eben. Nur vielleicht will ich all das ja gar nicht. Vielleicht sehe ich das nicht als meinen Auftrag oder meine Rolle an. Vielleicht habe ich einfach ein völlig anderes Kirchen- und Gottesbild als viele Menschen in unserer Kirche und eventuell kann und will ich als eine Person auch gar nicht allen Erwartungen dieser Kirche und ihrer Menschen gerecht werden? Denn das sind schlicht zu viele – und sie sind zu verschieden.

Oft glaube ich deshalb, meine Hauptaufgabe ist es: *Ent-Täuscherin* zu sein: Menschen zu verstehen zu geben, dass z. B. das Bewahren von Gewohnheiten nicht mein Hauptauftrag und auch nicht das tiefste Wesensmerkmal von Kirche ist. Oder dass man Traditionen auch mal anders denken und leben darf und Familien sich z. B. über einen digitalen und interaktiven Kreuzweg freuen, den sie machen können, wann es ihnen gerade passt, und der sie quer durch die ganze Stadt führt. Mir ist klar, dass diese Form des Kreuzweges die 86-Jährigen in der Regel nicht anspricht und deren Erwartungen in keinster Weise entspricht – aber das muss ein digitaler und interaktiver Kreuzweg für Familien doch auch nicht, weil daneben ja trotzdem auch auf traditionelle (ich würde eher sagen: gewohnte) Weise Kreuzwege gefeiert werden können. Das eine schließt das andere doch nicht aus, oder? Bisher leider doch, ist oft mein Eindruck.

Denn alles, was nicht den Erwartungen der letzten kirchlich hoch Verbundenen entspricht, das macht man lieber nicht, damit man diese nicht auch noch verliert. Jedes „anders" wird oft sofort als Bedrohung gegenüber diesem „heiligen Rest" verstanden. Das genau das ein Problem sein könnte – das wird lieber nicht hinterfragt.

Traditionen sind auch mir wichtig. Aber nur dann, wenn sie für mich auch einen Sinn ergeben und etwas mit meinem Leben zu tun haben. Tomáš Halík hat mal auf die für mich treffendste Weise formuliert, worum es bei der Bewahrung von Traditionen gehen sollte: „Die Bewahrung der Tradition ist ein schöpferischer Akt. Die Treue zum Inhalt des Glaubens braucht die kreative Neuinterpretation: nicht einfach eine oberflächliche Anpassung an die letzte Mode, sondern einen mutigen Dialog mit den intellektuellen Herausforderungen der zeitgenössischen Kultur."[7]

Tradition als schöpferischen Akt zu verstehen – was dieses Verständnis in unserer Kirche verändern würde! Wenn es mehr noch als bisher üblich wäre zu fragen: Was bedeutet Tradition im Zusammenhang mit dem Leben im Hier und Heute? Ich glaube, dann könnten viele Traditionen völlig anders mit Leben gefüllt werden. Vielleicht würden sie dann sogar wieder relevant für Menschen und ihr Leben werden – aber dazu müsste man überhaupt in einen Dialog mit Menschen kommen wollen. Man müsste einsehen, dass Menschen heute nicht der Kirche fern sind, sondern die Kirche den Menschen. Man müsste Neues zu- und Altes loslassen können. Es müsste ein Nebeneinander geben dürfen statt immer nur ein Gegeneinander – vielleicht führte das dann auch zu einem neuen Miteinander.

---

[7] Tomáš Halík, Mit den Suchenden auf die Suche gehen, in: Herder Korrespondenz. 67. Jahrgang (2013) Heft 2.

anders, weil es stetig neue Formen braucht und sie jetzt schon entstehen.

*Ich träum' von einer Kirche ...*

Wenn man mich als junge Christin fragt, wie ich mir Kirche wünschen würde, dann kann ich darauf viele Antworten geben. Ein paar will ich hier teilen, weil ich glaube: Meine Träume von Kirche sagen viel darüber aus, wozu Kirche da sein sollte. Ich träum' von einer Kirche, die ...

- ... ein Ort ist, an dem man sich wohl und willkommen fühlt. Wo Menschen gemeinsam essen, Zeit verbringen und miteinander über Gott und die Welt reden.
- ... von Ästhetik geprägt ist statt vom 70er-Jahre-Charme, den man sehen und riechen kann.
- ... viel mehr kommuniziert, und das weiter und auf anderen Wegen als nur bis zu den Schaukästen auf den eigenen Grundstücken.
- ... die sich vor Ort regelmäßig fragt: Wozu sind wir als Christ*innen da? Was ist an diesem Ort und konkret in der jetzigen Situation dran?
- ... die Menschen bedingungslos Wertschätzung entgegenbringt, statt sie zu diskriminieren, und die daran glaubt, dass Gottes Segen allen Menschen gilt. Ohne Wenn und Aber.
- ... die durch Offenheit, Weite, Transparenz geprägt ist – in allen Bereichen.
- ... die glaubt, dass es keine gottverlassenen Orte und Zeiten gibt – Gott also allen Orten und Zeiten zutraut und sich von diesen herausfordern lässt.
- ... die erkennt, dass fragen, suchen, sehnen und zweifeln nicht falsch und auch keine Zeichen der Schwäche oder Kleingläubigkeit sind.

- ... die zuhört und ermutigt, statt immer zu reden und noch mehr zu reden
- ... die ihre scheinbare Normalität und ihre eigenen Gewohnheiten nicht zum Maßstab aller Dinge macht, sondern Gott und die Menschen, und zwar immer wieder neu.
- ... die ohne Hauptamtliche auskommt, sondern in der Christen vor Ort schauen, wie sie Kirche leben wollen und können und die eigenständig Wege der Finanzierung finden, wo Ehrenamt nicht mehr ausreicht.

Oh ja, ich habe viele Träume für die Kirche – weil sie es mir wert ist! Vieles würde ich mir anders wünschen. Manches, das mir aktuell begegnet, sorgt für Fluchtreflexe – aber ich weiß, dass Kirche auch anders kann! Ich erlebe sie an manchen Orten und durch manche Menschen schon sehr anders und glaube daran: Mit ein bisschen mehr Zeit, viel Hoffnungs- und Liebestrotz schaffen wir jungen Menschen es, in dieser Kirche zu bleiben und sie von innen heraus zu verändern. Ihr zu ihrer Identität zurückzuverhelfen.

Vielleicht glaube ich daran, dass das gelingen kann, weil ich im Bistum Magdeburg römisch-katholisch geworden bin. Das hat mich tief geprägt und prägt mich immer noch. Für mich ist es normal, dass wir oft *auf eine sehr, sehr einfache Weise Kirche vor Ort leben – und gerade diese Einfachheit ist für mich sehr wesentlich.*

In unserem Bistum wurde mal formuliert: „Unsere Situation fordert uns immer neu dazu heraus, die konkrete Gestalt von Kirche umzubauen und zu erneuern. *Eine Kirche aber, die sich erneuern will, muss wissen, wer sie ist und wozu sie da ist.* Als Kirche leben wir aus der Zusage Jesu: „Ich bin bei euch

anders, weil es stetig neue Formen braucht und sie jetzt schon entstehen.

alle Tage". Diese Zusage gibt unserem Leben seine Ausrichtung. Wir haben Grund zu einer Hoffnung, die unser Leben und unser Sterben umfängt und verwandelt. Jesus Christus ist aber nicht nur bei uns, die wir auf seinen Namen getauft sind. Er hat alle Menschen im Blick. Allen gilt die Zusage, dass ihr Leben gelingen wird. Die Kirche hat von Christus her deshalb den Auftrag, Zeichen dieser Hoffnung für alle Menschen zu setzen."[8]

Ich wünsche mir eine Kirche, die den Menschen nah ist. In aller Freiheit und mit viel Glaube, Hoffnung und Liebe im Gepäck. In der neben Erwartungen auch mal wieder Neugier einen Platz hat. Nicht immer alle so enttäuscht sind, weil's nicht mehr so wie im „gestern" ist, sondern man sich vorfreudig fragt: Wie wird's wohl „morgen" sein und werden? In der man offen ist für Möglichkeiten, statt sich ständig selbst zu begrenzen.

Ich glaub, dann wird's gut. Weil es anders werden durfte.

**Literatur**

Karl Rahner, Strukturwandel der Kirche als Aufgabe und Chance, Herder Verlag, Freiburg 1972.

Martin Werlen, Raus aus dem Schneckenhaus! Nur wer draußen ist, kann drinnen sein, Herder Verlag, Freiburg 2020.

Uwe Schimank, Handeln und Strukturen. Einführung in die akteurtheoretische Soziologie, Beltz Juventa, Weinheim ⁵2016, S. 66-83.

---

[8] Bischöfliches Ordinariat Magdeburg (Hg.), Zukunftsbilder Bistum Magdeburg 2019. Wir sind Gottes Zeugen hier und heute. Einladung und Anregung, Magdeburg 2014, 2.

# anders durch Freiheit

*Johanna Kalinna*

*Warum braucht es Mixed Economy?*

Gesellschaftliche Analysen, soziologische Betrachtungen und Kirchenmitgliedschaftsuntersuchungen zeigen, dass Menschen vielfältig sind und Glaube vielfältige Zugänge braucht. Das Phänomen ist bekannt: Menschen distanzieren sich von den Kirchen. Menschen sind religiös, ohne Mitglied einer Kirche zu sein. Menschen sind Mitglieder, ohne einen aktiven Bezug zur Kirche zu haben. Die Kirchen verlieren zusehends an Relevanz und Bedeutung. Sie stehen vor der Herausforderung, dass Menschen in den bisher gewohnten Formen keinen Zugang (mehr) zu Gott, Glaube und Spiritualität finden. Die Beschränkung auf wenige Milieus bedeutet, dass für viele Menschen kirchliches Handeln nicht relevant ist. Aufbrechende Formen kirchlichen Lebens suchen nach neuen Formen und Riten für eine diverse Gesellschaft und diverse Bedürfnisse und sind von einer stärkeren Kontextsensibilisierung geprägt. Diese entsteht als eine Reaktion auf diese Herausforderungen und als Chance, andere Zugänge zum christlichen Glauben auszuprobieren und zu etablieren.

Die Kirchen haben zunehmend ein Interesse daran, dass Neues entstehen kann. Die Erkenntnisse zu den Herausforderungen und gesellschaftlichen Analysen werden hundertfach gesehen. Erste Ansätze, wie z. B. Erprobungsräume oder Gründerbüros, versuchen bereits, Orte für die Entstehung des Neuen zu schaffen. Diese haben jedoch (bisher) in der Struk-

anders, weil es stetig neue Formen braucht und sie jetzt schon entstehen.

tur keinen Platz, sondern müssen sich als zusätzliche Projekte behaupten. Das „Neue" bringt neue Fragen und Herausforderungen für die Kirche als System mit sich. Wie gehen kirchliche Formen zusammen, die unterschiedlich gewachsen sind? Wie sieht ein Miteinander aus, das lieb gewonnenen und über die Zeit gewachsenen Traditionen gleichberechtigt und gleichwertig neben aufbrechenden Formen kirchlichen Lebens Bedeutung schenkt? Wie lassen sich Strukturen schaffen, in denen Neues entstehen kann?

Ein Antwortversuch auf diese Fragen ist die *Mixed Economy*. Ziel der Mixed Economy ist das *partnerschaftliche Miteinander* von über die Zeit wertgeschätzten und gewachsenen Formen in Parochie und Tradition mit Aufbrüchen und neuen Formen von Kirche.

Mixed Economy ist dabei dreierlei: Erstens eine *Haltung* der kirchlichen Akteuer:innen, in der dieses Miteinander möglich ist. Zweitens ein *theologisches Konzept*, das das Miteinander verschiedener Formen der Kirche beschreibt und dadurch ermöglicht. Drittens ist Mixed Economy vor allem eine strukturelle *Umgebung*, in der das Neue entstehen kann.

Wie lässt sich eine Mixed Economy etablieren, damit Neues entstehen kann?

### *Wie entsteht Neues innerhalb einer Mixed Economy?*

Neues entsteht nicht verordnet. Es ist in institutionell verfassten Kirchen nicht natürlich, aus ihrer Logik und der Struktur herauszubrechen. Da Institutionen tendenziell darauf ausgerichtet sind, den Status quo zu bewahren, tut sich die Kirche schwer, Freiräume zu schaffen, *in* denen Neues entstehen kann und sich geistliche Ausdrucksformen diversifizieren können.

Um das zu ermöglichen, braucht es vor allem *Freiheit*.

Die Aufgabe der Kirche als Organisation ist es, Freiräume zu schaffen, damit Neues entstehen kann und dieses im Sinne einer Mixed Economy die traditionellen Formen von Kirche ergänzt. Um das zu ermöglichen, braucht es vor allem Freiheit.

Wie diese Freiheit im Sinne einer Mixed Economy, die die traditionellen Formen von Kirche ergänzt, aussehen könnte, möchte ich möchte ich in fünf Schritten durchbuchstabieren: theologisch, strukturell, finanziell, personell und strategisch.

1. Theologisch:
Die Kirche ist die aktuelle Vergemeinschaftungsform des christlichen Glaubens bzw. ihrer Glaubenden. Die Bibel kennt verschiedene Bilder für die Kirche. Sie wird darin u. a. als ein Leib beschrieben, der aus Menschen besteht (1 Kor 10,32, Röm 16,16), die zusammen als Glaubende und Getaufte (2 Kor 1,21 f.) das Brot brechen, beten und Gemeinschaft teilen (Apg 2,42–47). Im Zentrum dieser Gemeinschaft steht die Freiheit des Glaubens, die der Kirche vorausliegt. Die Kirche hat dem Glauben gegenüber eine wichtige, aber eben nur eine dienende Funktion. Mit den Mitteln einer Organisation muss sie der Freiheit des Glaubens einen möglichst großen Raum schaffen, in dem sich Menschen aus verschiedenen Lebenskontexten und mit verschiedenen Zugängen zum Glauben finden. Das Ziel der Kirche als Organisation ist es daher, die strukturellen Voraussetzungen dafür zu schaffen, dass der Glaube in seinen pluralen Facetten lebbar ist. Anders gesagt: Die Struktur der Kirche sollte sich daran orientieren, ob oder wie sie das Evangelium so kommuniziert, dass es für Menschen aus und in verschiedenen Kontexten relevant ist oder wird. Dafür bedarf es der Freiheit, solche pluralen Ausdrucksformen zu gestalten.

anders, weil es stetig neue Formen braucht und sie jetzt schon entstehen.

Ein erster Schritt besteht darin, ehrlich anzuerkennen, dass die parochialen Formen der Kommunikation des Evangeliums für Menschen in verschiedenen Lebenskontexten nicht relevant sind (s. o.). Die Kirche ist mehr als Parochialgemeinden und der Zusammenschluss von Getauften in einem Territorium. In den vorherrschenden territorial definierten Bildern der Kirche kommen viele Menschen nicht vor. Sie finden in den parochialen Gestalten der Kirche keinen Zugang zum Evangelium, in dem sich dieses für *sie* als relevant erweist. Zwar gibt es viele Konzepte, die Identität und Funktion der Kirche nicht über territoriale Zuordnungen (Gemeinde, Parochie) bestimmen; dennoch fehlt es bei deren Umsetzung oft gerade an solchen Bestimmungen, die darüber hinausgehen. Es braucht darum in den parochial verfassten Formen von Kirchen und ihren Leitungsebenen eine theologische Auseinandersetzung darüber, dass die Konzentration des Kirchenbildes auf die Ortsgemeinde dem Kirchenbegriff nicht länger gerecht wird. Nur dann lässt sich sehen, dass andere Formen nicht einfach Ausnahmen von einer Regel sind.

Die Freiheit, kirchliche Formen neu zu denken, hieße im Sinne einer Mixed Economy, Kirche nicht von ihrem Parochialprinzip oder dem Sonntagsgottesdienst her zu bestimmen. Kirche ist Gemeinschaft: wo sich Menschen versammeln, beten, Gemeinschaft und Abendmahl teilen – das kann *auch* ein Gottesdienst sein. Diese Versammlung ist in ihren Riten, Orten und Uhrzeiten vielfältig, ohne dass die neuen Ausdrucksformen und die etablierten Formen sich gegenseitig ihr Kirchesein absprechen.

Theologische Freiheit der Mixed Economy zeigt sich darin, dass man eine Vielfalt christlicher Gemeinschaftsformen anerkennt, in denen christliche Ausdrucksformen des Glaubens entstehen können.

2. Strukturell:
Für eine Mixed Economy ist eine strukturelle Freiheit nötig, in der das „Neue" entstehen kann. Hiermit meine ich die kirchlich verfassten Rahmenbedingungen. Ich kann nur andeuten, auf welche Bereiche sich das bezieht:

- *Kirchenordnungen, -verfassungen und -strukturen* müssen diskutiert und überarbeitet werden, vor allem in Bezug auf die *Anerkennung neuer Formen von Kirche*. Kann es neben der Parochie eine anerkannte Form von Gemeinden im Kirchenkreis/Dekanat (oder auf einer anderen Ebene) geben, die nicht der Struktur eine Parochialgemeinde entspricht? Es braucht kirchenrechtliche Instrumente zur Umsetzung einer *Mixed Economy*. Sensibel sind hierbei insbesondere die Teilhabe an finanziellen Ressourcen, Entscheidungsgewalt und Personal.
- Formen der *Mitgliedschaft* müssen angepasst und erleichtert werden. Es stellt sich die Frage: Warum sollte jemand Mitglied in einer Kirche sein, die man inhaltlich auf Grund ihrer theologischen Entscheidungen nicht unterstützt und die für einen persönlich keine relevanten Inhalte oder Angebote entwickelt? Die Formen der Mitgliedschaft sind zum anderen auch in Bezug auf neue kirchliche Ausdrucksformen zu überdenken, denn z. B. im digitalen Raum lassen diese sich nicht mehr auf das Parochialprinzip einschränken. Menschen partizipieren, die formell woanders wohnen oder keine Mitglieder sind; da es keine anerkannte Gemeinde ist, kann auch keine Umpfarrung erfolgen. Kirchensteuern fließen zum größten Teil in die parochialen Strukturen. Menschen, die die Kirche unabhängig oder jenseits

anders, weil es stetig neue Formen braucht und sie jetzt schon entstehen.

> dieser parochialen Strukturen erleben, ist es schwer zu vermitteln, warum ihre Kirchensteuern nicht dort ankommen, wo sie im Kontakt mit der Kirche stehen. Kirchenmitgliedschaft muss flexibler und einfacher sein. Hier braucht es Freiräume und Möglichkeiten, die zugleich auch kirchenrechtlicher Entscheidungen bedürfen.
>
> – Neue Formen von Kirche brauchen anstelle *ehrenamtlicher Leitungsgremien* die Freiheit, andere Formen von Leitung zu wählen, die für die jeweilige Struktur passend sind. Damit stößt gerade die evangelische Tradition der presbyterial-synodalen Ordnung an ihre Grenze. Es muss möglich werden, in der Struktur eine Lücke zu schaffen, die fluide Leitungsstrukturen ermöglicht. Hier braucht es eine Freiheit für das neu Entstehende, das die herkömmlichen Formen der Leitung nicht (immer) bedienen kann.

Strukturelle Freiheit ist nur über kirchenrechtliche Grundsatzentscheidungen möglich.

3. Finanziell:

Die Kirche wird immer weniger Ressourcen zur Verfügung haben. Der Verteilkampf darum hat bereits begonnen. Die inhaltliche Frage um weniger werdende Ressourcen wird von zentraler Bedeutung sein. Es braucht eine inhaltliche Entscheidung, wie mit den zur Verfügung stehenden Mitteln umgegangen werden soll.

Werden Ressourcen auch für Veränderungen und Experimente eingesetzt, die nicht zwingend schon im Voraus ein Ergebnis benennen können? In der Wirtschaft nennt man einen solchen Einsatz von Ressourcen *Risikokapital*. Einige Landeskirchen und Bistümer haben bereits begonnen, Finanzen in diesem Bereich bereitzustellen. Dennoch zeigt der Blick in die Haushalte, dass es hier im Prinzip kein Risiko gibt, sondern eher risikoarm eine Alibi-Entscheidung getroffen wird, beziffern diese Ausgaben prozentual in Bezug auf die Haushalte doch eher geringe Summen.

In Verteilungskämpfen wird zudem versucht, das Bestehende aufrechtzuerhalten und durch Fusionen und Kürzungen zu retten. Aufgrund weniger werdender Mittel wird es Entscheidungen brauchen, auch bestehende und lieb gewonnene Tradition nicht weiter zu finanzieren. Es wird nicht beides gehen. Es braucht eine Diskussion darüber, wie viel Innovation und Exnovation es geben soll und was kirchliche Akteur:innen bereit sind aufzugeben. Dabei handelt es sich auch um eine theologische Diskussion (s. o.). Freiheit hieße auch, mehr finanzielles Risiko zu ermöglichen, um mehr Freiräume zu schaffen für neue Wege. Es würde jedoch auch die Entscheidung erfordern, manches zu lassen.

Mixed Economy ist dann möglich, wenn es auch eine *finanzielle Gleichberechtigung* gibt. Solche Töpfe, wie z. B. für Erprobungsräume, sind dabei ein Baustein, können jedoch lediglich eine Anschubfinanzierung für ein Experiment auf Zeit sein oder die Phase der Herausforderung finanzieren. Gesamtkirchlich braucht es – über ein bestimmtes Risikokapital hinaus – eine Entscheidung zu größeren finanziellen Ressourcen, die in neue Formen von Kirche investiert werden, so dass diese auch finanziell langfristig in die Struktur aufgenommen werden können. Gerade wenn sich Projekte nach einer Phase des Ausprobierens etablieren (im Schnitt nach sieben Jahren), fehlt es oft an finanziellen und strukturellen Entscheidungen, die ihnen eine langfristige Perspektive geben und sie gleichberechtigt zur Parochie anerkennen.

anders, weil es stetig neue Formen braucht und sie jetzt schon entstehen.

Finanzielle Freiräume heißt ein Investment in das neu Entstehende. Dieses muss begleitet werden durch Beratung, Schulung, Coaching. Auch dafür müssen Mittel zur Verfügung gestellt werden.

4. Personell:
Freiheit für das Neue drückt sich in Personalentscheidungen und der Personalentwicklung aus.

Die *theologische Ausbildung* ist vorrangig an einer parochialen Kirche orientiert. Theolog:innen werden ausgebildet für Kasualien, Seelsorge, Predigt. Innovation, Sozialraumorientierung, kontextuelle und missionale Theologie, Pioneering, Diversität, Organisationsentwicklung etc. sind demgegenüber, wenn überhaupt, nur am Rand Bestandteil der Ausbildung. Daneben müssten *Lernorte der praktischen Ausbildung* ergänzt werden: Innerhalb der evangelischen Kirche ist diese bislang nicht außerhalb der Parochie möglich. Theolog:innen werden für zwei bis drei Milieus ausgebildet. Um dieses aufzubrechen, ist es nötig, dass der theologische Nachwuchs in den praktischen Ausbildungsphasen die Gelegenheit hat, in neuen Ausdrucksformen oder in nicht-kirchlichen Arbeitsfeldern und anderen innovativen Lernräumen zu arbeiten.

Zudem müsste, wenn die Vielfalt der Menschen ernst genommen wird, ein *vielfältiger Zugang zum pastoralen Dienst* ermöglicht werden. Statt eines lediglich akademischen Zugangs braucht es Ergänzungen in alternativen Ausbildungsformen. Hierbei sollten sowohl duale Studiengänge als auch nicht wissenschaftliche Zugänge zum pastoralen Dienst berücksichtigt werden. Gleichzeitig fehlt es an Interdisziplinarität. Neue Formen von Kirche brauchen ggf. auch neue Berufsgruppen und andere kirchliche Berufe.

Damit Neues entstehen kann und Mixed Economy möglich wird, braucht es eine Freiheit und Vielfalt in der Ausbildung sowie in der Fort- und Weiterbildung und dem Bild von Hauptamtlichen. Die Einsetzung dieses Personals ist dann eine strategische Entscheidung.

5. Strategisch:
Die strukturellen, finanziellen, aber auch personellen Entscheidungen werden zu einem Machtkampf innerhalb der Kirchen führen. Sie beinhalten grundlegende Änderungen im Selbstverständnis der Institution, die nicht ohne Diskussion und Auseinandersetzung umgesetzt werden können und die einer theologischen Grundlage bedürfen. Darum braucht es strategische Entscheidungen von Leitungspersonen, die diese moderieren. In den letzten Jahren hat sich bereits einiges in dieser Hinsicht getan. Strategische Entscheidungen einer Synode zu Erprobungsräumen (z.B.: der Ev. Kirche im Rheinland) seien als ein Beispiel genannt und zeigen, dass nicht mehr Einzelpersonen für diese Entwicklung sorgen. Diese Entscheidungen müssen jedoch weitergeführt und ergänzt werden und reichen allein nicht aus. Für eine Mixed Economy braucht es Freiräume, die durch *Leitungsentscheidungen* strategisch getroffen werden müssen.

Zum einen werden Leitungspersonen und Personalabteilungen Menschen das Mandat zum Ausprobieren und Gestalten neuer Formen von Kirche geben müssen. Es braucht faktisch in den Stellenkonstellationen *Freiräume für das Pioneering*. Hier muss entschieden werden, dass das Personal nicht oder nicht nur an klassisch parochialen Stellen eingesetzt wird, damit es Bedarfe und Lücken füllt, die es aus der Sicht der Institution gibt.

Zudem wird es eine strategische Entscheidung sein, ob und welche Ebene neue Formen von Kirche als gleichberechtigt an-

anders, weil es stetig neue Formen braucht und sie jetzt schon entstehen.

erkennen kann. In der Church of England wurde hierfür die *Bishop's Mission Order* eingeführt. Es ist zu fragen, wo kirchenrechtlich ein Ermöglichungsrecht für das Neue angesiedelt werden kann. Um Freiheit zu ermöglichen, dürfte die mittlere Leitungsebene (Kirchenkreise bzw. Dekanate) von besonderer Bedeutung sein. Sie ist gefragt, wenn es darum geht, Wandel zu ermöglichen.

Zum anderen wird die Debatte um die zur Verfügung stehenden *Ressourcen* (personell und finanziell) eine sein, die von der Leitungsebene moderiert werden muss. Dazu gehört die Wahrheit, dass eine Entscheidung für eine Mixed Economy zugleich eine Entscheidung gegen das Fortbestehen der flächendeckenden Grundversorgung, wie wir sie bisher kennen, bedeuten wird.

*Freiheit heißt zu entscheiden*

Es wird keine Blaupause für eine Mixed Economy als Entstehungsraum für das Neue geben.

Jede Landeskirche und jedes Bistum wird entscheiden müssen, wo sie die Freiräume im Sinne einer Mixed Economy schaffen. Es wird nicht alles auf einmal geben können, sondern es bedarf der Priorisierung und der Schwerpunktsetzung. So hat die Evangelische Kirche in Hessen und Nassau den Fokus z. B. auf personelle Fragen in der Ausbildung gelegt. Die Erprobungsräume in der Evangelischen Kirche im Rheinland haben zunächst einmal Freiheit in zwei Bereichen gegeben: finanziell und theologisch. Durch Begleitung und (finanzielle) Förderung werden Pionier:innen und Teams Freiräume ermöglicht, Neues auszuprobieren und zu experimentieren. Jedoch wird hier auch schon deutlich, dass diese Experimentierfelder (noch) keine Auswirkungen auf strategische, strukturelle und personelle Fragen haben.

Damit die Mixed Economy Wirklichkeit wird, bedarf es Wandel in allen fünf Bereichen; Entscheidungen und Veränderungen müssten im Sinne der Freiheit einer Mixed Economy getroffen werden. Einzelne sind auf dem Weg, es braucht aber noch einen langen Atem und den Mut, nächste Schritte zu gehen, um wirklich den Traum einer vielfältigen Form von Kirche zu ermöglichen.

**Literatur**

Thomas Schlegel / Juliane Kleemann (Hg.), Erprobungsräume. Andere Gemeindeformen in der Landekirche, Evangelische Verlagsanstalt, Leipzig 2021.

David Gutmann / Fabian Peters, #projektion2060. Die Freiburger Studie zu Kirchenmitgliedschaften und Kirchensteuer. Analyse – Chance – Vision, Neukirchener Verlagsgesellschaft, Neukirchen-Vluyn 2021.

Sabrina Müller, Mixed economy of Church. Chancen und Risiken kirchlicher Biodiversität, in: Claudia Reichenbach / Matthias Krieg, Volkskirche und Kirchenvolk: Ein Zwischenhalt, Theologischer Verlag Zürich, Zürich 2015, S. 99–107.

Martin Laube, Die Kirche als „Institution der Freiheit", in: Christian Albrecht (Hg.), Kirche, Themen der Theologie 1, Mohr Siebeck, Tübingen 2011, S. 131–170.

Michael Moynagh / Philip Harrold, Fresh Expressions of Church. Eine Einführung in Theorie und Praxis,, hg. v. Jochen Cornelius-Bundschuh, u. a., Brunnen, Gießen 2016 (engl. Originalausgabe: Church for every context: An Introduction to Theology and Practice, London 2012).

Evangelische Kirche in Deutschland (EKD), Engagement und Indifferenz. Kirchenmitgliedschaft als soziale Praxis. V. EKD-Erhebung über Kirchenmitgliedschaft, Hannover 2014.

anders, weil es stetig neue Formen braucht und sie jetzt schon entstehen.

## Macht mal
## Warum entsteht das Andere?

*Maria Herrmann*

*Mach einfach*

Neue Formen kirchlichen Lebens zu gestalten ist das Einfachste und Schwierigste zugleich. Dies hat damit etwas zu tun, dass Fresh Expressions nur in ihrem Kontext als solche zu erkennen sind: Das, was mit und in ihnen und durch sie passiert, ist nicht selten bekannt und gewöhnlich. Es ist und gibt nichts Neues an sich, wenn Kommunikation des Evangeliums in Wort und Tat geschieht. Wenn benachteiligte Kinder in einem Theaterprojekt Stimme, Gaben und Berufung finden. Wenn in einem Hochhaus, einem Dorf oder einem Stadtteil einsame Menschen Begegnung erfahren, in der sie verlässlich beim Namen genannt werden und wo es bemerkt wird, dass und wenn sie fehlen. Wenn sich Menschen in einem Fitnessstudio oder in einer Tanzschule auf die Ehe vorbereiten. Wenn den großen und kleinen Fragen des Lebens in einer Kletterhalle oder Betriebskantine nachgegangen wird. Wenn im Wald, auf einem Rockfestival oder in einer Kneipe Brot geteilt wird. Wenn all dies im Licht des Evangeliums erfahren, gedeutet und gefeiert wird. Es ist der Kontext, durch den etwas als neu identifiziert wird. Es ist die Kombination, die das Neue ausmacht. Es ist dieser Zusammenhang, aus dem etwas Einfaches, etwas Neues, also: etwas *Anderes*, wird. Für diesen Prozess Sorge zu tragen ist eine hohe Kunst – und alles andere als einfach.

## Die kirchliche Emergenz nach Michael Moynagh

Doch wenn die Gestaltung neuer kirchlicher Formen nicht einfach ist, warum geschieht sie immer wieder – und immer noch? Der anglikanische Theologe Michael Moynagh reflektiert die Bewegung der Fresh Expressions seit Jahrzehnten. Viele seiner Thesen haben Literatur, Leitungsentscheidungen und Lehre geprägt – nicht nur in England, sondern weltweit und konfessionsübergreifend. Eine seiner letzten Entdeckungen hat er „kirchliche Emergenz" genannt. Moynagh beschreibt damit die Dynamik, in der Fresh Expressions entstehen – und zeigt auf, wie aus etwas Einfachem etwas Anderes wird. Anlass seiner Suche nach einer neuen Beschreibung der Fresh Expressions war die Beobachtung, dass die sonstigen Reflexionsmuster im Hinblick auf die Entstehung von Gemeindegründungen auf individuelle Entscheidungen Einzelner, zumeist einer Gründerpersönlichkeit, fokussiert waren. Für Moynagh sind aber Teamkonstellationen und ihre Dynamik entscheidend, wenn es um kontextuelle und neue Formen kirchlichen Lebens geht. Damit wurde es notwendig, eine ergänzende Beschreibung vorzulegen, die neben dem Teamaspekt auch die Selbstorganisation der Initiative in den Blick nimmt.-

Für Moynagh beginnt das Andere mit einer *Unzufriedenheit*. In ihr steckt sowohl ein Bezug auf das, was ist, als auch eine Leerstelle für das, was *anders* sein kann. Diese Leerstelle kann in Teilen bereits gefüllt sein durch Visionen, Ideen oder Ahnungen vom Anderen; in jedem Fall jedoch ist für die Unzufriedenen klar, dass der Status quo nicht (mehr) funktioniert und mindestens etwas vermissen lässt. Entscheidend ist also für Kirchenleitende, mit der Unzufriedenheit Anderer wiederum selbst „zufrieden" zu sein und zu reflektieren: Ohne sie

anders, weil es stetig neue Formen braucht und sie jetzt schon entstehen.

kann nichts Neues beginnen. Unzufriedenheit ist ein Zeichen dafür, dass es weitergehen kann. Der gemeinsame Umgang mit der Unzufriedenheit ist entscheidend. Dieser Anfang mündet ein in einen Prozess der *Erkundung*: Visionen für das Andere werden gebildet und konkretisiert, Ideen entwickelt und Ahnungen mit Leben gefüllt. Das heißt: Handlungen werden ausprobiert, Beziehungsnetzwerke geknüpft und – noch wichtiger – genutzt und mit all dem Wirksamkeit erzeugt. Dies ist Teil des Prozesses, den man Inkulturation oder Kontextualisierung nennen kann. Er besteht daraus, Bekanntes mit Unbekanntem zu kombinieren. Ein Team kann dabei entstehen, wenn es nicht bereits von Beginn an vorhanden war. Als nächste Prozessdynamik taucht die *Vermittlung* auf: Hierbei geht es darum, den Sinn der Initiative und ihrer einzelnen Handlungen zu erschließen – zu beschreiben, woran z. B. erkennbar ist, dass das Handeln auf die Unzufriedenheit eingeht. Dies muss sowohl für die direkt Beteiligten als auch für indirekt Beteiligte, wie z. B. Leitungsverantwortliche auf höherer Ebene, erfolgen. Deshalb ist es notwendig, verschiedene Perspektiven auf die Initiative und Deutungsmuster für sie zu eröffnen. So können Anwaltschaften und Übersetzungen zum Beispiel in die Leitungsebenen oder in die Nachbarschaften übernommen werden, die einen Sinn der Initiative auch für Unbeteiligte erschließen. Diese Dynamik ist, wie schon die Erkundung, ebenso ein Teil der Kontextualisierung und wirkt nach innen. Auch die Teamkonstellation spielt für das Eintragen der Vielfalt eine entscheidende Rolle. Als Nächstes tritt eine *Verstärkung* ein: Die entwickelten Beziehungsnetzwerke beginnen Früchte zu tragen. Die Initiative und ihr Ruf wachsen: ihre Handlungen umfassen größere Einzugsgebiete, Frequenzen müssen gesteigert und Kommunikationsprozesse skaliert werden. Dieser Prozessbereich ist nicht selten die Zeit, in der die Initiative als

Vorzeigeprojekt oder „Best Practice" gilt. Als Nächstes folgt eine Art „Tanz" am *Rande des Chaos*. So nennt die Innovationsforschung den Bereich, der zwischen einer klaren Ordnung, also neu gebildeten festen Strukturen, und einer weiteren produktiven Unordnung schwankt, die den Beginn der Initiative und ihre Erkundungen ausgemacht hat. Für die Verantwortlichen der Initiativen ist es enorm wichtig, an dieser Stelle nicht vorzeitig abschließende und feste Entscheidungen zu treffen, die weitere mögliche Entwicklungen zu früh beenden. Gleichzeitig ist es notwendig, zu einem geeigneten Zeitpunkt für Stabilität, Transparenz und Nachhaltigkeit zu sorgen. Als einen letzten Moment der Dynamik beschreibt Moynagh eine *Verlagerung*. Er benennt damit einen Schritt in der Entwicklung neuer Formen kirchlichen Lebens (und anderer sozialer Innovationen), hinter den die Initiativen nicht mehr zurückkönnen: Während die bisher beschriebenen Schritte immer wieder von vorne beginnen können und sich oft auch überlagern, gibt es im Leben einer Initiative einen Punkt, an dem sie in einen neuen Prozesszyklus eintritt – über eine Art Schwelle tritt.

Die Innovationsforschung spricht deshalb an dieser Stelle von Emergenz: Entweder ist etwas Eigenständiges, Neues, Anderes entstanden oder die Initiative löst sich auf und ihre Bestandteile gehen in neuen Kontexten auf. Was allerdings zur Entstehung geführt hat, was dazu hilfreich war (und auch was eher weniger), ist erst im Nachhinein nachvollziehbar. Es ist dieser Moment, der im Zusammenhang mit den Fresh Expressions of Church die Rede von der Mixed/Blended Economy oder der Mixed/Organic Ecology notwendig macht: Die Verlagerung macht eindeutig klar, dass eine eigenständige und im besten Fall selbstorganisierte kirchliche Form entstanden ist, die daran Beteiligte als solche erkennen und benennen und andere als Konkurrenz, Provokation, Störung empfinden können.

anders, weil es stetig neue Formen braucht und sie jetzt schon entstehen.

## *Der Unterschied zwischen Transformation und Emergenz: Machtfragen*

Es ist nun nicht so, dass es in derzeitigen kirchlichen Strukturen in Deutschland keine Unzufriedenheiten gäbe. Das Potenzial für das Andere ist also enorm, wenn man Moynaghs kirchlicher Emergenz folgt. Was gibt es also darüber hinaus noch zu bedenken, wenn man sich die Frage stellt, warum neue kirchliche Formen entsteht – oder eben auch nicht?

Das Phänomen der Emergenz beschreibt die Entstehung des Neuen als organischen Prozess. Innovation, erst recht eine soziale, entsteht immer bis zu einem gewissen Grad in Unverfügbarkeit. Sie lässt sich gewissenhaft vorbereiten, achtsam begleiten und transparent reflektieren oder evaluieren – aber nicht erzwingen, nicht machen. Ein platt formulierter Vergleich: An einer Pflanze kann man nicht ziehen, damit sie schneller wächst. (Soziale) Innovationen wie neue Formen kirchlichen Lebens sind nicht mechanisch oder politisch durchzusetzen, aber strukturell zu fördern und zu schützen. Sie lassen sich nicht vorhersagen oder bis ins Detail planen, in keinem Fall vollständig durchorganisieren. Es bietet sich also an, hier gedanklich zwischen einem mechanisch-transformatorischen und einem organisch-emergenten Bild der Innovation zu unterscheiden: einer Vorstellung davon, Innovationen und Veränderungsprozesse kontrollieren, skalieren oder reproduzieren zu können, und einer, die freigibt und Atmosphären schafft. In dem Prozess, in dem das Neue und Andere für die Kirche, mit ihr und ihr zum Trotz entsteht, liegt eine doppelte Mach- und Machtdynamik:

*Erstens* jene, die sich in dem Neuen und Anderen zeigt. Diese Dynamik ist ein Balanceakt zwischen Tun und Lassen: Es gibt Situationen, in denen Menschen, die neue kirchliche

Formen verantworten, dem Prozess, ihrem Netzwerk und in manchen Situationen schlichtweg nur noch den eigenen Fragen vertrauen können. Es ist eine hohe Kunst, den Prozess der Entstehung nicht zu stören, sei es durch Interessen einzelner Akteure oder Institutionen, sei es, indem man voreilig Fakten schafft. Dazu gehört auch, sich seiner eigenen Wirkmächtigkeit bewusst zu werden: Empowerment aus Unzufriedenheit, Veränderung aus Taufwürde, Sendungsorientierung aus Widerspruch sind entscheidende Faktoren für das Neuwerden der Kirche. Gleichzeitig ist es wichtig, auch innerhalb der neuen Initiativen für Machtdynamiken sensibel zu sein. Auch dies dürfte ein Grund sein, der für Moynaghs kirchliche Emergenz spricht: Das Neue ist Teamarbeit. Darin heiligt kein Zweck die Mittel. Davon sind besonders charismatische Führungspersönlichkeiten ebenso betroffen wie die Art und Weisen, in denen Beteiligungs- und Entscheidungsprozesse innerhalb der Initiativen stattfinden. Hier kann nicht mehr hinter die Standards im Hinblick auf Transparenz, Partizipation und Leadership-Kultur zurückgegangen werden, die nun auch bestehende kirchlichen Formen kritisch hinterfragen.

*Zweitens* gibt es aber auch jene Machtdynamik, die das Entstehen neuer kirchlicher Formen von außen, z. B. von Seiten einer übergeordneten Leitungsebene, beeinflusst. Durch zu hohe Erwartungen, zu kurze Fristen, zu großes Misstrauen, zu viel Ungeduld, zu tiefe Ignoranz können Initiativen im Keim oder auch als bereits gewachsene Pflanzen erstickt werden. Nicht selten spielen Kirchenbilder und die ihnen zu Grunde liegenden Gottesbilder hierfür eine entscheidende Rolle. Das Neue wird zerrieben zwischen „brauchbarer Illegalität" und Ermächtigung von oben. Die Frage nach neuen Formen kirchlichen Lebens ist nicht nur eine Machfrage, sondern auch eine Machtfrage: Es ist die Frage danach, wer etwas Anderes zulassen kann, und das im

anders, weil es stetig neue Formen braucht und sie jetzt schon entstehen.

besten Sinne des Wortes. Nicht selten ist es also auch die Frage danach, warum das Andere *nicht* entstehen kann und darf. Oder warum es manchmal instrumentalisiert oder verzweckt wird. Mehr noch aber: Warum es nicht wie selbstverständlich und alles andere gefördert und geschützt wird.

## Das Andere und die Heilige Geistkraft

Warum also entsteht das Andere? Wie kann aus Unzufriedenheit etwas Neues werden? Nicht selten wird in solchen Zusammenhängen das Neu- und Anderswerden der Kirche mit der Dynamik der Heiligen Geistkraft in Verbindung gebracht: Liturgisch manifestiert sich dies z. B. in den Texten des Pfingstfestes, ökumenischer Gottesdienste sowie in jeder Bitte um die Heilige Geistkraft, die Epiklese, von Eucharistie und Abendmahl. Aber auch verschiedene Erneuerungsbewegungen, nicht selten mit ökumenischer Weite, berufen sich auf Gottes Geist. Es ist sicherlich weder theologisch legitim noch methodisch sinnvoll, die trinitarische und pneumatische Gottesvorstellung zu verzwecken. Es ist nicht angemessen zu schreiben, dass das Andere und Neue entsteht, weil die Heilige Geistkraft dies so „will". Zu viel „deus lo vult" hat Schaden angerichtet, nicht zuletzt in der jüngeren Zeit durch brutale sexualisierte Gewalt und Machtmissbrauch im kirchlichen Kontext. Eine theologische Argumentation in dieser Weise verbietet sich, weil sie zu schnell in den Verdacht gerät, Machtinstrument zu werden. Es muss transparent und begründbar sein, warum die Geistkraft wirkt – und wie sie wirkt, auch und gerade in neuen Formen kirchlichen Lebens.

Vielleicht hilft allerdings an dieser Stelle eine andere Herangehensweise, nämlich die, nach den theologischen Ressourcen zu fragen, die dabei helfen können, die beschriebene kirchliche Emergenz zu denken und beschreibbar zu machen, wie die Kirche anders wird. Hier bietet die theologische Rede von der Geistkraft im Kontext einer trinitarischen Gottesvorstellung hilfreiche Anschlüsse. Michael Böhnke beschreibt zum Beispiel die Trinität als Treue zur Welt: „eine Treue, die Hoffnung auf die Fülle des Lebens verbürgt". Die Heilige Geistkraft versteht er als Person, die „die bleibende Gegenwart Gottes in den Anderen (ist), in all jenen, denen die Würde der Person verweigert wird". Gottes Geistkraft wird in der Zuwendung zu den Anderen gegenwärtig. Für Böhnke spielt in diesem Verständnis die Zusage unbedingter Treue eine entscheidende Rolle, wie sie in Ex 3,14 versprochen wird: Gottes Mit-Sein, Gottes Gegenwart bei den Menschen, Gottes Wahrnehmbarkeit im Konkreten ist das Entscheidende in der Rede und Vorstellung von der Heiligen Geistkraft. Gottes Mit-Sein, Gegenwart und Wahrnehmbarkeit im Konkreten ist auch entscheidend, wenn es um die Kontextualisierung neuer kirchlicher Formen geht. Diese Beschreibungen helfen nicht nur dabei, auf das Anderswerden in den jeweiligen Initiativen und auf Inkulturationsprozesse zu blicken, sondern auch darauf zu vertrauen, dass die Veränderungsprozesse der Kirche insgesamt in diesem Licht zu verstehen sind. Diese Aspekte machen deutlich, dass das Anderswerden der Kirche letztlich darin mündet, neu über Gott und die Welt nachzudenken. Wenn das nicht das Schwierigste und das Einfachste zugleich ist!

**Literatur**

Michael Moynagh, Church in Life. Innovation, Mission and Ecclesiology, SCM Press, London 2017.

Gal Beckerman, The Quiet Before. On the Unexpected Origins of Radical Ideas, Penguin Random House, New York 2022.

anders, weil es stetig neue Formen braucht und sie jetzt schon entstehen.

Benyamin Lichtenstein, Generative Emergence. A New Discipline of Organizational, Entrepreunerial, and Social Innovation, Oxford University Press, Oxford 2014.

Michael Böhnke, Gottes Geist im Handeln der Menschen. Praktische Pneumatologie, Herder Verlag, Freiburg 2017.

Michael Böhnke, Geistbewegte Gottesrede. Pneumatologische Zugänge zur Trinität, Herder Verlag, Freiburg 2021.

# Form follows function
## Von der Architektur für die Kirche lernen

*Lena Niekler*

„So wie du bist, so sind auch deine Gebäude." Liebe Kirche, was heißt das denn für dich? Welche Assoziationen entstehen, wenn wir diese Aussage, die dem amerikanischen Architekten Louis Sullivan zugerechnet wird, auf die Kirche übertragen? Die meisten Menschen verbinden mit ihr wohl zunächst ein großes Gebäude mit Turm. Im Winter ist es oft kalt und der Raum ist mit nicht wirklich bequemen Bänken bestückt. Manchmal hängt ein etwas muffiger Geruch in der Luft und natürlich gehören auch die läutenden Kirchenglocken dazu. So bist du also?

Ja, so bist du. Ein Ausdruck dessen ist die kleine Dorfkirche, die sich an meinem Wohnort idyllisch in die Fachwerkkulisse des alten Ortskernes fügt. Hier passt sie hin und ist auch im Leben der Menschen präsent. Und sie ist wertvoll, weil sie für viele – vornehmlich kirchlich sozialisierte – Menschen in genau dieser Form ein Stück Heimat verkörpert. Wenn sich sonntagmorgens die Menschen zum Gottesdienst versammeln, wird in ihren alten Bruchsteinmauern Kirche sichtbar – als ein Ort gelebter Tradition.

Ja, so bist – aber du kannst ja auch ganz anders. Welches Potential du hast, haben die Autor:innen in diesem Buch ja schon umrissen. Und damit steht fest: Um kirchenferne Menschen zu erreichen, braucht es andere Formen von Kirche und neue Bilder, welche die bestehenden ergänzen. Fresh X fragt daher danach, wie Kirche für Menschen aussieht, die nicht zur Kirche

anders, weil es stetig neue Formen braucht und sie jetzt schon entstehen.

gehen. Nimmt diejenigen in den Blick, die sich in Sakralbauten und den darin stattfindenden Gottesdienst-Formen nicht (mehr) beheimaten. Manche haben noch überhaupt keinen Bezug zum christlichen Glauben, während andere noch da sind, aber vielleicht kurz davorstehen, ihre Kirche aus Frust oder Fremdheitsgefühl zu verlassen. Für sie und mit ihnen neue Kirchenbilder zu entwickeln, die das bestehende Angebot erweitern, provoziert Fragen: Welche neuen Bilder, welche Gemeinschaftsformen und andere Orte könnten für diese Art von Kirche stehen? Welche Botschaft möchte Kirche im Blick auf die Menschen transportieren, die noch nicht oder nicht mehr da sind? Was sollen sie mit uns assoziieren?

## *Die Suche nach einer neuen Form*

Doch wie können diese neuen Bilder entstehen? Inspiration, um dieser Frage nachzugehen, bietet nicht nur theologische Literatur. Der Blick über den Tellerrand und neugieriges Hinsehen gehört im Sinne von „Inspiration is everywhere" selbstverständlich zu Fresh X. Warum also nicht einen Blick in die Welt der Architektur riskieren? Dort bietet das von Louis Sullivan begründete Designprinzip, das seine innovativen architektonischen Entwürfe bestimmte und bis heute Gestalter:innen auf der ganzen Welt prägt, auch für das Anders-Gestalten von Kirche interessante Anregungen.

## *Das Design- und Architekturprinzip „form follows function"*

Wer heute auf die Entwürfe von Sullivan (1856–1924) blickt, wird wohl als Mensch ohne besondere Kenntnisse im Bereich der Architektur nicht sofort erkennen, was für ein Pionier er für seine Zeit war. Der sogenannte „Vater der Wolkenkratzer" entwickelte viele progressive Entwürfe, bei denen ihn der folgende Grundsatz leitete: Die Form eines Gebäudes leitet sich von seiner Funktion ab. So zu denken und zu entwerfen gab Sullivan die Freiheit, mit den üblichen Stilrichtungen seiner Zeit zu brechen und etwas Neues zu konstruieren. Besonders deutlich wird sein Einfluss schließlich bei den von seinem Assistenten und Schüler Frank Lloyd Wright geplanten Gebäuden. Im von Wright entworfenen Solomon R. Guggenheim Museum in New York werden die Besucher:innen auf einer spiralförmigen Rampe durch die Ausstellung geleitet, wobei das Bauwerk mit den gezeigten Objekten zu einem Gesamtkunstwerk verschmilzt. Auch von den Künstler:innen des Bauhauses wurde das „form follows function"-Prinzip aufgegriffen und beispielsweise auch auf die Gestaltung von Alltagsgegenständen übertragen. Während es für Sullivan noch durchaus denkbar war, organische Formen und Ornamente in seine Entwürfe einfließen zu lassen, entwickelte das Bauhaus den Ansatz zu einer puristischen und auf die Funktion reduzierten Stilrichtung weiter. Allen gemeinsam ist, dass sie etwas Neues geschaffen haben, das mutig fragt: Warum braucht es diese (neue) Form?

## Die Funktion der Kirche

Inspiriert von diesen kreativen Köpfen lässt sich fragen: Wie kommen Funktion und Form nun zusammen, wenn es um die Zukunft der Kirche geht? Warum braucht es die Kirche?

Nicht, weil wir sie brauchen, sondern weil Gott selbst uns durch seinen Geist die Kirche schenkt. Kirche existiert, weil

anders, weil es stetig neue Formen braucht und sie jetzt schon entstehen.

Gott selbst uns an seiner Sendung, der missio Dei, teilhaben lässt. Darum ist die Sendung Gottes der Ausgangspunkt für alles Nachdenken über das „Warum" der Kirche: „Zum anderen ist es notwendig, dass sich Kirche auf ihre Sendung fokussiert und den damit verbundenen Auftrag und sich selbst (immer wieder) neu an diesem Warum ausrichtet. Kirche ist nicht Selbstzweck, sondern muss im Sinne der missio Dei ihren Platz in Gottes Mission finden. Nur daraus resultiert ihr Auftrag zur ganzheitlichen Mission, der sich in der Mitgestaltung gesellschaftlicher Transformationsprozesse im Sinne des Reichs Gottes manifestiert."[9]

Unabhängig davon, ob Kirche in bekannten und bewährten Formen oder als Fresh X Gestalt gewinnt, ist das Entscheidende: Gott selbst ist es, der sein Reich mitten unter uns und mit uns baut. Er wendet sich uns zu – kreativ und schöpferisch zeigt er sich voll Liebe seiner Welt. Und in diese Bewegung der Selbsthingabe Gottes sind wir als Einzelne wie als Kirche miteinbezogen. Dieses Warum dürfen wir mitgestalten, und zwar auf ganz unterschiedliche Weise. Um zu unterstreichen, wie vielfältig diese Sendung zu verstehen ist, wurden in der anglikanischen Kirche fünf Kennzeichen von Mission formuliert. An Gottes Zuwendung zu seiner Schöpfung können wir mitwirken durch:

- Die Verkündigung der frohen Botschaft vom Reich Gottes
- Lehren, Taufen und die Zurüstung der Gläubigen
- Liebenden Dienst als Antwort auf menschliche Bedürfnisse

---

[9] Florian Karcher / Anna-Lena Moselewski, Umbau bei laufendem Betrieb. Kirche in Transformationsprozessen, Neukirchener Verlagsgesellschaft, Neukirchen-Vluyn 2021, S. 332.

- Den Versuch der Transformation ungerechter Strukturen in der Gesellschaft
- Die Bewahrung der Schöpfung und Mitwirkung an der Wiederherstellung und Erneuerung der Erde

Jedes dieser Kennzeichen ist ein Ausdruck von Gottes liebevoller Zuwendung zur Welt. Jede Gemeinde gewichtet diese Schwerpunkte etwas anders oder legt ihren Fokus zu Beginn besonders auf ein oder zwei Aspekte. In ihrem Zusammenspiel machen sie dabei deutlich, wie das Warum der Kirche eine Form gewinnen kann.

*Eine Form finden*

Diese Sendung zu gestalten und Formen zu finden, in denen sie Gestalt gewinnt, ist die große Herausforderung von Fresh X. Denn es gibt keine „best practice"-Beispiele, die einfach auf den eigenen Kontext übertragen werden können. Wer neu aufbricht, wagt sich auf unbekanntes Terrain und muss die Gegebenheiten studieren. Wie Architekt:innen brauchen wir dazu das Wissen um die örtlichen Gegebenheiten, um die Bedarfe vor Ort, und den Mut, wie Sullivan aus diesen Erkenntnissen mitunter etwas radikal Neues zu entwickeln.

Um an das Bild der Dorfkirche anzuknüpfen, lohnt es sicherlich, die eigenen Bilder von Kirche auf den Prüfstand zu stellen. Ein Treffen im Wohnzimmer einer Plattenbausiedlung mit Kaffee und dem Teilen von Lebens- und Glaubensgeschichten kann genauso Kirche sein wie die Mittagsmeditation im christlichen Co-Working Space, oder nicht? Kirche ist mehr als ein Gebäude mit Bänken, Altar und Kanzel – und an manchen Orten wird sie ganz anders aussehen müssen, um

anders, weil es stetig neue Formen braucht und sie jetzt schon entstehen.

ihr Warum zu leben. Beim Überlegen, wie Kirche anders gestaltet werden kann, ist es naheliegend, in Räumlichkeiten und Formaten zu denken. Um wirklich Neues ins Leben zu bringen, kann es jedoch helfen, Kirche zunächst einmal als Umgebung zu verstehen. Sie ist mehr als eine Veranstaltung, die sonntags für etwa eine Stunde stattfindet. Denn die Sendung Gottes und die Transformation der Welt im Sinne des Reichs Gottes ist nicht an Öffnungszeiten gebunden. Gott zieht in die Nachbarschaft – er kommt nicht nur kurz auf einen Kaffee zu Besuch.

Fresh X fordert uns heraus, Kirche aus einem anderen Blickwinkel zu betrachten. Als Kirche, die im Alltag und in der Lebenswelt derjenigen Menschen, mit denen wir ihrer neuen Gestalt nachspüren wollen, verwurzelt ist. Es braucht dazu keinen fertigen Bauplan, sondern eine Haltung der Offenheit und des Hinhörens. Am Anfang steht die Bereitschaft, Gottes Wirken in der eigenen Nachbarschaft oder den eigenen Netzwerken entdecken zu wollen. Und eine hörende Haltung – die neu fragt: Wie kann Gottes Liebe hier Gestalt gewinnen?

Die folgenden Fragen können beim Imaginieren des Anderen weiterhelfen:

- Wie soll diese Umgebung aussehen?
- Wie soll Kirche sich anfühlen?
- Wie soll ihr Soundtrack klingen?
- Wie soll sie schmecken?
- Wie wollen wir unsere Sendung an diesem konkreten Ort leben?

Aus einer solchen suchenden Haltung heraus kann Stück für Stück eine ganz andere Gestalt von Kirche erwachsen. Eine Kirche, die ihr Warum für diejenigen übersetzt, die bisher nicht von ihr erreicht werden, und so neue Wege sucht, ihre Sendung in einem ganz konkreten Kontext lebendig werden zu lassen. Dabei wird sie für das jeweilige Umfeld stimmige Formen finden – in Formaten und vielleicht sogar ganz eigenen Räumlichkeiten. Als Fresh X vermutlich ganz ohne Kirchturm und Bankreihen. Dabei gilt: Die Kirche lebt ihre Sendung im Sinne der missio Dei auch in traditionellen Formen. Das Neue an Fresh X ist die konsequente Übersetzung in einen spezifischen Kontext und der Mut, dabei ganz andere Formen von Kirche denken zu können. Formen, die sich mit der Zeit verändern werden, und aus einer hörenden Haltung heraus damit leben, dass manche Form vorläufig ist und umgebaut werden darf, um die Funktion noch besser zu erfüllen.

## *Umbau auf allen Ebenen*

Wer die Aufbrüche zu anderen Formen von Kirche auf milieuspezifische Ästhetik und Fragen der Raumgestaltung verkürzt, läuft Gefahr, das Wesentliche aus dem Blick zu verlieren. Auch wenn die stylischen Ladenlokale oder die belebten Jugendräume im Plattenbau wunderbar veranschaulichen, wie Fresh X-Aufbrüche eine Form finden können, wäre es verkürzt zu sagen: So funktioniert es! Sowohl Angebote als auch Orte sind bei Fresh X idealerweise immer nur Ausdruck einer veränderten Haltung aus der Teilhabe an der Sendung Gottes heraus.

Folglich ist es von zentraler Bedeutung, den Ansatz von „form follows function" nicht nur auf die greifbaren, kontextuell geprägten Aufbrüche von Kirche zu beziehen, sondern auch Strukturen und Leitungsfragen neu zu denken. Es geht nicht nur darum, dass es Fresh X als neue und ergänzende Formen von Kirche braucht. Radikal gesagt brauchen Fresh X-Ini-

anders, weil es stetig neue Formen braucht und sie jetzt schon entstehen.

tiativen ein Umfeld, das ihre andere Form wertschätzt und ihre Haltung mitträgt. Dazu braucht es einerseits Pionier:innen, die diesen Fragen an einem konkreten Ort nachgehen und mit anderen so Kirche leben (wollen). Und andererseits braucht es Ermöglicher:innen auf struktureller Ebene, die das Andere fördern und es über Leuchtturmprojekte hinaus als wertvollen Beitrag zur Gesamtheit der Kirche wahrnehmen. Das Andere wird nur bestehen können, wenn sich kirchliche Systeme in ihrer Gesamtheit neu der Frage nach ihrer Funktion und den Schlussfolgerungen für das „Wie" einer Umsetzung stellen.

Denn Kirche anders zu verstehen, meint weit mehr als die Frage, wie das konkrete Gebäude aussieht, in dem sich Menschen im Namen Jesu versammeln. Es geht um eine Frage der Haltung – darum, wie wir als Christ:innen in aller Unterschiedlichkeit der Sendung Gottes nachspüren und Raum schaffen für das Wirken seines Geistes. Dafür braucht es dann vielleicht gar keine Umbaupläne oder neuen Gebäude, sondern Raum für Begegnung. Für eine gemeinsame Suche nach einer Kirche, die in ihrem Kontext relevant ist und darum Zukunft hat – im alltäglichen Gespräch mit kirchenfernen Nachbar:innen genauso wie in den ganz klassischen kirchlichen Gremiensitzungen. Kirche anders zu denken, heißt den Satz „Das war schon immer so" aus dem eigenen Vokabular zu streichen und immer wieder neu zu fragen: Warum braucht es uns? Welche Funktion erfüllen wir? Und wie können wir eine Form finden, um diesen Auftrag umzusetzen – im Hören auf Gott und auf die Menschen?

**Literatur**

Dark Horse Innovation, New Workspace Playbook, Murmann Publishers, Hamburg 2018.

Florian Karcher / Anna-Lena Moselewski, Umbau bei laufendem Betrieb. Kirche in Transformationsprozessen, Neukirchener Verlagsgesellschaft, Neukirchen-Vluyn 2021.

Patrick Todjeras, Missio Dei – Gott, seine Mission und die Kirche, Neukirchener Verlagsgesellschaft, Neukirchen-Vluyn 2016.

Steve Collins, „Open house: Reimagining church spaces", in: Future Present: Embodying a Better World Now, ed. Jonny Baker et al., Proost, Sheffield 2018, S. 51–67.

# anders, aber in Vielfalt ein Teil der Tradition.

*Der zweite Teil dieses Bandes ist den Fragen, Prozessen und Haltungen gewidmet, die bei der Entstehung der Fresh X und ihrer Etablierung zum Ausdruck kommen.*

*Katharina Haubold macht mit der Vorstellung des Pionier-Spektrums deutlich, auf welche verschiedenen Weisen Kirche in neuen Kontexten entsteht. Andrea Legge blickt auf die Wichtigkeit von Teams, Multiprofessionalität und Begleitprozessen für den Gründungsprozess. Wie relevant Machtfragen für Fresh X sind, beschreibt Miriam Hoffmann. Dass neue Formen kirchlichen Lebens auch eine prophetische Verantwortung hinsichtlich struktureller Unrechtsfragen wie dem Rassismus besitzen, macht Sarah Vecera deutlich. Eine hilfreiche Perspektive für das Anderswerden der Kirche trägt Dag Heinrichowski SJ ein, in dem er über den Begriff der Vielfalt nachdenkt. Adrian Micha Schleifenbaum beschreibt Fresh X und ihr Wirken in der Zivilgesellschaft. Wie die Bedeutung kontextueller Evangelisation im Hinblick auf Fresh X verstanden werden kann, verdeutlicht Florian Karcher. Nico Limbach denkt über Aspekte der Nachfolge nach und Isabelle Molz verdeutlicht die Wichtigkeit kontextueller Liturgien.*

*Die Vielfalt dieser Wie-Fragen nimmt immer wieder Bezug zu kirchlichen Erfahrungen, die an anderen Orten und zu anderen Zeiten gemacht wurden und werden. Es wird deutlich, dass Fresh X immer vor dem „Big Picture" verstanden werden wollen und dass sie auf unterschiedliche Weisen teilhaben an der Tradition der Kirche.*

anders, aber in Vielfalt ein Teil der Tradition.

# anders denken, anders machen, anders sein
# Von den Charismen des Gründens

## *Katharina Haubold*

Die einen erleben eine Form kirchlichen Lebens, die sie begeistert, und sind sich sicher, dass diese Form auch an einem anderen Ort für Menschen eine spirituelle Heimat sein könnte. Andere passen eine Grundidee von einer neuen Form von Kirche an ein neues Umfeld an. Wieder andere beginnen, Menschen, die sich in Kirche nicht beheimaten können oder wollen, kennenzulernen, ihnen zu dienen und Gemeinschaft mit ihnen zu leben. Oder eine kleine Gemeinschaft zieht bewusst gemeinsam in ein Hochhaus, um in einem für sie völlig fremden Milieu neu zu entdecken, wie sich das Wirken Gottes dort Ausdruck verleiht. Andere wiederum sehen eine gesellschaftliche Not und engagieren sich an dieser Stelle, weil sie so im Sinne Gottes da präsent sein wollen, wo etwas gebraucht wird.

Sie alle verbindet die Sehnsucht. Die Sehnsucht danach, die Spuren Gottes und seine Wirksamkeit in dieser Welt zu entdecken und mit anderen zu erleben. Oft fühlen sie sich selbst fremd in der Kirche – manchmal, weil sie selbst zwar sehr zu Hause sind in bestehenden und bewährten Formen von christlicher Gemeinschaft, aber all diejenigen vor Augen haben, die sich dort nicht zu Hause fühlen (können); manchmal, weil diese Formen für sie selbst fremd (geworden) sind; manchmal, weil sie in ihrem Umfeld eine Not wahrnehmen und nicht verstehen können, warum Kirche in dieser Not nicht präsent ist; manchmal, weil sie wie in zwei Welten leben und sich wünschen, dass sie ihr Christsein und ihr Arbeitsumfeld oder ihre Sport-Community oder ihre

Nachbarschaft nicht länger als unverbunden erleben; manchmal, weil sie eine Berufung spüren, aufzubrechen – aus ihrer eigenen Komfort-Zone, aus ihrem Milieu hin in eine für sie noch völlig fremde Welt. Und diese völlig fremde Welt ist dann vielleicht nur zwei Straßenzüge entfernt. Nicht selten haben sie erlebt, dass ihre Ideen für andere in der Kirche völlig unverständlich sind. In ihren Ohren klingen die Reaktionen nach: „Das haben wir schon immer so gemacht!", „Das haben wir schon mal probiert, das hat nicht funktioniert", „Wer soll das denn auch noch machen?" oder „Dafür gibt es kein Budget" Diese Sätze verstärken das Gefühl der Fremdheit und geben den entscheidenden Schubser für die Erkenntnis: „Hier ist kein oder nur sehr wenig Platz für anderes." Das bedeutet nicht, dass es schlecht ist, denn es bietet einigen ein Dach für ihre Seele.[1] Aber unter diesem Dach haben eben nicht alle Platz. Deshalb bleibt die Sehnsucht. Und führt dazu, sich auf den Weg zu machen, in gewisser Weise in „ein Land, das ich dir zeigen werde" (Gen 12,1). Von diesem Land gibt es kein fertiges Bild, die Karte dorthin muss noch gezeichnet werden, aber der Kompass ist das Hören auf Gott, die Menschen im neuen Kontext, die reiche Tradition der Kirche durch die Jahrtausende, das eigene Charisma und andere, die mit auf dem Weg sind. Sie verstehen Gott als Subjekt dieser Sendung und wollen dort mitmachen, wo sie sein Handeln wahrnehmen.

---

[1] Dieser Begriff ist von Juliane Gayk übernommen.

anders, aber in Vielfalt ein Teil der Tradition.

*Persönlichkeiten und Teams*

**Pionier:innen**

In der anglikanischen Kirche werden Menschen, auf die das eben Beschriebene zutrifft, „pioneers" oder „pioneer-ministers". Auch im Deutschen findet der Begriff „Pionier:innen" für sie Verwendung. Dieser fokussiert zunächst Einzelne, denen ein bestimmtes Charisma zukommt: die Gabe des Gründens ergänzender Formen kirchlichen Lebens. Die Church of England beschreibt sie als „von Gott berufene Menschen, die als Erste das Wirken der Heiligen Geistkraft unter jenen außerhalb der Kirche wahrnehmen und darauf kreativ reagieren; indem sie andere in dem Ansinnen um sich sammeln, eine neue, kontextuelle Form christlicher Gemeinschaft zu gründen.[2] Jonny Baker schreibt ihnen die „Gabe des Nichthineinpassens"[3] zu und betont, dass diese Gabe auch wichtig für den Leib Christi ist. Bob Hopkins nennt sie „loyal radicals"[4]: Sie sind loyal ihrer Denomination gegenüber, schätzen die eigene Tradition und sind gewillt, auch bei Widerständen und Frustration innerhalb der „Strukturen" zu bleiben; radikal darin, wunde Punkte wahrzunehmen und anzusprechen, am Rande der Organisation anderes als das bisher Bewährte zu erproben und Formen von Gemeinde ausgehend von denen außerhalb der Kirche zu denken. Sie sind „Träumer:innen, die anpa-

---

[2] „Pioneers are people called by God who are the first to see and creatively respond to the Holy Spirit's initiatives with those outside the church; gathering others around them as they seek to establish new contextual Community" (https://www.churchofengland.org/life-events/vocations/vocations-pioneer-ministry, abgerufen am 07.04.2022).

[3] Jonny Baker / Cathy Ross, The pioneer gift, Canterbury Press, London 2014, S. 1.

[4] https://acpi.org.uk/2018/02/01/loyal-radicals/, abgerufen am 07.04.2022.

cken".[5] Der Begriff der „Pionier:innen" hat vor allem durch die Verwendung in der DDR auch Konnotationen, die für den kirchlichen Kontext unzutreffend oder zumindest missverständlich sind. Doch auch in anderen Bereichen findet der Pionier:innen-Begriff Anklang. So wird im Unternehmenskontext jemand Pionier:in genannt, der „neue Kombinationen von Produktionsfaktoren einführt und am Markt durchsetzt".[6] Es geht also auch um die Umsetzung und die Prozessgestaltung, die dafür notwendig ist.

**Pionierteams**
Ergänzende Formen kirchlichen Lebens werden (idealerweise) nicht von Einzelpersonen initiiert, sondern nach dem Vorbild Jesu in Teams. Er sendete die Jünger:innen zu zweit „vor sich her" (Lk 10,1). In der Fresh-Expressions-Bewegung und auch in anderen missionalen Bewegungen liegt deshalb ein besonderer Fokus darauf, zu Beginn ein (kleines) Team, eine missionale Gemeinschaft, zu sammeln, die sich auf den Weg macht. Vielleicht besteht so ein Team auch aus zwei bis drei Personen, im Bereich des „klassischen Church Planting" gibt es aber welche von 50 oder mehr Personen.[7] Die Teammitglieder bringen ihre je eigenen Gaben, Perspektiven und das, was sie von Gott wahrnehmen, in den Gründungsprozess ein und prägen gemeinsam eine Identität. Nicht für jede:n im Team werden die o. g. Eigenschaften gleichermaßen zutreffen und unter Um-

---

[5] „Dreamers who do." (Gerald Arbuckle, Refounding the Church: Dissent for Leadership, Geoffrey Chapman, London 1993, S. 7)
[6] https://wirtschaftslexikon.gabler.de/definition/pionier-52247, abgerufen am 07.04.2022.
[7] Moynagh, Michael / Philip Harrold, Fresh Expressions of Church – Eine Einführung in Theorie und Praxis, Brunnen, Gießen 2016, S. 246.

anders, aber in Vielfalt ein Teil der Tradition.

ständen gibt es in diesem Team eine Person, die vorangeht. Doch für den Prozess ist das ganze Team entscheidend.

## Die Vielfalt der Charismen des Gründens

**Die Bandbreite von Gründungsprozessen**
Bisweilen verengen einseitige Vorstellungen von Pionier:innen oder Gründungs-Persönlichkeiten die Sicht. Moynagh weist auf die Gefahr hin, die auch in den hier genannten Beschreibungen liegt: „Solche Aussagen können Stereotype begünstigen, die zwar manchen Personen helfen, sich mit der Pionierarbeit zu identifizieren, andere aber abschrecken."[8] Auch Tina Hodgett und Paul Bradbury nahmen diese Gefahr wahr und entwickelten deshalb im Austausch mit vielen unterschiedlichen Pionier:innen eine Sehhilfe, die die Vielfalt des „Pionier-Charismas" in den Blick nimmt.[9] In ihrem ersten Modell (das wie jedes Modell idealtypisch ist und sich in der Praxis fluider und dynamischer darstellt) identifizieren sie unterschiedliche Pionierprozesse, die man mit den Begriffen „Fortführen", „Anpassen", „Erfinden" und „Engagieren" ins Deutsche übertragen kann. Darin spiegelt sich die Beobachtung wider, dass sich die Art und Weise des Gründungsprozesses mit zunehmender kultureller Distanz und Fremdheit im neuen Kontext verändert. Das „traditionelle Church Planting", bei dem eine erprobte Form von Kirche an einem anderen Ort wenig verän-

---

[8] Ebd., S. 255.
[9] Die folgenden Ideen haben sie in zwei Artikeln veröffentlicht. Diese sind hier abrufbar: https://churchmissionsociety.org/sites/default/files/wysiwyg/Anvil_Pioneering_mission_spectrum_Volume_34_Issue_1.pdf und https://pioneer.churchmissionsociety.org/2021/01/another-way-of-seeing-developments-of-the-pioneer-spectrum/

dert fortgeführt wird, kann stimmig sein, wenn keine bis wenig Kontextualisierung nötig ist. Je stärker sich der neue Kontext und das Milieu/die Kultur der Menschen aber vom bisherigen oder von dem der Pionier:innen unterscheidet, desto stärker sind Anpassung bisheriger Ideen oder das Erfinden von anderem nötig. Zudem stellten Hodgett und Bradbury fest, dass es auch Menschen gibt, die sich, von der Liebe Gottes motiviert, bewusst in einem säkularen Umfeld engagieren, ohne dort eine ergänzende Form kirchlichen Lebens gründen zu wollen.

Ihre Erkenntnisse stellen sie in dieser Übersicht[10] dar:

Diese Differenzierung macht deutlich, dass es nicht *die* Pionierpersönlichkeit oder *den* Gründungsprozess gibt, sondern in unterschiedlichen Situationen sehr verschiedene Herangehensweisen stimmig sind und die Personen und Teams, die dafür passend sind, keinem einheitlichen Bild entsprechen. Diese Sehhilfe trägt bis heute dazu bei, klarer benennen zu

---

[10] Diese Übersicht stellt eine sprachliche Übertragung des Modells aus dem Artikel „Pioneering is a spectrum" von Paul Bradbury und Tina Hodgett aus dem Jounal of Theology and Mission, Vol. 34, Issue 1 dar.

anders, aber in Vielfalt ein Teil der Tradition.

können, dass Pionier:innen sich in der Art, wie sie handeln, unterscheiden (müssen). Dennoch wurde mit der Zeit deutlich, dass weitere Ausdifferenzierungen nötig sind. Hodgett und Bradbury entwickelten ihre Sehhilfe deshalb weiter und stellten eine zweite Version des Diagramms zur Verfügung. Dieses nimmt nun stärker die Akteur:innen als Personen in Bezug zum jeweiligen Kontext in den Blick. So entstand ein neues Bild, das stärker beschreibt, was geschieht, wenn „die Kirche" und ihre Akteur:innen kontextsensibel der Sendung Gottes folgen. Dieses Geschehen wird als Prisma beschrieben, durch das sich das Licht (Gottes) bricht und durch die individuellen Eigenschaften der unterschiedlichen Linsen eine je eigene Färbung annimmt. Sie identifizieren vier Linsen, von denen drei das umfassen, was die Kirche „mitbringt", und eine (die entscheidende) den Kontext und seine Merkmale.

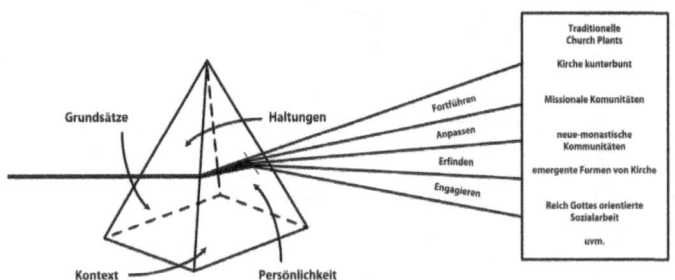

### Linse 1: Grundsätze

Die erste Linse beschreibt die theologischen Überzeugungen, die die Akteur:innen implizit und explizit in den jeweiligen Kontext einbringen. Welches Gottesbild prägt den Glauben und das Menschenbild der Pionier:innen? Welches Kirchenbild liegt ihren Vorstellungen zugrunde? Wie beschreiben sie ihr Offenbarungsverständnis? Diese und andere Grundannahmen formen ihre Herangehensweise und stehen in wechselseitiger Beziehung zu ihr.

### Linse 2: Haltung und Herangehensweise
Hier wird in den Blick genommen, mit welcher Einstellung und auf welche Art und Weise die Pionier:innen agieren. Liegt ihre Betonung darauf, eine Gemeinde zu gründen, prägt das auf andere Weise, als wenn sie betonen, „jesuanische Werte" in der Gesellschaft zu leben. Beginnen sie ihren Weg im neuen Kontext mit Veranstaltungen und Angeboten, können sie auf Bestehendes zurückgreifen oder wollen sie ermöglichen, dass etwas *anderes* emergiert? Welche Haltung gegenüber den Menschen prägt ihre Handlungen?

### Linse 3: Persönlichkeit
Jede:r Pionier:in ist ein Individuum mit einer eigenen Geschichte und Prägung, Persönlichkeitsmerkmalen, Begabungen und Vorlieben. Sie unterscheiden sich in Leitungsstilen und Spiritualität. Manche Pionier:innen orientieren sich stärker an sichtbaren Ergebnissen, andere an Beziehungen, manche greifen aktiver in Transformationsprozesse ein und konzentrieren sich auf Verfügbares, anderen liegt es, in Resonanz zu unverfügbarerem, emergentem Geschehen zu handeln.

### Linse 4: Kontext (Weltbild, Menschen und Ort)
Die vierte Linse versucht sich den Komponenten zu nähern, die durch den jeweiligen Kontext vorgegeben werden. Welches Weltbild herrscht vor? In einem postmodernen Paradigma wird sich das Licht anders brechen als in einem modernen oder prä-modernen. Was zeichnet die Menschen und ihre Lebenssituation aus?

anders, aber in Vielfalt ein Teil der Tradition.

## *Es wird bunt*

Pionier:innen denken anders, machen anders, sind anders – auch untereinander. So entsteht eine Vielzahl von verschiedenen Formen christlicher Gemeinschaften und kirchlichen Lebens. Die Kirche wird in ihrer Gesamtheit bunter, diverser und vielfältiger, genauso wie das Verständnis des Charismas von Pionier:innen. Einzelne und Teams können diese Sehhilfen nutzen, um ihre Berufung als Einzelne und als Teams zu reflektieren und zu entdecken, wie sie ihr Charisma entfalten können.[11] Auf dass Kirche bunter – und anders wird.

### Literatur

Jonny Baker / Cathy Ross, The pioneer gift, Canterbury Press, London 2014.

Sandra Bils / Maria Herrmann, Vom Wandern und Wundern, Echter Verlag, Würzburg 2017.

Daniela Mailänder, Wenn Gott zum Aufbruch ruft, SCM R. Brockhaus, Holzgerlingen 2022.

Moynagh, Michael / Philip Harrold, Fresh Expressions of Church – Eine Einführung in Theorie und Praxis, Brunnen, Gießen 2016.

https://pioneer.churchmissionsociety.org/pioneer-spectrum/

---

[11] Tina Hodgett und Paul Bradbury haben dafür eine umfangreiche Toolbox entwickelt: https://pioneer.churchmissionsociety.org/pioneer-spectrum/pioneer-spectrum-toolbox/

# Von Baristas und außergewöhnlichen Begleitungen
Teamarbeit in neuen Formen von Kirche

*Andrea Legge*

Neue Formen von Kirche, *Fresh Expressions* sind der Kirche immanente und gleichzeitig sie erweiternde Ausdrücke der Sendung Jesu. Neben den klassischen Pfarreien entstehen Vergemeinschaftungen von Menschen, die in neuen Formen nach der Bedeutung der frohen Botschaft Jesu für ihr Zusammenleben fragen. Denn: Gott wirkt überall und Menschen, die ihm folgen, spüren – von den ersten Jüngerinnen und Jüngern an –, dass das Leben mit Gott ein Qualitätssprung ist, weil es um eine Liebe reicher ist, die alle Fasern ihres Seins und Handelns erfüllen kann. Alles Sein ist damit eingewoben in das große Ganze des Reiches Gottes. Und jede und jeder ist aufgerufen, an diesem Reich der Gerechtigkeit, Solidarität, Frieden und Barmherzigkeit mitzuwirken.

Biblisch betrachtet, bilden sich Gruppen in Jesu Nachfolge durch seinen persönlichen Ruf „Folge mir nach!" (Mt 9,9) oder Trost in der Begegnung mit Jesus (Mk 5,24–34). In den Evangelien und Briefen zeigen sich unterschiedliche Rollen und bilden sich unterschiedliche Charaktere der Nachfolgenden ab.

In neuen Formen von Kirche bestimmt sich die Zusammenarbeit in Teams von haupt- und ehrenamtlich Engagierten ebenfalls von ihrer Berufung her. Sie ist ein Suchen und Finden von Konsens zwischen dem Rufen Gottes eines jeden Menschen und dem Rufen der Bedürfnisse der Schöpfung. Hieraus kann sich ein kreativer Schaffensprozess von Glaubensgemein-

anders, aber in Vielfalt ein Teil der Tradition.

schaft, ein Interagieren, Beziehungsaufbau, Vertrauensaufbau, ein Spüren und Teilen der Verletzlichkeit und Schönheit des Lebens entwickeln. In diesem Artikel gehe ich den Fragen nach, welchen Herausforderungen sich die Teams möglicherweise zu stellen haben und welche wichtigen Aspekte dabei aus meiner Sicht zu berücksichtigen sind. So gilt ein erster Blick der Bedeutung eines erkennbaren Profils der Teams und darauf aufbauend zweitens der Notwendigkeit von Qualifizierung und Begleitung, um neue Formen von Kirche prägen zu können.

*Profil in Komplexität*

Wie eingangs beschrieben, beruhen Teams auf den persönlichen Berufungen ihrer Mitglieder. „Wo sich deine Träume, Sehnsüchte, Talente und Fähigkeiten mit den Bedürfnissen der Welt kreuzen, dort liegt deine Berufung."[12] Man stelle sich eine Frau vor, die anderen gut zuhören kann und empathisch mitfühlt. Sie kann ihre Berufung in vielen Feldern umsetzen. Beispielsweise könnte sie ein Café in einem Dorf ohne sozialen Treffpunkt eröffnen, um soziale Kontakte zu fördern und Gespräche anzubieten. Sie könnte hierzu eine Barista gewinnen, die sich um das leibliche Wohl kümmert, so dass sie für die Gäste da sein kann. Ihre Berufung könnte sich aber auch in einer ehrenamtlichen Mitarbeit in einer klassischen Pfarrei oder beruflich in einer Beratungsstelle konkretisieren. Dieses Beispiel zeigt, dass Menschen mehrere Berufungen haben

---

[12] Alexander Kaiser, Der eigenen Berufung folgen, in: Anneliese Fuchs / Alexander Kaiser (Hg.), Der Ausbruch aus dem Hamsterrad: Werkzeuge zur harmonischen und befriedigenden Verbindung von Leben und Arbeit. Böhlau Verlag, Wien/Köln/Weimar 2010, S. 23.

können, die sich jeweils in unterschiedlichen Vorstellungen/ Visionen ausdrücken können. Dabei kann die Intensität des Auslebens der Berufungen je nach Einsatzfeld variieren. Es braucht jedoch immer die Suche nach einem Konsens mit den Bedürfnissen der Schöpfung, um eine christliche Berufung leben zu können. Ansonsten wäre sie wirkungslos. Das Beispiel zeigt einen zweiten wichtigen Aspekt auf: Die Berufung der Barista ergänzt sich mit der Berufung der Frau. Sie sind gleich wichtig für das Wirkungsfeld. Sie brauchen einander, um ihre Berufung ausdrücken zu können. Sie bewirken als Team, dass Menschen sich treffen und angesehen fühlen – sie teilen Aufgaben und Erfolg. Gleichzeitig haben sie aus ihrer jeweiligen Passion und Profession heraus eigene Perspektiven auf das Café und die Anforderungen ihrer Tätigkeiten.

Werfen wir den Blick auf Erfordernisse, die das Umfeld stellt: Die moderne Welt wird oftmals als unsicher, komplex und in ihren Erscheinungsformen und Wirkungen ambivalent beschrieben. Die Erfahrungen der Pandemie oder der Krieg in der Ukraine und seine Folgen zeigen, wie schnell sich Rahmenbedingungen für das Leben verändern können. Für ein Team einer Gemeindegründung bedeutet dies, dass jedes Mitglied regelmäßig seine/ihre Berufung angesichts der Veränderungen reflektieren muss und seine/ihre konkreten Ziele anzupassen hat. Arbeit in Teams erfordert somit, sich regelmäßig neu auf eine Gemeinschaft im Glauben einzulassen, sich auf eine gemeinsame Vision zu einigen und die konkreten Vorstellungen untereinander abzugleichen. Was verstehe ich konkret unter unserer gemeinsamen Vision? Welche meiner Berufungen möchte ich hier leben? Passt das noch zu den Bedürfnissen, die wir im Umfeld wahrnehmen? Dieser Abgleich der inneren Bilder im Team ist wichtig, weil konkrete und für einen selbst attraktive Bilder des gemeinsamen Ziels motivieren und akti-

anders, aber in Vielfalt ein Teil der Tradition.

vieren. Die Suche nach der Kongruenz mit den (veränderten) Bedürfnissen des Umfelds stellt die Wirksamkeit der Arbeit des Teams sicher. Gleichzeitig kann in dieser gemeinsamen Visionssuche auch deutlich werden, dass diese Teamkonstellation unpassend ist, weil die einzelnen Berufungen sich z. B. zu wenig ergänzen oder die Bedürfnisse der Menschen nicht treffen, die einen neuen Ort von Kirche bilden möchten. Die Zusammensetzung und -arbeit eines Teams braucht somit die Offenheit, getrennte Wege zu gehen, ohne dass eine Person sich zurückgewiesen zu fühlen braucht. Es braucht ein *gelassenes* Vertrauen, dass sich neue Möglichkeiten zeigen, die eigene Berufung an anderen Orten und Konstellationen stimmiger leben zu können. Sich anbahnende Konflikte sollten frühzeitig angesprochen werden.

Wie im Beispiel des Cafés genannt, leuchtet es ein, eine versierte Barista ins Team aufzunehmen, damit dieses ein Anziehungspunkt wird. „Beziehung geht durch den Magen" – das gilt nicht nur für Partnerschaften. Das wusste auch schon Jesus zu zelebrieren, indem er sich selbst eingeladen hat (Mt 9,10). Anscheinend war Kochen keines seiner großen Talente. Gemeinschaft ernährt sich von der Gabe der Vielfalt an Talenten und Interessen. Es braucht diese Wachsamkeit für Erweiterungen des Teams in Form anderer Professionen bzw. Fähigkeiten. Auf diese Weise werden neue Einsichten und Ideen des Umfelds und des Teams ernst genommen.

Multiprofessionelle Teams haben den Vorteil, dass sie unterschiedliche (Fach-)Perspektiven auf die Komplexität von Wirklichkeit ausdrücken. Das heißt, sie können leichter auf komplexe Lebensverhältnisse eingehen als monoprofessionelle Teams aus den klassischen pastoralen Berufen. Die Unterschiedlichkeit der (Berufs-)Kulturen kann jedoch auch die Teamzusammenarbeit erschweren. Hier braucht es eine Bewusstheit für die verschiedenen Berufskulturen und -sprachen. Kommunikation mit Interesse am anderen ist ein Schlüssel des gegenseitigen Verstehens und Zusammenwirkens. Ehrenamtliche bringen in der Regel weitere Kulturen, Denk- und Handlungsmuster ein. Dies kann die Kommunikation im Team zusätzlich herausfordern.

Ein Profil, eine Vision des Teams kann dabei eine (Wieder-)Erkennung und einen attraktiven Anker-Ort für Menschen in komplexen Zeiten ermöglichen. Ein Teil der Vision des Café-Teams könnte lauten: Die Menschen dieser neuen Form von Kirche kommen gerne hierher, weil sie sagen: „Vieles verändert sich, aber an diesem Ort kann ich über all das reden und treffe Menschen, die die Hoffnung teilen, dass das Schwere nicht das letzte Wort über mein Leben hat. Dass sich neue Möglichkeiten eröffnen, an die bisher niemand dachte."

## *Qualifizierung und Begleitung*

Die Emmaus-Erzählung des Evangelisten Lukas (Lk 24,13–35) ist auch eine Geschichte einer Teamkrise. Zwei Jünger nehmen frustriert Reißaus. Ihre Teamvision ist gestorben. Sie verstehen die Geschehnisse nicht, empfinden sich als Opfer der religiösen und politischen Machenschaften. Alles wirkt auf sie dunkel, schwer und ausweglos. Welchen Sinn hatte unsere Gemeinschaft mit diesem Jesus von Nazareth und den vielen Menschen, die ihre Hoffnung auf ihn und uns gesetzt hatten?

In der Emmaus-Erzählung kommt Jesus hinzu. Er erinnert die beiden Jünger an den großen Bogen ihres Wirkens in der Liebe Gottes zu den Menschen. Die beiden Jünger gewinnen durch diese *außergewöhnliche* Perspektive eine andere Sicht auf die Geschehnisse in ihrer Gruppe. Sie erkennen Sinn im Sinnlosen. Ihre

anders, aber in Vielfalt ein Teil der Tradition.

Wahrnehmung erweitert sich. Aus ihrer Angst wird der Wunsch nach Gemeinschaft. Sie brechen auf. Mahlgemeinschaften hatten sie gestärkt in ihrem bisherigen Leben mit Jesus. In der vergessenen Lebensressource erkennen sie Jesus. Sie gehen verwandelt zurück nach Jerusalem und können sich der neuen Situation öffnen. Es entwickelt sich eine neue Vision ihres Auftrags und eine neue Beziehung untereinander, um im Geiste Jesu zu wirken.

Teams, die neue Formen von Kirche gründen (wollen), erleben ebenso, dass ihre Vision unpassend wird, sich Verhältnisse und Wahrnehmungen des Sozialraums verändern. Die Emmaus-Erzählung kann Mut machen, Hilfe von außen anzufragen. Begleitungen durch Supervision und Coaching bieten Unterstützung, eine Vision zu finden und regelmäßig zu evaluieren, um die Bedürfnisse der Menschen und den großen Bogen ihres Auftrags in der Nachfolge Jesu und somit ihre Motivation (wieder) in den Blick zu nehmen. Außerdem können hier die Teamkommunikation und Arbeit im Sozialraum reflektiert werden. Zum Beispiel eignet sich das Prozessbegleitungsmodell BerufungscoachingWaVe®[13] für die Visionsentwicklung zur Teambildung. Es bietet Tools, um die wesentlichen Bedürfnisse, Talente, Fähigkeiten und das eigene Mission-Statement zu entdecken sowie in einer Vision und Zielen zu konkretisieren. Qualifikationen in gewaltfreier Kommunikation[14] schulen Teams in ihrer internen und externen Kommunikation, vor allem in konflikthaften Situationen.[15]

---

[13] Ebd.
[14] Vgl. Marshall B. Rosenberg, Gewaltfreie Kommunikation: Eine Sprache des Lebens, Junfermann Verlag, Paderborn 2016.
[15] Mehr zum Thema Konflikthilfe bei Christoph Thomann, , Klärungshilfe Teil 2. Konflikte im Beruf: Methoden und Modelle klärender Gespräche, Rowohlt Taschenbuch Verlag, Reinbek bei Hamburg 2004.

In den bisherigen Ausführungen zeigte sich, dass Teams in neuen Formen von Kirche vor allem eine hohe Anpassungsfähigkeit an sich rasch verändernde Situationen benötigen, um erfolgreich sein zu können. Ein Team, das den Auftrag hat, eine neue Form von Kirche zu gründen, die noch nebulös ist, muss in kürzeren Abständen und regelmäßig sein Handeln und seine Ziele mit den Resonanzen der Menschen abgleichen, mit denen vielleicht eine neue Form von Kirche entstehen wird. Dieser Abschnitt soll daher mit einem Bild aus der Resilienzforschung schließen.[16] In ihr wird oftmals die Metapher vom Bambus und von der Eiche benutzt. Bei einem heftigen Sturm reißt es die Eiche um, weil sie zwar tief verwurzelt ist, jedoch in ihrem massiven Holzwerk wenig Spielraum für Veränderungen bietet. Es kann der Punkt kommen, an dem die äußeren Kräfte zu stark sind und sie umreißen. Eine Bambuspflanze kann im Sturm hin und her schwingen. Sie hat zwar auch einen Standpunkt mit tiefem Wurzelwerk, aber sie kann von diesem aus oszillieren und sich neu ausrichten, weil ihre Struktur beweglich ist. Damit ist nicht das bekannte „Fähnchen-nach-dem-Wind-Richten" gemeint, sondern ein Agieren aus den eigenen Quellen – dem Wurzelgrund – und in Resonanz mit den Bewegungen der Umwelt. Für ein solches Teamhandeln braucht es ein Profil sowie eine gefühlte Sicherheit als Teammitglied.[17] Diese wird durch eine transparente Kommunikation und fehlerfreundliche Kultur im Team sowie einen Austausch mit Menschen, die vielleicht eine neue Gemeinde bilden werden, begünstigt. Eine

---

[16] Mehr zum Thema Teamresilienz z. B. bei Monika Huber, Resilienz im Team: Ideen und Anwendungskonzepte für Teamentwicklung, Springer, Wiesbaden 2019.

[17] Vgl. Michael A. West, The social psychology of innovation in groups, in: Michael A. West & James L. Farr (Hg.), Innovation and creativity at work, Psychological and organizational strategies [Repr.], John Wiley & Sons, Chichester 1996, S. 309–334.

anders, aber in Vielfalt ein Teil der Tradition.

solche Kommunikation ist erlernbar und lässt die Dynamik des Heiligen Geistes spüren, der in diesen Begegnungen weht.

## *Impuls*

Teams können ein kreatives Kräftefeld entwickeln, in dem Dinge möglich werden, die die Potenziale ihrer Mitglieder bei weitem überragen. Komplexität und Unsicherheiten erfordern Flexibilität mit Profil sowie eine multiprofessionelle Zusammensetzung der Teams. Die Team-Vision und eine gelungene Kommunikation sind Voraussetzungen für die Entwicklung von Außergewöhnlichem. Begleitung und Qualifizierungen können Teams darin unterstützen. Mehr Bambus und Baristas wagen!

**Literatur**

Alexander Kaiser, Der eigenen Berufung folgen, in: Anneliese Fuchs / Alexander Kaiser (Hg.), Der Ausbruch aus dem Hamsterrad: Werkzeuge zur harmonischen und befriedigenden Verbindung von Leben und Arbeit. Böhlau Verlag, Wien/Köln/Weimar 2010, S. 17–35. Online verfügbar unter https://wave.co.at/wp-content/uploads/2019/03/bc-hamsterrad.pdf (Stand: 08.04.2022).

Marshall B. Rosenberg, Gewaltfreie Kommunikation: Eine Sprache des Lebens, 12. überarbeitete und erweiterte Auflage, Junfermann-Verlag, Paderborn 2016.

Michael A. West, The social psychology of innovation in groups, in: Michael A. West & James L. Farr (Hg.), Innovation and creativity at work, Psychological and organizational strategies [Repr.], John Wiley & Sons, Chichester 1996, S. 309–334.

Monika Huber, Resilienz im Team: Ideen und Anwendungskonzepte für Teamentwicklung, Springer, Wiesbaden 2019.

Christoph Thomann, Klärungshilfe Teil 2. Konflikte im Beruf: Methoden und Modelle klärender Gespräche, Rowohlt Taschenbuch Verlag, Reinbek bei Hamburg 2004.

# Machtfragen
Anders über Macht denken

*Miriam Hoffmann*
_____

Wer über Macht schreibt, der muss widersprochen werden.
Sie darf nicht absolut bleiben. Gedanken über Macht unterliegen immer einer bestimmten Dynamik. Keine von uns kann sich frei machen, die Brille der Mächtigen oder der Ohnmächtigen als Sehhilfe zu benutzen. Und doch müssen wir hinsehen. Denn an Machtfragen entscheiden sich die Grundtatsachen des sozialen Miteinanders, der Gesellschaft, Institutionen und Beziehungen, ja selbst des Umgangs mit dem eigenen Glauben.

Meine Musiklehrerin hat immer gesagt: Nirgendwo wird so wenig über Musik gesprochen wie in einem Orchester. Ein bisschen so ist es auch mit dem Thema Macht in mächtigen Institutionen.

Wir, vor allem in der evangelischen Blase, fühlen uns durch presbyteriale Strukturen und Arbeitskreise mit Ausschüssen und Beiräten gut aufgestellt in der Machtfrage.

Doch so sehr wir uns um den Ruf einer „Beteiligungskirche" bemühen, die Außenwirkung scheint eine andere. Menschen, die sich in den kirchlichen Strukturen und Hierarchien nicht zurechtfinden oder sie ablehnen, haben es schwer. An der Machtfrage entscheiden sich Kirchenaustritte. Untersuchungen zeigen: Im Schnitt erreicht Kirche nur 5–10 % der eigenen Mitglieder.

Evangelisch wie katholisch stimmen die Menschen mit der wenigen Macht ab, die sie besitzen, und treten aus. Hätten sie

anders, aber in Vielfalt ein Teil der Tradition.

den Eindruck, sich beteiligen zu können und dass es möglich wäre, etwas zu verändern, dann wären sie nicht so kirchenmüde. Dann würden die Mitglieder*innen etwas *anders* machen – in der Hoffnung, dass ihre Macht dazu ausreicht.

*Vier Kontaktpunkte mit der Machtfrage in Fresh Expressions*

### 1. Macht der Struktur

Ein paar Kreative wollen etwas tun, etwas danebenlegen. Sie machen sich auf, etwas neu und anders zu machen.

Fresh Expressions werden von Gründer*innen aus einer Sehnsucht nach Aufbruch und Veränderung ins Leben gerufen. Das ist ihr Auftrag. In meinen Gesprächen mit Pioneer*innen wird dem zwingenden Aufbruch nicht selten der Kirchenaustritt gegenübergestellt: Entweder es verändert sich etwas, oder es bleibt nur der Rückzug. Diese Haltung betrifft Hauptamtliche, Ehrenamtliche und Pfarrpersonen gleichermaßen. Alle Personengruppen haben einen hohen Leidensdruck und denken nicht selten auch darüber nach, was das für ihre Karrieren bedeutet.

Schauen wir uns als Kirche die Menschen an, die es wagen, anders zu denken, müssten wir sie eigentlich begrüßen und mit Möglichkeiten versorgen. Denn sie sind es, die noch nicht müde genug sind, um auszusteigen, die ihre Leidenschaft in das *anders* hineinlegen. Wir könnten sie als Schnittstelle zu denen begreifen, die schon gegangen sind, die wir verloren haben, weil Kirche an dem festhält, was ist.

In der Realität müssen sich die Macher*innen jedoch schon zu Beginn jeder neuen Form kirchlichen Lebens an den Machtstrukturen einer großen Institution, die sich selbst erhalten will, abarbeiten.

Die Initiativen, die ich in den letzten Jahren als Beraterin begleiten durfte, erzählen alle von einer auffällig ähnlichen Dynamik: Die Anfänge starten hoffnungsvoll, nach ein bisschen Überzeugungsarbeit schaffen es neue Ausdrucksformen von Kirche in die ersten Jahre der Finanzierung. Geld wird bereitgestellt. Ein kleines Experiment gewagt. Die Projekte werden bei Gelingen durch die kirchliche Presse getrieben, bekommen mehr oder weniger Aufmerksamkeit, Beifall oder Popularität. Sie dürfen Vorträge halten und zeigen, wie kreativ, neu und spannend Kirche sein kann. Ist ein bisschen Zeit vergangen, wird die Finanzierung langsam schwieriger, die Frage „Warum ist das Kirche?" immer lauter. Und ein Problem tut sich auf: Wohin damit? Was ist, wenn diese Initiativen gekommen sind, um zu bleiben?

Veränderungen und Aufbruch fristen in kirchlichen Strukturen weiterhin ein Schattendasein. Sie sind Trostpflaster für die, die spüren, dass Kirche für die Mehrheit nicht mehr relevant ist. Aber sie verändern Kirche nicht. Denn *in* der Struktur ist kein Raum. All die hoffnungsvollen Initiativen finden keine Herberge.

Es gibt nichts Neues unter der Sonne. Fresh X kann und will weder das Evangelium neu erfinden noch alles Bestehende umstürzen. Neues zeigt sich also in Kontext und Ausdruck. Aber etwas *anders zu* machen in Kirche muss in und mit veränderten Machtstrukturen arbeiten. Denn alles, was in der bisherigen Struktur entsteht bzw. entstehen muss, kann sich nicht wirklich *anders* entfalten.

Ein Beispiel: Erzählen Initiativen und neue Gemeindeformen von ihren agilen Strukturen und komprimierten Entscheidungsprozessen, werden die Akteur*innen milde lächelnd gelobt für ihren Mut, und gleichzeitig wird sofort deutlich gemacht: „Bei uns geht das aber nicht."

anders, aber in Vielfalt ein Teil der Tradition.

Diese Abwehrhaltung betrifft alle Ebenen, denn die „Dynamik" von Kirche dient der Selbsterhaltung der Struktur. Und alles, was außerhalb dieser Dynamik stattfindet, muss projektisiert werden. Es ist die Dynamik einer Behörde, die jahrhundertelang die religiöse Verwaltung unserer Gesellschaft war.

Dabei könnten Ressourcen und Erfahrungen von Erprobungen etwas verändern. Sie könnten eine mögliche Antwort auf den Wandel der Gesellschaft sein und so die Dekonstruktion bisheriger Strukturen und Denkmodelle positiv und konstruktiv vorantreiben. Wenn neue Gemeindeformen eine Chance auf Gleichstellung mit den Parochialgemeinden hätten, würden sie ernster genommen und könnten Kirche ernsthaft verändern.

Werde ich für Vorträge über Fresh X und/oder meine Gründungen eingeladen, habe ich mir inzwischen angewöhnt, die Auftraggebenden zu fragen: Was soll nach meinem Vortrag mit dem Gehörten geschehen? Ich möchte nicht wieder und wieder vom Happyland erzählen, mit frischen Methoden beweisen, dass Kirche auch hip sein kann. Ich möchte, dass sich Kirche überlegt: Wohin damit? Wollen wir Veränderung wirklich Raum geben? Und was muss dafür sterben?

Wir sind zur Freiheit berufen. Und diese Freiheit gilt auch für den Umgang mit kirchlichen Strukturen und Gremien! Wenn die Beteiligten sie nicht verändern können, wer dann? Wir haben eine kollektive Macht. Disruption, das heißt eine radikale Neugestaltung der bisherigen Spielregeln, kann Räume schaffen, die vorher nicht sichtbar waren. Wir als Kirche hätten die Ressourcen. Disruption ist ein Schöpfungsakt, den wir als Wirkungsweise der heiligen Geistkraft erleben und erwarten können.

## 2. Macht dem Kollektiv

Eine der häufigsten Anfragen an Gründer*innen von Fresh Expressions ist, ob Entwicklung und Gelingen der neuen Ausdrucksform nicht (zu) abhängig von ihren Persönlichkeiten sind. Charismatische Leitungspersonen halten wir in Deutschland (aus gutem Grund) besonders schlecht aus. Sie stehen schnell unter Verdacht, Menschen zu sehr an sich zu binden und Missbrauch auf verschiedenen Ebenen zu begünstigen.

Es sind berechtigte und wichtige Anfragen. Die Art und Weise der Frage aber macht eines deutlich: Die Frage nach zu viel Macht in der Leitung wird aus dem herkömmlichen Denken der Komm-Struktur gestellt. Charismatische Führung in der Parochie soll Menschen anziehen. Sie selbst steht im Zentrum der Angebote, hat die Hoheit über Räume, Inhalte und Strukturen. Alle anderen sollen kommen.

Ein wichtiger Aspekt des typischen *pioneerings* wird damit nicht beachtet. Eine Pioneerpersönlichkeit geht schon zu Beginn eines Gründungsprozesses andere Wege. Sie macht sich auf den Weg zu den Menschen. Sie ist immer im Gaststatus. Sie beobachtet. Sie lädt nicht ein, sondern wartet, bis sie eingeladen wird. Wer zu Gast ist, muss die Spielregeln der anderen erspüren und hat keine Hoheit über Raum, Inhalte und umgebende Strukturen. Sie oder er ist angehalten, mit Vorsicht zu agieren. Das Evangelium als Gästin in öffentlichen Räumen zu verkünden ist etwas völlig anderes als auf der Kanzel. Und wer es einmal selbst ausprobiert hat, merkt: Es macht sensibel und ist gut für die Demut.

Damit ist eine Ausgangssituation geschaffen, die es der Pioneerpersönlichkeit ermöglicht, einen achtsamen Umgang einzuüben. Schon von Anfang an wird durch die Geh-Struktur eine *andere* Machtverteilung erprobt und über die Projektphasen hinweg immer weiterentwickelt. Natürlich sind die

anders, aber in Vielfalt ein Teil der Tradition.

Gründungsteams nicht frei von der Gefahr von Machtmissbrauch – aber eben viel weniger, als es die sichtbaren Strukturen vermuten ließen.

Was ist damit gemeint?

Gründungsteams stehen anfänglich oft allein da. Sie haben sich Freiraum erkämpft, in dem sie bestenfalls nicht dauerhaft kirchlich überwacht werden. Bei zu viel kirchlichem Input und Kontrollmechanismen in der Anfangsphase missglücken die Pioneerprozesse überdurchschnittlich oft. Das bedeutet auch, dass Gründungsteams viel Vertrauensvorschuss benötigen. Sind sie dann unterwegs, werden sie für eine längere Zeit als einzige Ansprechpartner*innen der Fresh Expression wahrgenommen. Das schürt den Eindruck, sie stünden allein im Zentrum.

Auch hier werden falsche Maßstäbe angelegt. Wer mit Menschen arbeitet, die am Rande oder außerhalb der Kirche stehen, wird schnell feststellen, dass diese Menschen wenig bis gar kein Interesse haben, sich in traditionellen kirchlichen Strukturen sichtbar zu machen. Arbeitskreise oder Leitungskreise sind Mühlen, die zu langsam für agile Gemeinschaften mahlen. Entscheidungsprozesse laufen auf anderen Ebenen ab.

In der Forschung gibt es verschiedene Modelle von Organisationsformen. Leitungsstile und Machtsysteme können ganz unterschiedlich sein. Auch bei neuen Formen kirchlichen Lebens gibt es kein abschließend einheitliches Bild. Was aber generell und deutlich anders ist, ist die Häufigkeit agiler Strukturen in Fresh Expressions. Lebendigkeit, Menschenorientierung und Schnelligkeit stehen dabei im Zentrum. Alle Erprobungen empfinden sich als lernendes System, und Entscheidungsprozesse finden agiler, schneller, vorläufiger statt. Dabei ist die Selbstwirksamkeit der Beteiligten besonders wichtig. Jede Partizipation impliziert Verantwortung für die Gemeinschaft. Die Leitung einer agilen Organisationsform geht nur über das Dienen für die Gemeinschaft, über das Fördern von intrinsischer Motivation und Vertrauen.

Wir könnten also sagen: Der Gaststatus der Pioniere endet nicht. Sie bleiben Gäste der Gemeinschaft, nach innen wie nach außen, erspüren die Bedürfnisse und begleiten diese betend und hörend. Dadurch entsteht ein Schwarm, der sich kollektiv bewegt und weiterzieht.

## 3. Macht der Deutungshoheit

Wer ständig zu Gast ist und sich nicht als Gastgeber*in inszeniert, wird bald in Frage stellen, ob das Modell, das Evangelium irgendwo*hin* zu tragen, zuträglich ist. Vielmehr entdeckt die Pioneerpersönlichkeit durch die geistliche Hingabe an das Gastsein eines: Gott ist schon da. Sie lebt mit ihren Menschen, die Geistkraft verändert und berührt Leben. Gott ist in dieser Welt. Die missio dei erzählt von Gottes Entäußerung (Philipper 2) und dem Verzicht des Machtanspruchs. Nehmen wir das ernst, verändert sich auch unsere Haltung gegenüber der Verkündigung. Neue Ausdrucksformen kirchlichen Lebens suchen gemeinsam mit den Menschen nach Spuren Gottes in ihrem Leben. Die Pionier*innen werden zu Übersetzer*innen, zu Entdecker*innen. Niemals wissen sie mehr über das Leben der anderen, sie sind auch hier zu Gast in der Lebens- und Glaubensgeschichte der Beteiligten.

Das Evangelium erzählt sich selbst. Es braucht gastfreie Sprache, aktives Zuhören und Freiheit in den Formen. Es braucht dienendes Miteinander und die Haltung: Ich weiß nicht mehr als du. Wir sind alle Suchende, Entdeckende auf den Spuren einer unglaublich großen Liebe. Diese Liebe äußert sich im Verzicht auf die Deutungshoheit von Glauben.

anders, aber in Vielfalt ein Teil der Tradition.

Ich erlebe bei diesem Punkt oft eine große Sorge vor Willkürlichkeit und Synkretismus. Doch die Pioneerteams, die eine eigene geistliche Gemeinschaft leben und praktizieren, haben diese Angst nicht. Sich der eigenen Spiritualität bewusst zu sein und sie sprachfähig einzusetzen, ermöglicht den Beteiligten einer Fresh Expression die größtmögliche Freiheit einer Suche nach der transzendenten Erfahrung im eigenen Leben. Gott begegnete dir und mir, und wir können einander begleiten, dem nachspüren. Ich habe als Pionierin viel von dem Glauben der vermeintlich Kirchenfernen gelernt. Ich habe mich meiner kirchlich geprägten Sprache entäußert und bin achtsamer geworden. Abendmahl zu feiern in Worten, die kirchenfremde Menschen wählen, hat mich befreit. Ich habe neue Zugänge entdeckt und Geistkraft als wirksam erlebt. Das Evangelium erzählt sich selbst. Neu und anders.

## 4. Macht der Diversität

Christliches Denken ist inklusiv. Menschen mit Behinderungen, nicht akademische Milieus, Frauen, BiPoC, LTBTQs, Kinder und Jugendliche, alle sind willkommen. Aber unsere Leitungsstrukturen sind geprägt von Menschen mit (un)bewussten Privilegien – meist männlich, weiß, gesund, erwachsen, akademischer Bildungsgrad. Marginalisierte Gruppen kommen in Form von Bedürftigkeit in Kirche vor, nicht aber als Teil unserer gestaltenden Mitte.

Dieser Beobachtung muss sich auch die Community der Fresh Expressions stellen. Selbst bei neuen Gründungen sind es zum großen Teil weiße, heteronormative etc. Teams, die Kirche neugestalten wollen. Und sie tun es hauptsächlich für weiße, heteronormative etc. Menschen. Alles andere ist Diakonie.

Viele Pioneerteams sind zumindest interdisziplinär aufgestellt. Nicht selten in einem binären Spektrum, immerhin.

Meine eigene Erfahrung ist hier widersprüchlich. Intern waren mein Gründungspartner Sebastian Bear-Henney und ich ein gleichgestelltes Team. In der Außenwirkung im kirchlichen Kontext wurde ich wahlweise als seine Frau, Mitarbeiterin oder Sekretärin eingeordnet. Ich bin keine Pfarrerin. Dass ein Pfarrer in der Hierarchie nicht über der Gemeindepädagogin steht, war scheinbar irritierend. Das offenbart nicht, wie wir gemeinsam Führung verstanden und übernahmen, sondern eher, wie Kirche in männlichen, pfarramtsbezogenen Machtstrukturen denkt.

Menschen mit vielen (un)bewussten Privilegien erstellen die Spielregeln für unsere Kirche und haben dadurch große Macht. So sind wir nicht durchlässig für Impulse und Sichtweisen derer, die wir nicht gleichwürdig beteiligen. Wenn Fresh Expressions wirklich andere Ausdrucksformen suchen, ist das zugleich eine Aufforderung, marginalisierten Gruppen in dieser Kirche Platz zu schaffen, Macht zu teilen, ja abzugeben – für eine Zusammenarbeit in divers aufgestellten Teams. Dann sind wir näher am Auftrag, schöpfungsgemäß zu leben, und hören endlich verschiedenen Stimmen zu. Und vielleicht ist es dann auch nicht mehr ein solcher Kraftakt, etwas anders zu machen – weil es uns unmittelbar betrifft.

Wer über Macht schreibt, der muss widersprochen werden. Macht ist besonders dann gefährlich, wenn wir sie verschweigen, unsichtbar machen. Wir müssen darüber reden, diskutieren, streiten – es hilft.

anders, aber in Vielfalt ein Teil der Tradition.

**Literatur**

Sabrina Müller, Gelebte Theologie: Impulse für eine Pastoraltheologie des Empowerments, Theologische Studien NF, Theologischer Verlag Zürich, Zürich 2019.

Frederic Laloux, Reinventing Organizations visuell: Ein illustrierter Leitfaden sinnstiftender Formen der Zusammenarbeit, Verlag Franz Vahlen, München 2021.

Henri J. M. Nouwen, Der dreifache Weg, Herder Verlag, Freiburg ³1984.

Sarah Vecera, Wie ist Jesus weiß geworden? Mein Traum von einer Kirche ohne Rassismus, Patmos Verlag, Ostfildern 2022.

# Anders waren wir schon immer
# Menschen of Color[18] in der weiß[19] dominierten Kirche

*Sarah Vecera*

Warum sind hier eigentlich alle *weiß*? Diese Frage habe ich mir lange selbst gar nicht gestellt, weil es auch meiner Sehgewohnheit entsprach, dass in der Kirche alle Menschen *weiß* sind. Und das, obwohl ich selbst nicht mal *weiß* bin. Ich war immer besonders, aber eben anders, und das war und ist ein Problem. Dass all die Menschen, von denen die Bibel erzählt, auch eher so aussahen wie ich und weniger wie all die *weißen* Menschen um mich herum, wurde mir erst viel später im Leben bewusst. Heute sagen alle: „Ja, ist doch klar, dass die biblischen Figuren nicht mitteleuropäisch aussahen", aber warum werden sie dann nicht auch so dargestellt in Kinderbibeln, Weihnachtskrippen und auf Gemälden? Wie kann es sein, dass Jesus selbst und auch der Kirchenvater Augustinus (aus Nordafrika) auf Bildern aussehen, als ob sie aus dem Sauerland kommen? Menschen, die so aussahen wie ich, fand ich als Kind in der Kirche nur auf Spendenplakaten, als Hilfsbedürftige in der Diakonie, auf der Fairtrade-Schokolade, in stereotypisierten Kindergot-

---

[18] Der Zusatz „of Color" meint keine Hautfarben im biologischen Sinn, sondern ist ein Sammelbegriff von und für Menschen mit Rassismuserfahrungen aufgrund ethnischer Zuschreibungen. Es handelt sich hierbei um eine Selbstbezeichnung und kann daher nicht mit „farbig" übersetzt werden, weil dies im deutschen Kontext eine rassistische Fremdbezeichnung der Kolonialzeit darstellt.

[19] *Weiß* schreibe ich kursiv, um zu verdeutlichen, dass es hier nicht um die tatsächliche Farbe geht, sondern um ein Konstrukt.

anders, aber in Vielfalt ein Teil der Tradition.

tesdienstmaterialien und in Fürbittengebeten. Vorne standen *weiße* akademische kluge Menschen und die Toiletten wurden von Menschen of Color geputzt. Kinder nehmen sehr früh wahr, wer welche Rolle in unserer Gesellschaft und auch in unserer Kirche hat. Die erste deutsche Frau of Color, die ich im Talar gesehen habe, war ich selbst. Heute trage ich zu jeder Gelegenheit meinen Talar, weil ich nicht will, dass sich das wiederholt.

Wenn ich heute durch die Innenstadt gehe, nehme ich nämlich eine plurale Gesellschaft wahr, die ich nicht in der Kirche repräsentiert sehe. Laut Mikrozensus haben 25 % aller Erwachsenen und 41 % aller Kinder unter sechs Jahren Migrationshintergrund. Diese Menschen sind nicht alle of Color, aber es gibt auch Menschen of Color, die keinen Migrationshintergrund haben und dort nicht erfasst sind. Fakt ist, dass all diese Menschen anscheinend keinen Zugang zu unseren vermeintlich weltoffenen Kirchen haben. Wir behaupten „Hier sind alle willkommen" und „Wir sind doch alle gleich", aber auch diese Verlautbarungen sind aus einer *weißen* Perspektive gesprochen. Es ist kein Zufall, dass sowohl in der Fresh X-Bewegung als auch in der Kirche kaum People of Color zu finden sind.

Die Lebensrealität von Menschen, die strukturellen, institutionellen und individuellen Rassismus erfahren, finden kaum Beachtung in der Kirche. Das hängt damit zusammen, dass die historische Schuld von Kirche an der Entstehung des Rassenkonstrukts nicht aufgearbeitet wurde und dadurch Rassismus bis heute von außen betrachtet, aber nicht selbstkritisch in den Blick genommen wird. Das führt dazu, dass heutzutage Menschen in der Kirche Schutz und Zugehörigkeit versprochen wird, aber dieses Versprechen nicht eingehalten werden kann. People of Color erfahren täglich Rassismus in einer Kirche, die öffentlich Rassismus anklagt und von rassistischer Gewalt weiß und gleichzeitig nach innen Rassismuserfahrungen leugnet, verharmlost oder mit Schuldumkehr darauf reagiert. Dadurch wird Kirche unglaubwürdig für Menschen, die diskriminiert werden, und fragt sich gleichzeitig, warum diese der Kirche fern bleiben. Es fehlt gänzlich an Konzepten, die sichere Orte für Menschen of Color schaffen und ihnen Heilung, Widerstand und Empowerment ermöglichen. Gesamtgesellschaftlich führen wir längst andere Debatten über Vielfalt, Diversity und Teilhabe und es entstehen organisch transkulturelle Prozesse, die wir in der Kirche auch dringend in Gang setzen müssen. Vielleicht kann die Fresh X-Bewegung einen Anstoß dazu bieten, denn auch aus betriebswirtschaftlichen Gründen sollte Kirche schnellstmöglich rassismussensibler werden, wenn sie einen Großteil unserer Gesellschaft erreichen und für diese relevant werden will.

Dazu muss überhaupt erst Diversität geschaffen werden. Wir brauchen die Stimmen derer, die negativ von Rassismus betroffen sind. Für *weiße* Menschen sind all diese Erfahrungen nämlich oft unsichtbar, und das meine ich nicht mal wertend. Wir sind alle von Rassismus betroffen. Die einen profitieren vom System und die anderen sind dadurch benachteiligt. Ausgesucht hat sich niemand die eigene Rolle im rassistischen System, aber genau deshalb brauchen wir die Perspektive derer, die unterrepräsentiert sind in unserer Kirche. Durch die fehlenden Stimmen ist uns vieles in der Kirche einfach nicht bekannt und wir wissen oft gar nicht, was wir ändern sollten, damit sich Menschen of Color tatsächlich willkommen und nicht mehr anders fühlen.

Daher dürfen wir uns nicht länger mit Diversity und Vielfalt auf Fotos oder durch exotisches Essen oder musikalische Beiträge auf Gemeindefesten schmücken, sondern müssen dies

anders, aber in Vielfalt ein Teil der Tradition.

wirklich leben. Wir müssen aufpassen, dass wir das rassistische Narrativ „wir" und „die anderen" nicht länger aufrechterhalten, indem wir uns Diversität wünschen und damit nur „die anderen" meinen. Dann wird daraus schnell „wir" und „die Vielfalt", und Menschen of Color bleiben „anders", obwohl es gut gemeint ist. Aber Vielfalt meint in dem Fall dann nur alle, die nicht *weiß*, heterosexuell und cis sind und eben nicht alle. Stattdessen müssen wir uns alle als Vielfalt wahrnehmen und nicht einen als Norm und die anderen als Diversity-Plus sehen. So kann echte Teilhabe gelingen.[20]

Und dazu müssen wir uns folgende Fragen stellen:

- Wer wird repräsentiert?
- Wer spricht?
- Wer leitet?
- Wer gestaltet?
- Wer wird als Norm wahrgenommen?
- Wem hören wir zu?
- Von wem lernen wir?

Dazu müssen wir Zugänge barriereärmer gestalten und uns individuell rassismuskritisch weiterbilden, um Barrieren überhaupt zu erkennen – in unserer Institution Kirche, aber auch ganz persönlich in uns selbst. Kirche besteht schließlich aus Individuen und als solche sind wir alle von klein auf rassistisch geprägt. Es ist daher ein langer Weg, alte Sehgewohnheiten, Vorurteile und Prägungen zu enttarnen und abzubauen, aber es ist ein Weg, der sich lohnt, weil – so sagt James Baldwin:

---

[20] Tupoka Ogette, Und jetzt du, Penguin Random House Verlagsgruppe, Gütersloh 2022, S. 222 f.

„Der Preis für die Befreiung der Weißen ist die Befreiung der Schwarzen". Es wird uns allen besser gehen, wenn wir echte Diversität leben und Rassismus dadurch abbauen.

Und ich glaube, dass wir gute Voraussetzungen für all das haben als Christ*innen. Wenn ich mir die Bibel anschaue, nehme ich diese als anti-rassistisches Buch wahr. Das Wort Gottes ist letztendlich die Grundlage dafür, warum ich nicht müde werde über Rassismus in der Kirche zu reden. Es treibt mich an und motiviert mich. Ich sehe Gott als jemand, die immer an der Seite derjenigen steht, die unterdrückt wurden. Gott selbst rettet durch den Exodus. Jesus sucht die Nähe derer, die am Rande standen. Und Paulus warnt die ersten Gemeinden vor Spaltung, weil sie so unterschiedlich zusammengesetzt waren. Kirche war nie mono-kulturell gedacht und Vielfalt ohne eine weiße Norm stand schon immer an erster Stelle bei Gott. Wir müssen uns genau daran erinnern und zusehen, wie wir wieder eine Gemeinschaft werden können, wie sie eigentlich gedacht war.

Und dazu bietet die Bibel gute Ansätze, wie das Bild vom Leib Christi aus 1 Kor 12: „Es ist das Bild von einem Leib mit vielen Gliedern, durch die wir gemeinsam eine Gemeinschaft bilden. Wenn wir uns als einen Körper verstehen, betrifft es den ganzen Körper, wenn ein Teil krank ist. Wenn wir eine Entzündung am Fuß haben, kann das Auswirkungen auf den kompletten Körper haben. Es wird am Fuß sichtbar, aber eigentlich sind alle Organe betroffen und kränkeln mit."[21] Dieses Bild schützt uns vor Spaltung. Wenn wir alle ein Leib sind, können wir nicht länger von „wir" und „den anderen" sprechen. Dann gibt es nur noch ein kollektives „Wir". Das

---

[21] Sarah Vecera, Wie ist Jesus weiß geworden? Mein Traum von einer Kirche ohne Rassismus, Patmos Verlag, Ostfildern 2022, S. 181.

anders, aber in Vielfalt ein Teil der Tradition.

Körperbild überwindet diese Kategorien und lässt uns tatsächlich eins sein. Rassismus will uns trennen, aber als Leib sind wir untrennbar miteinander verbunden. So kann echte Vielfalt aussehen, ohne dass irgendwer anders ist.

Wenn wir uns also an die biblischen Voraussetzungen erinnern, Vielfalt neu denken, uns selbst rassismuskritisch in den Blick nehmen und uns nicht abhängen lassen von den zahlreichen wichtigen gesellschaftlichen Debatten um Rassismus in Deutschland, dann können wir hoffnungsvoll bleiben. Ich bin hoffnungsvoll, weil ich viel Veränderung wahrnehme. Es ist weltweit seit Jahrzehnten so viel im Umbruch: In den 1990er Jahren hätte man sich noch kein homosexuelles Paar im Pfarrhaus vorstellen können; der Papst ist der erste außereuropäische Papst seit dem 8. Jahrhundert und im September 2021 wurde die erste trans*Person Bischof in der lutherischen Kirche der USA. Bei Protestbewegungen wie *Black Lives Matter*, #MeToo und *Fridays for Future* gingen auch zahlreiche Christ*innen auf die Straßen und so viele Christ*innen organisierten Friedensgebete und wurden aktiv in der Aufnahme von Geflüchteten aus der Ukraine, wie ich es nie zuvor erlebt habe. Es ist viel in Bewegung und wir verändern uns organisch von unten als Gesellschaft und hoffentlich auch als Kirche. Der Blick ist geschärft dafür, dass viel Ungerechtigkeit herrscht, und Menschen ringen um Antworten auf viele Fragen und suchen nach Lösungen, wie wir Kirche verändern können. Aus dem Grund liest du wahrscheinlich auch dieses Buch. Bei allem anders und neu denken sollten wir daher diese gesamtgesellschaftlichen Bewegungen und diesen Zeitgeist mitdenken in allem, was wir als Kirche neu denken. Rassismuskritik hatte nie zuvor eine so große Chance, als Querschnittsthema in der Kirche behandelt zu werden, daher lade ich dich ein, genau das zu tun in allem, was du hier liest und anders denken und umsetzen willst.

Die indische Schriftstellerin und Aktivistin Arundhati Roy hat gesagt: „Eine andere Welt ist nicht nur möglich, sie ist auf dem Weg. Vielleicht werden viele von uns nicht hier sein, um sie zu begrüßen, aber an einem ruhigen Tag, wenn ich ganz genau hinhöre, kann ich sie atmen hören."

Ich lade dich ein hinzuhören, die neue Welt zu begrüßen, da zu sein und dich von all dem begeistern zu lassen, weil es sich auch für dich lohnt, echte Teilhabe zu ermöglichen. Es ist auch dein Leib, der sich am Ende des Tages dadurch besser anfühlen wird.

**Literatur**

Mohamed Amjahid, Der weiße Fleck. Eine Anleitung zu antirassistischem Denken, Piper, München 2021.

Alice Hasters, Was weiße Menschen über Rassismus wissen sollten, aber nicht hören wollen, Hanser, München 2019.

Tupoka Ogette, Und jetzt du, Penguin Random House Verlagsgruppe, Gütersloh 2022.

Sarah Vecera, Wie ist Jesus weiß geworden? Mein Traum von einer Kirche ohne Rassismus, Patmos Verlag, Ostfildern 2022.

anders, aber in Vielfalt ein Teil der Tradition.

# Die Angst verlieren, etwas zu verlieren
# Elemente einer Ekklesiologie im Spagat à la François Jullien: Vielfalt als fruchtbare Ressource entdecken

## *Dag Heinrichowski SJ*

Eigentlich ist François Jullien gar kein Philosoph und schon gar kein Theologe. Aber seine Art zu denken fordert die klassische Philosophie heraus, ja stört sie sogar.[22] Auch die Theologie kann sich von ihm stören lassen. Als Altphilologe und Sinologie hat Jullien mehrere Jahre in China gelebt und gearbeitet. Dort lernt er eine ganz andere Art zu denken kennen, die ihn nachhaltig prägt und anregt, über Interkulturalität, die Möglichkeit von Dialog zwischen Kulturen und die Unterschiede zwischen chinesischem und europäischem Denken neu nachzudenken. Fragen und Themen, die seine bisherige Art zu denken und die klassische Philosophie in Frage stellen.

China wird für Jullien eine *interne Heterotopie* (Bruno Latour), also ein *Anders-Ort*, der eine neue Art zu denken ermöglicht, vielleicht sogar fordert. Diese Erfahrung ist der Ausgangspunkt für Julliens Denken: eine Bewegung hinaus, das eigene Denken verlassen mit der Bereitschaft, sich stören zu lassen und das Denken neu zu konfigurieren. Aus dieser Bewegung entsteht ein *Denken im Spagat*, das auch für die Theologie und die kirchliche Praxis anregend ist.

---

[22]  Ein Buch über François Jullien trägt den Untertitel „Ein Abenteuer, das die Philosophie gestört hat". Vgl. François L'Yvonnet, François Jullien. Une aventure qui a dérangé la philosophie, Bernard Grasset, Paris 2020.

## Zwischenräume und Ressourcen

Der Einstieg in das Denken von François Jullien gelingt über zwei Schlüsselbegriffe: *écart* und *entre*. Letzterer lässt sich leicht mit *Zwischen* ins Deutsche übertragen, während die Übersetzung von écart ein bisschen Gymnastik erfordert. Und damit ist man schon mittendrin, denn für Jullien regt Übersetzen das Denken an und öffnet neue Verstehenshorizonte, der Turmbau zu Babel mit seiner Sprachverwirrung ist für ihn eine „Chance des Denkens". In der deutschen Übersetzung wird Julliens Begriff écart mit *Abstand* wiedergegeben, allerdings schwingt meiner Ansicht nach im französischen Wort mehr Dynamik mit, so dass ich den Begriff *Spagat* oder *Spanne/Spannung* passender finde. Mit écart schlägt Jullien ein Konzept vor, um Unterschiede zu bezeichnen, ohne zwischen Kulturen zu vergleichen, wie es der Begriff *Differenz/différence* oft tut, der mit einem starken Identitätsbegriff verbunden ist. Wird in Differenzen gedacht, zieht sich jede beteiligte Person auf ihre je eigene Seite zurück, schärft die je eigene Identität und es geschieht zwischen den beiden nichts. Im écart öffnet sich allerdings durch den Abstand ein *Zwischen*, beide Seiten stehen in Spannung zueinander, bleiben einander zugewandt, anstatt sich zurückzuziehen und in Selbstgenügsamkeit zu verharren.

Jullien betreibt keinesfalls reine Wortklauberei, sondern schlägt ein neues Konzept vor, das politische Aktualität und Sprengkraft hat. 2016, mitten im französischen Präsidentschaftswahlkampf, in dem Marine Le Pen als aussichtsreiche Kandidatin für den *Front National* antrat, um das „christliche Abendland" und die große französische Nation zu verteidigen, veröffentlicht Jullien einen kleinen Essay mit dem Titel: *Es gibt keine kulturelle Identität*. Statt zu versuchen, diese starre Idee

anders, aber in Vielfalt ein Teil der Tradition.

einer Identität zu verteidigen, geht es für Jullien darum, die kulturellen Ressourcen zu aktivieren.

Diese Ressourcen sind zugänglich für alle, um entdeckt und genutzt zu werden. Jullien grenzt sie ab von kulturellen Wurzeln, Reichtümern und Werten, da sie je neu und weder retrospektiv zu entdecken noch sich als wechselseitig ausschließend zu denken sind. Sie stehen nicht in Konkurrenz zueinander, sondern die écarts zwischen ihnen sind bereichernd. Ressourcen sind für Jullien unbegrenzt an der Zahl und gekennzeichnet durch ihre Fruchtbarkeit, ihr Potenzial. Ein Beispiel für Ressourcen sind Sprachen, die mit ihren Eigenheiten das Denken beeinflussen und prägen; ein Grund, warum Jullien ein Fan vom Übersetzen zwischen den Sprachen ist und Englisch als neuer Universalsprache, sowie der Uniformität, die sich im Zuge der Globalisierung ausbreitet, kritisch gegenübersteht. Denn wird eine Ressource nicht mehr genutzt und entdeckt, ist sie nutzlos und braucht nicht künstlich am Leben gehalten werden. Auch im Christentum entdeckt Jullien Ressourcen, die vor allem das europäische Denken beeinflusst haben und für ihn auch ohne ein christliches Bekenntnis zugänglich sind.

Mit Blick auf das Verhältnis zwischen klassischen Pfarrgemeinden und neuen Formen kirchlichen Lebens hat Rowan Williams, der ehemalige Erzbischof von Canterbury, den Begriff einer *Mixed Economy* geprägt. Die klassischen Pfarrgemeinden stehen für Stabilität und territoriale Präsenz und werden von Williams mit einem See verglichen. Neben den Seen gibt und braucht es aber auch Flüsse, die ins Land hineinfließen und in Bewegung sind, also neue Formen kirchlichen Lebens. Im Denken der *Mixed Economy* stehen Neues und Altes respektvoll zueinander und geben ihre je eigenen Stärken frei, vergleichbar mit Julliens Ressourcen. Entscheidend ist, dass die unterschiedlichen, vielfältigen Formen nicht in Konkurrenz zueinander gedacht werden, sondern sich befruchten. Letztlich kommt darin eine geistliche Haltung zum Ausdruck, die Dag Hammarskjöld, der zweite Generalsekretär der Vereinten Nationen, in seinem geistlichen Tagebuch „Wegmarken" am 29.7.1959 so knapp wie beeindruckend ins Wort bringt: „Demut heißt, sich nicht zu vergleichen."

## Kunst des Schwachen

Das Neue, das in der Kirche entsteht, ist – im Anschluss an diese Denkweise Julliens – etwas, das in Spannungen oder im Spagat entsteht: Zwischen Alt und Neu, zwischen Zentrum und Peripherie, zwischen Punktuell und Langfristig. Keine Vorstellung von Kirche, in der das eine gegen das andere ausgespielt wird durch gegenseitige Abgrenzung, sondern ein Lernen von und miteinander, ein gemeinsames Nutzen und Entdecken der Ressourcen. Kirche als *Open Source*-Projekt, in das sich Personen nach ihren Fähigkeiten und Möglichkeiten einbringen können, um gemeinsam besser zu werden. Kein beziehungsloses, wenn auch respektvolles Nebeneinander, sondern eine Spannung, die ein *Zwischen* eröffnet. Damit wirklich ein *Zwischen* entsteht und aus dem écart keine Spaltung wird, prägen weniger Inhalte als Haltungen diese Denk- und Lebensform von Kirche.

Neben der bereits angesprochenen Haltung der Demut, die nicht vergleicht, beschreibt Christoph Theobald SJ mit dem Schlagwort uneigennütziges Interesse (*l'intérêt désintéressé*) eine Haltung, die ein Denken und vor allem Leben der Kirche im Spagat ermöglicht. Diese Uneigennützigkeit ist Voraussetzung für eine Entdeckerlust, die sich ins *Zwischen* wagt. Eine Vision von Mission, die den christlichen Glauben im Rahmen einer zweckfreien Begegnung und nicht als Proselytismus na-

anders, aber in Vielfalt ein Teil der Tradition.

hebringt. Diese Haltung respektiert die Andersartigkeit meines Gegenübers, seine Freiheit und seinen Glauben. Michel de Certeau SJ entwirft schon 1969 die Bewegung von einem „kirchlichen Kolonialismus oder Paternalismus" hin zu einer echten Begegnung. Für ihn ist ein:e Apostel:in eine Person, die aus der eigenen Welt herausgeht, um in eine andere einzutreten. Diese Bewegung setzt die Begegnung der Kirche mit dem Fremden, wie sie die Emmaus-Geschichte (Lk 24,13–35) beschreibt, in die Praxis um: die Gegenwart Gottes außerhalb der eigenen Gemeinschaft zu suchen und zu finden. Wie ein Ethnograph geht der Apostel hinaus, hört zu und entdeckt sich selbst in diesem Austausch. Vielleicht geht es sogar um mehr als ein bloß uneigennütziges Interesse: ein interessiertes Interesse, das die Begegnung wagt, von der sich die Kirche bewegen lässt, in der sie lernt, sich bekehrt und so wächst in der Wahrheit.

Diese Haltung des interessierten Interesses führt zu einer Wertschätzung dessen, was zugleich anders, gar fremd und in Spannung zum Eigenen steht, ohne zu verleugnen, wer ich selbst bin und was ich glaube. Das ist manchmal schwierig, aber es ist das, was uns leben lässt. Übertragen auf die Kirche(n) könnte das bedeuten, dass eine Kirche, die nicht mehr in der Lage ist, sich bewegen zu lassen, eine tote Kirche ist. Es ist die Begegnung mit dem Anderen, die der Kirche hilft, lebendig zu bleiben. Sie steht mit ihrer eigenen Tradition und ihren eigenen Überlieferungen in Spannung. Dieses interessierte Interesse ist eine Haltung nach außen und nach innen.

Um die entstehende Spannung nicht zur Spaltung werden zu lassen, könnte eine dritte Haltung die der Geduld sein. „Die Zeit ist mehr wert als der Raum", bringt Papst Franziskus diese Haltung ins Wort (*Evangelii Gaudium* 222–225). Diese Haltung hilft, Prozesse anzustoßen, anstatt Räume zu besetzen.

Prozesse, die sich im *Zwischen* abspielen und deren Ausgang offen bleibt. In diesen Prozessen kann Neues entstehen und darf Altes auch vergehen. Michel de Certeau SJ unterscheidet zwischen Strategie und Taktik und spricht damit einen ähnlichen Punkt an: Die Strategie ist ein Kalkül, das einen festgelegten Ort postuliert, der klar von anderen getrennt ist. Eine isolierte Institution funktioniert nach einer Strategie. Was ihr nicht eigen ist, stellt eine Bedrohung dar. Die Strategie zielt auf den Erhalt der Macht. Die Strategie wird gewählt, um die anderen zu beherrschen, während die Taktik sich als „Kunst des Schwachen" erweist. Diese Kunst hat nichts Eigenes und kann sich daher nicht abgrenzen – sie lebt im *Zwischen*. Weder Rückzug noch Stillstand sind möglich. Die Taktik sucht Gelegenheiten, ist offen für Überraschungen, und vor allem dort, wo sie nicht erwartet werden. Ein Kriterium dafür ist nach Jullien die Fruchtbarkeit. Im *Zwischen* entsteht Neues, das ganz unerwartet, unglaublich, unerhört (*inouï*) daherkommt.

Auch die Idee hinter der *Mixed Economy* kann helfen, von kirchlicher Strategie in Taktik überzugehen. Eine Kirche, die mehr der Taktik als der Strategie folgt, bleibt nicht ängstlich an ihrem eigenen Ort, der zumindest in Europa immer kleiner wird, sondern sie sucht die Begegnung mit dem anderen, sie sucht die Orte der anderen, den Nicht-Ort, und lässt sich dort überraschen. Sie ist eine arme und schwache, „verbeulte" Kirche. Eine Kirche, die die Angst verloren hat, etwas zu verlieren.

Im Zwischenraum der écarts, in der Begegnung mit dem Anderen, entsteht die Kirche. Sie keimt überraschend auf, ähnlich wie Leonardo Boff es mit der Idee der *Ekklesiogenese* ausdrückt. Das Reich Gottes ist bereits mitten unter uns.

Dieser Wechsel ist riskant und gewagt, vermutlich stört er auch oft. Die Kirche, die es versucht, kann sich selbst verletzen, aber sie kann auch anders leben und sich von dem ergrei-

anders, aber in Vielfalt ein Teil der Tradition.

fen lassen, was sie übersteigt. Scheitern ist möglich, aber auch notwendig. Die Begegnung mit dem Anderen ist der Ort der Kirche, die sich verliert, um sich zu finden. Es ist gerade der Begriff der Ressourcen, der ihr hilft, eine wachsende Kirche ohne Angst und in Verbindung mit anderen zu werden. Diese Ressourcen sind nicht ihr Besitz, den sie ängstlich zu schützen braucht, um nicht zu vergehen. Die Kirche(n) darf etwas von den Ressourcen erwarten, sie nutzen, damit diese sich entfalten und fruchtbar werden.

In der Kirche besteht eine *Mixed Economy* mit ganz unterschiedlichen Formen und Antworten darauf, was es heißt, Kirche zu sein, kirchlich zu handeln, Kirche zu werden. Schaut man mit François Jullien auf diese Vielfalt, dann sieht man darin keine Bedrohung der Einheit, sondern Ressourcen, die sich in unterschiedlichen Kontexten und Zeiten als fruchtbar erwiesen haben und erweisen. Und dann geht es nicht darum, dass diese Formen nebeneinanderstehen, ob miteinander buhlend oder in respektvoller Beziehungslosigkeit, sondern in produktive Spannung zueinander gesetzt werden, so dass der Geist im *Zwischen* Platz zum Wirken bekommt und uns hinausführt in eine unerwartete Weite hinein.

**Literatur**

François Jullien, Ressourcen des Christentums. Zugänglich auch ohne Glaubensbekenntnis. Aus dem Französischen von Erwin Landrichter, Gütersloher Verlagshaus, Gütersloh 2019.

François Jullien, Es gibt keine kulturelle Identität. Wir verteidigen die Ressourcen einer Kultur. Aus dem Französischen von Erwin Landrichter, Suhrkamp, Berlin 2017.

Michel de Certeau SJ, Der Fremde oder Einheit in Verschiedenheit. Übersetzt und herausgegeben von Andreas Falkner SJ, W. Kohlhammer Verlag, Stuttgart 2018.

Papst Franziskus, Apostolisches Schreiben *Evangelii Gaudium:* https://www.vatican.va/content/francesco/de/apost_exhortations/documents/papa-francesco_esortazione-ap_20131124_evangelii-gaudium.html

Christian Bauer / Marco A. Sorace (Hg.), Gott, anderswo? Theologie im Gespräch mit Michel de Certeau, Matthias Grünewald Verlag, Ostfildern 2019.

Fabian Brand, Gottes Lebensraum und die Lebensräume der Menschen. Impulse für eine topologische Theologie (Jerusalemer Theologisches Forum 40), Aschendorff-Verlag, Münster 2021.

anders, aber in Vielfalt ein Teil der Tradition.

# Fresh X und Zivilgesellschaft
# Da geht noch mehr

*Adrian Micha Schleifenbaum*
___

Fresh X funktionieren anders. Zumindest, wenn man eine klassische Kirchengemeinde als Vergleichsgröße heranzieht. Sie entfalten eine Wirkung, die Menschen positiv verändern kann. Allerdings bleibt dieser Impact oftmals hinter den Möglichkeiten zurück, die für Fresh X drin wären. Das liegt zum einen an den typischen Merkmalen, die Fresh X oftmals prägen. Es liegt aber auch an den Zielen, die sich eine Fresh X steckt. Geht sie also exklusiv auf eine ganz bestimmte Zielgruppe zu oder – was mein gut begründeter Vorschlag sein soll – steckt sie sich einen weiteren Horizont, der die eigene Gruppe ebenso wie ihre zivilgesellschaftliche Nachbarschaft berührt?

*Die Stärken und Grenzen von Fresh X*

Schaut man sich verschiedene Fresh X-Gruppen an, dann merkt man schnell, dass zu einer Fresh X nicht die Mitglieder einer bestimmten geographischen Region (also einer Parochie im Kirchen-Slang) gehören. Zu den Mitgliedern zählen Menschen einer konkreten Zielgruppe. Etwa Menschen, die urban-gardening lieben. Oder die ein bestimmtes Nagelstudio besuchen. Es steht also nicht der Wohnort, sondern die Zugehörigkeit zu einem Milieu oder das Interesse an einem Thema im Vordergrund. Die Gruppen richten sich an einem bestimmten Netzwerk aus. Damit geht einher, dass es oft auch keine eindeutige Unterscheidung zwischen Mitgliedern und Nicht-Mitgliedern gibt. Denn ob jemand zu einer Fresh X gehört oder nicht, wird selten über eine formale Zugehörigkeit wie einen Mitgliedsantrag entschieden. Sondern wer oft und intensiv bei Events und Treffen dabei ist, versteht sich dann auch als Teil einer Fresh X-Gruppe. Fresh X zeichnen sich also häufig dadurch aus, dass man sich hier untereinander kennt. In der Regel zählen sie 15–55 Personen. Das ist ein großer sozialer Vorteil für diejenigen, die dazugehören. Und es erleichtert den Organisations- und Verantwortungsaufwand in einer Fresh X-Gruppe. Denn wer hier teilnimmt und sich wohl fühlt, wird sich dabei auch eher engagieren und aktiv einbringen. Das verändert die beteiligten Menschen, weil sie dadurch ihre eigenen Fähigkeiten ausbauen und dafür (hoffentlich) auch Wertschätzung erfahren. Nun kann man zurecht einwerfen, dass das noch keine Besonderheit von Fresh X ist. Denn in jedem Fußballverein oder jeder Kirchengemeinde engagieren sich Menschen und erleben diese Art von Empowerment. Allerdings werden Fresh X im besonders hohen Maß von freiwillig Engagierten mitgetragen. Häufig gibt es keine oder nur teilweise finanzierte hauptamtliche Stellen, die die Gruppen leiten. Sie werden oft ehrenamtlich geführt und über Spenden finanziert. Zumindest kann man das im englischsprachigen Raum so nachweisen. Das ist ein beachtliches und durchaus „anderes" Merkmal von Fresh X Zugleich werden hier auch die Grenzen der Wirksamkeit einer Fresh X-Gruppe markiert. Denn dieses Engagement richtet sich an die Mitglieder im eigenen Netzwerk. In den Sozialwissenschaften nennt man solche Beziehungen „bonding". Menschen verbringen viel Zeit miteinander, kennen sich gut und wissen um die eigene Milieuzugehörigkeit. Das gibt Sicherheit, und wenn sich Menschen hier

anders, aber in Vielfalt ein Teil der Tradition.

engagieren, kann es sie positiv verändern. Aber was ist mit den Menschen, die nicht dazugehören? Wie können sie von Fresh X profitieren? Hier gibt es keine pauschale Antwort, weil die einzelnen Gruppen so unfassbar unterschiedlich sind. Je konsequenter eine Fresh X auf eine bestimmte Zielgruppe ausgerichtet ist, umso exklusiver ist dann auch ihre Wirksamkeit. Das wird an einem Beispiel deutlich: Oft wird eine Fresh X-Gruppe als intensives Netzwerk an Beziehungen von einer bestimmten Ästhetik geprägt. Festival-Besucher in der Heavy-Metal-Szene fühlen sich etwa von typischen Heavy-Metal-Merkmalen angesprochen. Zelten, Dosenbier und Mosh-Pits wirken dann als Eintrittskarte in ein entsprechend aufgestelltes Fresh X-Netzwerk. In diesem Setting kann sich dann Kirche mit Menschen ereignen, die um jeden Kirchentag und jedes Orgelkonzert einen großen Bogen machen würden. Kirche ist in so einer Fresh X offensichtlich „anders". Sie ereignet sich dabei an gesellschaftlichen Orten und in gesellschaftlichen Netzwerken, die für Kirche womöglich ungewöhnlich, in jedem Fall aber exklusiv sind. Das ist eine Stärke von Fresh X und – wie gesagt – auch eine Grenze der eigenen Wirksamkeit.

*Die zivilgesellschaftlichen Möglichkeiten von Fresh X*

Wenn eine Fresh X sich darauf beschränkt, eine bestimmte Zielgruppe anzusprechen und mit ihr zusammen den christlichen Glauben entdeckt, dann ist das schon eine herausragende Leistung. Allerdings steckt in der Bewegung noch ein wesentlich größeres Potential. Es wird dann abgerufen, wenn eine Fresh X sich nicht nur für die Menschen ihres eigenen Netzwerks interessiert, sondern auch für die Personen, Themen, Sorgen und Freuden, die jenseits der eigenen Gruppe liegen. Das muss keine Absage an die Stärke von Fresh X sein, die ja u. a.in den intensiven und belastbaren gruppeninternen Beziehungen liegt. Es bedeutet aber, die eigenen Beziehungen und Themen in ein weiteres Feld zu stellen.

Was ist Zivilgesellschaft?

Das kann die Nachbarschaft sein, in der eine Fresh X verwurzelt ist. Da Fresh X aber auch die Absage an die oft strengen geographischen Grenzen einer Kirchengemeinde darstellen, ist das Wort Nachbarschaft hier ausgesprochen weit gefasst. Gemeint ist also die zivilgesellschaftliche Nachbarschaft. Unter Zivilgesellschaft kann man sich eine Arena vorstellen, in der Themen bearbeitet werden. Etwa „Was sind die Gründe von Armut?", „Wie kriegen wir mehr junge Menschen in die freiwillige Feuerwehr?", „Wie wirkt sich struktureller Rassismus auf Straßenfeste aus?" oder Ähnliches mehr. Solche Themen werden über social media, Vereinssitzungen, Bücher und viele andere Kanäle bearbeitet. Bezeichnend ist, dass die Personen, die in dieser Arena auftreten, nicht nur von (Partei-)politischen, finanziellen oder privaten Interessen motiviert sind. Es geht den hier Teilnehmenden auch um unser Zusammenleben insgesamt. Darum treten hier Angelvereine, Boxclubs, Food-Sharing-Initiativen, Stiftungen und viele weitere Akteurinnen auf. Sie tun dies nicht nur mit theoretischen Auseinandersetzungen und Worten, sondern auch mit konkreten Handlungen: bei der Essensausgabe für Obdachlose, am Lötkolben im Reparaturcafé, auf Demos vor einem Atomkraftwerk oder in der Fußgängerzone beim Spendensammeln.

Was bringt es, sich in die Zivilgesellschaft einzutragen?

Jede Fresh X-Gruppe ist von den Akteuren und Themen dieser Zivilgesellschaft als Nachbarschaft im weiteren Sinne

anders, aber in Vielfalt ein Teil der Tradition.

umgeben. Sie können die Anliegen, die hier formuliert werden, ernst nehmen und aufgreifen. Dann bereichern sie die Zivilgesellschaft. Denn gerade weil sich Fresh X durch ein hohes Maß an freiwilligem Engagement und durch intensive gruppeninterne Bindungen auszeichnen, können sie Themen aus ihrem zivilgesellschaftlichen Umfeld schnell und effektiv in ihr Netzwerk eintragen. Das Café Bohenheld aus dem Schwarzwald ist hierfür ein gutes Beispiel aus der Fresh X-Szene. Dieses Café wird durch viel freiwillige Arbeit einer engagierten Gruppe getragen. Immer wieder stellen sie ihre eigenen Räume für Anliegen aus der Zivilgesellschaft zu Verfügung. Sie sammeln z. B. durch Benefizkonzerte Spenden für Menschen in Kriegsgebieten oder laden zu Infoabenden ein. Was hier aus zivilgesellschaftlicher Sicht passiert, ist beachtlich: Mit den untereinander intensiv in Kontakt stehenden Mitgliedern einer Fresh X treten auf diese Weise immer wieder andere Personen und Themen in Beziehung. Zu dem starken gruppeninternen Bonding gesellen sich brückenbildende Beziehungen. Dieses *bridging* ermöglicht es, dass außenstehende Menschen neue Themen in die Fresh X einbringen. Zugleich werden außenstehende Menschen über die Themen der Fresh X informiert. Etwa warum der Glaube an Gott für sie ein bewegendes Thema ist oder dass sie für das kommende Jahr noch nicht wissen, wie sie ihre Mietkosten bezahlen sollen. Im besten Fall erhält eine Fresh X durch *bridging* verändernde Informationen. Z. B. warum der Glaube an Gott für andere ein vorurteilsbeladenes Thema ist oder dass die kommunalen Töpfe für Mietzuschüsse noch nicht ausgeschöpft sind.

Die Suchbewegung einer Fresh X berührt oft die private Sphäre. Sie fragt nach dem persönlichen Glauben, der individuellen Ästhetik und der eigenen Gruppenzugehörigkeit. In der Debatte zu Fresh X wurde diese Dynamik oft in einen ökumenischen Horizont eingetragen. Die zugespitzten Zielgruppen sind keinesfalls nur auf sich selbst bezogen. Sie sind Teil der weltweiten Ökumene. In diesem Text wurde der Vorschlag gemacht, Fresh X darüber hinaus auch als Teil der zivilgesellschaftlichen Nachbarschaft zu verstehen. Das ist weitaus mehr als eine theoretische Neueinordnung. Es geht darum, die Suchbewegung einer Fresh X um diese zivilgesellschaftliche Dimension zu erweitern. Oftmals ist das schon der Fall. Aber längst nicht alle Fresh X-Gruppen verfolgen diesen Weg. Im anglikanischen Raum, wo die Fresh X-Bewegung herkommt, scheint die zivilgesellschaftliche Ausrichtung präsenter und wichtiger zu sein. Vielleicht liegt es daran, dass im Vereinigten Königreich eine flächendeckende und professionelle kirchliche Struktur wie Diakonie und Caritas fehlen. Dann ist es nur naheliegend, als britische Fresh X selbst aktiv zu werden. Allerdings gibt es auch hierzulande keinen Mangel an karitativen und diakonischen Herausforderungen. Sowohl für Fresh X als auch für die Zivilgesellschaft wäre es ein großer Gewinn, wenn sich Fresh X-Gruppen mit ihren hierin liegenden Stärken, die oft herausgestellt werden, in diese Herausforderungen einbringen.

### Literatur

Sebastian Baer-Henney, Fresh X – live erlebt. Wie Kirche auch sein kann, Brunnen Verlag, Gießen 2015.

Nina Behrendt-Raith, Gemeinde Diakonie. Eine qualitative Studie zu Einflussfaktoren und Handlungsperspektiven der Gemeindediakonie am Beispiel des Ruhrgebiets. LIT Verlag, Berlin, Münster 2018.

Martin Horstmann / Heike Park, Gott im Gemeinwesen. Sozialkapitalbildung durch Kirchengemeinden, LIT Verlag, Berlin 2014.

George Lings, The Day of Small Things. An Analysis of Fresh Expressions of Church in 21 Dioceses of the Church of England, Church Army, Sheffield 2016.

Sabrina Müller, Fresh Expressions of Church. Ekklesiologische Beobachtungen und Interpretationen einer neuen kirchlichen Bewegung, Theologischer Verlag Zürich, Zürich 2016.

Adrian Schleifenbaum, Kirche als Akteurin der Zivilgesellschaft. Eine zivilgesellschaftliche Kirchentheorie dargestellt an der Gemeinwesendiakonie und den Fresh Expressions of Church, Vandenhoeck & Ruprecht, Göttingen 2021.

# the medium is the message
## Kontextuelle Evangelisation in neuen Formen von Kirche (Fresh X)

*Florian Karcher*

Weihnachten 2021 lief in den Medien ein Werbespot eines namhaften Getränkeherstellers. Dabei wurde die anrührende Geschichte eines kleinen Jungen erzählt, der in einem heruntergekommenen und tristen Hochhaus immer wieder eine traurig dreinschauende, ältere Dame sieht. Inspiriert durch eine Comicsendung fängt er an, aus alten Kartons einen Tunnel zu bauen, der ein Geschenk vom Dach des Hochhauses direkt vor das Fenster der älteren Dame transportieren soll. Mit seiner Kreativität und liebevollen Idee steckt er viele weitere Mitbewohner:innen im Haus an, die alle fröhlich mit anpacken und diesen, mit Lichterketten bunt verzierten, Tunnel zusammen basteln. Am Ende landet tatsächlich ein Päckchen mit goldener Schleife vor dem Fenster der Frau. Als sie es öffnet, hält sie eine liebevoll geschriebene Karte in der Hand, auf der „Weihnachtsessen um 18 Uhr" steht und die ihr ein Lächeln ins Gesicht zaubert. Der Spot endet mit Szenen eines fröhlichen gemeinsamen Weihnachtsessens aller Bewohner:innen, bei dem der kleine Junge und die ältere Dame nebeneinander sitzen, gemeinsam reden und lachen.[1]

Die emotionale Geschichte des Spots passt zu vielem, wofür Fresh X steht: für das sensible Wahrnehmen eines

---

[1] Der Spot kann angesehen werden unter: https://www.youtube.com/watch?v=K_eC3cUnCZQ&t=1s

anders, aber in Vielfalt ein Teil der Tradition.

Kontextes, für das Erkennen von Bedürfnissen, für Helfen und für Gemeinschaft und dafür, gemeinsam zu feiern: das Leben und manchmal auch Weihnachten. Fast etwas nebensächlich wirkt dabei der Zettel mit der Einladung zum Weihnachtsessen. Dabei spielt er genau betrachtet eine entscheidende Rolle. Er sorgt dafür, dass aus der impliziten eine explizite Einladung wird. Ohne ihn hätte die ältere Frau – vermutlich – nicht von dem Weihnachtsessen erfahren, wäre vielleicht nicht Teil der Gemeinschaft und des Feierns geworden. Die ganze Aktion wäre nach wie vor liebenswert und besonders gewesen, aber eben „nur" eine Geste geblieben. Die nachhaltige und personale Veränderung als Teil einer Gemeinschaft setzt, zumindest in der Story des Spots, erst dann ein, als die Frau auf die ausgesprochene Einladung reagiert und mit am Tisch sitzt.

Die Frage nach konkreter Glaubenseinladung, nach Evangelisation, taucht immer wieder in den Überlegungen zu Fresh X auf: Braucht es in kontextuellen, neuen Formen von Kirche noch die explizite Einladung in die Gemeinschaft und zum Glauben oder spricht die dienende-zugewandte Haltung und Handlung für sich und reicht die unausgesprochene Einladung aus? Und vielleicht noch grundsätzlicher: Ist „Glauben" eigentlich Ziel von Fresh X? Welche Rolle spielt Evangelisation, also die explizite, häufig sprachliche, Einladung zum christlichen Glauben für Fresh X? Mit dem Bild des Weihnachtsspots ist die Antwort scheinbar klar, in der Realität aber gar nicht einfach.

## Evangelisation und Fresh X

Wenn man in die kurze Geschichte der fresh expressions of Church schaut, spielt der Begriff „Evangelisation" eine markante Rolle. Eingebettet war die Entstehung dieser Bewegung in eine *Dekade der Evangelisation* von 1991–2000 in der anglikanischen Kirche. In der Church Army, die einen wichtigen Beitrag in Großbritannien zur Bewegung leistet, heißen die Leitenden der lokalen fresh expressions of Church bis heute *„Pioneer Evangelists"* und auch im deutschen Fresh X-Kontext taucht der Begriff der Evangelisation immer wieder auf, so z. B. in der Bezeichnung des IEEG (Institut zur Erforschung von Evangelisation und Gemeindeentwicklung), das stark an der Verbreitung von Fresh X in Deutschland beteiligt war, und auch in der Evangelisch-methodistischen Kirche (EmK) ist der Themenbereich Fresh X im sog. *Evangelisationswerk* angesiedelt. In anderen kirchlichen Kontexten steht dabei stärker der Missionsbegriff im Fokus, wenn z. B. von *missionarischer Pastoral* die Rede ist oder das Thema in unterschiedlichen Landeskirchen auch bei den Ämtern oder Arbeitsstellen für *missionarische Dienste* angesiedelt ist.

Gleichzeitig ist der Begriff Evangelisation (oder der im katholischen Kontext häufiger gebrauchte Begriff der Evangelisierung) längst nicht nur positiv besetzt. In manchen Köpfen dürfte er sogar in gewisser Weise im Kontrast zur Wahrnehmung von Fresh X stehen: Während Fresh X als „prozesshaft, kontextuell, diakonisch und behutsam" wahrgenommen wird, steht er teilweise eher für Attribute wie „überstülpend, manipulierend oder gar gewaltsam", was auf den ersten Blick so gar nicht zum Fresh X-Bild passt. In dieser plakativen Gegenüberstellung tritt eine Grundspannung der Missionstheologie zu Tage. Konfessionsübergreifend kann gesagt werden, dass in der

anders, aber in Vielfalt ein Teil der Tradition.

Missionstheologie der Gedanke der missio Dei ein zentraler und gemeinsamer Bezugspunkt ist. Im Kern steht die Erkenntnis, dass nicht die Kirche eine Mission hat oder gar macht, sondern dass der trinitarische Gott selbst missionarisch ist und in diese Missionsbewegung die Kirche mit hineinnimmt. Missio Dei ist auch in den theologischen Grundlagen eine zentrale, wenn nicht die zentrale, theologische Denkfigur. Unterschiede gibt es aber in der Interpretation des „mit hineingenommen Seins". Ohne ins Detail zu gehen, sieht die eine Position eher die Aufgabe der Kirche darin, die neue Realität des Reich Gottes in die Lebensumstände der Menschen zu transportieren und vor allem durch soziales und diakonisches Handeln darauf hinzuweisen (also eher ein verheißungsgeschichtlicher Zugang), während die andere Position eher betont, dass der Auftrag der Kirche darin bestünde, Menschen die Heilsbotschaft des Evangeliums mit dem Aufruf zum Glauben, also Evangelisation, zu kommunizieren (also eher ein heilsgeschichtlicher Zugang). Bis heute prägen diese unterschiedlichen Positionen theologische und interkonfessionelle Konflikte. Der südafrikanische Missionstheologe David Bosch macht in seinem Konzept einer ganzheitlichen Mission[2] deutlich: „Beide Dimensionen sind untrennbar miteinander verbunden. Wenn man eine verliert, verliert man auch die andere."[3] Biblisch kann man, mit Blick auf das ganze Leben Jesu, dem nur zustimmen, wenn man sowohl die Aufrufe zum Vertrauen auf Gott als auch das konkrete helfende und heilende Handeln Jesu in den Evangelien sowie deren untrennbare Verbindung sieht. Auch im Apostolischen Schreiben *Evangelii gaudium* (EG) von Papst Franziskus wird die evangelistische Verkündigung und die soziale Dimension

---

[2] David Bosch, Ganzheitliche Mission, Francke, Marburg 2011.
[3] Ebd., S. 295.

der Evangelisierung gleichermaßen betont. Eben diese Verbindung von helfendem und dienendem Handeln und der klaren Perspektive des christlichen Glaubens liegt auch dem Kernanliegen von Fresh X zu Grunde. In der sog. Fresh X-Journey wird dies deutlich, wenn der „klassische" Weg einer Fresh X sowohl die Aspekte *Dienen, Gemeinschaft bauen* als auch *In die Nachfolge einladen* enthält. Evangelisation, verstanden als die konkrete Einladung zum Glauben, ist Bestandteil des Anliegens von Fresh X und ist, zwar nicht ausschließlich, aber eben auch, gemeint, wenn in den Kernmerkmalen sowohl von *missional* als auch von *lebensverändernd* die Rede ist.[4] David Bosch macht es in einem Bild deutlich: „‚Wort', ‚Dienst' und ‚Gemeinschaft' sind die drei Farben, die von einem einzigen Prisma erzeugt werden."[5] Oder im Bild des Werbesports bleibend: Ja, die Einladung zum Weihnachtsessen sorgt dafür, dass der Plan des Jungen gelingt, wäre aber ohne das konkrete Handeln und die Gemeinschaft so nicht möglich gewesen. Also ja, Evangelisation ist ein Bestandteil von Fresh X und deshalb auch elementar, aber eben im Zusammenspiel und im Einklang mit anderen ebenso elementaren Perspektiven.

## *Kontext und Evangelisation*

Eine zentrale Dimension für Fresh X ist der Bezug zum Kontext, vielmehr die konsequente Orientierung daran. Dies ge-

---

[4] Zu den Kernmerkmalen und der Journey vgl. Markus Weimer, Gekommen, um zu bleiben – methodologische Aspekte einer missionalen Initiative innerhalb der Church of England, in: Hans-Hermann Pompe / Patrick Todjeras / Carla J. Witt, Fresh X – Frisch. Neu. Innovativ. Und es ist Kirche, Neukirchener Verlagsgesellschaft, Neukirchen-Vluyn 2016.
[5] David Bosch, Ganzheitliche Mission, a. a. O., S. 294.

anders, aber in Vielfalt ein Teil der Tradition.

schieht nicht nur aus Pragmatismus (um die Menschen „zu erreichen"), sondern vor allem theologisch und anthropologisch begründet. Biblisch kann die theologische Begründung auf den Anfang des Johannesevangeliums konzentriert werden. Dort heißt es über die Menschwerdung Jesu: „Und das Wort ist Fleisch geworden und hat unter uns gewohnt und wir haben seine Herrlichkeit geschaut ..." (Joh 1,14 EÜ). Dieser inkarnatorische Ansatz betont, dass Jesus eben zu einer konkreten Zeit, in einem konkreten Kontext Mensch wurde, sich mit diesem verbunden hat und Teil von ihm wurde. Aber auch mit Blick auf das Menschenbild wird deutlich, welchen Stellenwert der Kontext hat. Dem Menschen in seinem Kontext zu begegnen, heißt Respekt zu haben vor dem, was ein Mensch ist und was ihn geprägt hat, heißt anzuerkennen, dass Kontexte unterschiedlich sind, ohne Wertungen vorzunehmen, und es heißt, Menschen nicht die Deutungshoheit über ihren Kontext und ihr Leben in Abrede zu stellen. Kontextuelles Handeln bedeutet letztlich, die Würde und Selbstbestimmung von Menschen bedingungslos anzuerkennen. Und, um den Kreis zu schließen, es bedeutet theologisch eben auch, anzuerkennen, dass im Sinne der *missio Dei* Gott nicht in einen Kontext gebracht werden muss, sondern dort schon längst da ist.

Diese kontextuelle Haltung ist auch der Maßstab für Evangelisation. Konkret bedeutet das:

1. Evangelisation muss sich *inhaltlich kontextualisieren* und in jedem Kontext neu danach fragen, was die *frohe Botschaft* (also das εὐαγγέλιον) in einem Kontext, in einer konkreten Lebenssituation bedeutet. Das Festhalten an einer, besonders in manchen Bereichen der Evangelisation über Jahrzehnte hinweg, auf Sühne reduzierten Christologie („Du musst anerkennen, dass Jesus für dei-

ne Sünden gestorben ist") steht dabei im Widerspruch zur Kontextualisierung und verkennt zudem, dass diese Engführung der frohen Botschaft eben auch ein Kind eines bestimmten Kontextes ist. Um Evangelisation kontextuell zu denken, braucht es auch ein *theologisches Verlernen* alter Wahrheit(en) und eine Offenheit, im jeweiligen Kontext neu zu entdecken, was Grundkonstanten der christlich-biblischen Botschaft wie Liebe, Vergebung, Anerkennung, Hoffnung und Erlösung bedeuten.

2. Natürlich hat Kontextualisierung dann auch konkrete Auswirkungen auf die Formen der Evangelisation. Die bisweilen negative Besetzung des Begriffs der Evangelisation geht u. a. auch darauf zurück, dass Evangelisation über lange Zeit hinweg stark als ein bestimmtes Veranstaltungsformat, wie z. B. die Großevangelisation in Zelten und Hallen oder die Straßenevangelisation, verstanden wurde, die eben je nach Kontext als nicht stimmig empfunden wurden. Evangelisation ist aber kein Veranstaltungsformat. Evangelisation ist vielmehr ein Anliegen, eine Haltung, ja auch eine Sendung, die sich erst dann in konkreten Formen manifestiert. Diese Formen können dann auch eine Veranstaltung sein, wenn es zum Kontext passt. Sie können aber auch ein Gespräch sein, das Angebot eines Gebets, eine Diskussionsgruppe oder ein Graffiti an der Wand. Evangelisation kann sich bei einem gemeinsamen Spaziergang, einer Tasse Kaffee, einem Vortrag, in einem poetischen Text, in einem Ritual, in einem Bild oder in einer Insta-Story ereignen. Auch hier gibt es kein „one size fits all"; es gibt keine universell einsetzbaren Formen von Evangelisation. Die Formen sind vielfältig, so vielfältig wie die Kontexte.

anders, aber in Vielfalt ein Teil der Tradition.

Auch wenn es im Werbespot nicht um Evangelisation geht, kann kontextuelle Evangelisation einiges davon lernen. Der Junge hat einfühlsam interpretiert, was für die einsam wirkende ältere Frau eine frohe Botschaft sein könnte. Die Botschaft ist dabei klar – es ist eine Einladung, die nur wenige Worte braucht. Die Einladung führt dabei in eine Gemeinschaft. Die Form ist ebenso simpel wie kreativ. Letztlich ist es ein Zettel, nichts Außergewöhnliches also. Aber die Art und Weise, wie der Zettel die Frau erreicht, ist besonders, das Werk einer Gemeinschaft und gleichzeitig behutsam. Ein weiteres wird daran deutlich: Kontextuelle Evangelisation bedeutet nicht lediglich die Aufnahme oder Reproduktion bestehender Formen und Verhaltensweisen eines Kontextes. Evangelisation darf anders sein, darf auch eine Irritation sein, aber eben eine, die den Kontext ernst nimmt, verständlich ist und Respekt davor zeigt.

## *Selbstoffenbarung und Einladung*

Der konsequente Bezug zum Kontext legt etwas Grundsätzliches über Evangelisation offen, dessen Betonung zur Grundhaltung von Fresh X passt und vielleicht der Ausgangspunkt dafür ist, diese Dimension in neuen Formen von Kirche zu verankern. Der Blick in den Kontext lenkt nämlich eigentlich immer den Blick auch auf mich. Ich empfinde die Unterschiede, die Fremdartigkeit oder entdecke Parallelen, erkenne mich in manchem wieder, in anderem so gar nicht. Manches muss ich sogar erfragen, neu verstehen, weil es mir nicht vertraut ist, und bei anderem kann ich es mir sofort erklären. Kontextualisierung funktioniert nur im Zusammenspiel mit Selbstreflexion. Diese sollte vor den Fragen der Evangelisation keinen Halt machen und stellt mir die Frage: Warum möchte ich, dass

Menschen etwas von der Liebe Gottes, der frohen Botschaft erfahren? Die Antwort auf diese Frage wird ganz unterschiedlich sein, die des Autors dieses Beitrags, in der sich vielleicht manche:r wiederfinden kann, lautet: „Weil Glaube mein Leben reich macht, weil er trägt und mir Sinn gibt, wünsche ich mir, dass andere auch diese Erfahrung machen. Denn ich bin überzeugt, dass er auch sie reich macht, trägt und ihnen Sinn schenkt." Hier wird deutlich, dass Evangelisation weniger Sachinformation und Apell ist, sondern vor allem *Selbstoffenbarung und Beziehungsaussage*. Eine Evangelisationshaltung als Selbstoffenbarung schützt davor, anderen etwas überstülpen zu wollen, verhindert Verallgemeinerungen und schenkt Freiheit. Verbunden mit der Beziehungsaussage als Einladung, gibt sie dem Gegenüber die Chance, neugierig zu sein, sich überzeugen zu lassen oder in Freiheit die Einladung auszuschlagen. Es bedeutet auch, dass offen bleibt, was mein Gegenüber in der Begegnung mit Glaube und in der Gemeinschaft entdeckt, ob es ganz ähnlich zu meiner Erfahrung oder eben ganz anders ist. Insofern hat Evangelisation (nicht nur) bei Fresh X zwar ein Ziel, bleibt aber im Kern ergebnisoffen.

Was hat der Junge eigentlich mit seiner Einladung gesagt? Vielleicht kann man es so formulieren: Es macht mich glücklich, Weihnachten gemeinsam mit anderen zu feiern und ich finde es traurig, dass du es anscheinend alleine feiern musst. Deswegen würde ich Weihnachten gerne mit dir zusammen feiern. Das wird super: Weihnachtsessen um 18 Uhr.

anders, aber in Vielfalt ein Teil der Tradition.

**Literatur**

David Bosch, Ganzheitliche Mission, Francke, Marburg 2011.

Michael Biehl / Klaus Vellguth, Christliches Zeugnis in einer multireligiösen Welt, 2019, Online unter: https://www.missio-hilft.de/missio/informieren/wofuer-wir-uns-einsetzen/zeitgemaesses-missionsverstaendnis/missio-hilft-christliches-zeugnis-in-einer-multireligioesen-welt.pdf

Tobias Faix, Evangelisierung im Kontext der Neuformierung des Religiösen. Bestandsaufnahme eines umstrittenen Begriffs, in: ZPTh, 41. Jahrgang, Heft 1, 2021, S. 37–52.

Florian Karcher, Herzschlag der Kirche!? Evangelisation als Kommunikation des Evangeliums, in: Das Baugerüst. Jg. November 2017 (4/17), S. 62–64.

Michael Diener / Ulrich Eggers (Hg.), Mission Zukunft. Zeigen, was wir lieben: Impulse für eine Kirche mit Vision, SCM Verlagsgruppe, Holzgerlingen 2019.

# Eine Kultur der Nachfolge

## *Nico Limbach*

„Discipleship macht eine fresh expression of Church (fxC) überhaupt erst zu dem, was sie sein will."[6] – So schreibt die Schweizer Theologin Sabrina Müller, die sich in ihrer Doktorarbeit einer Analyse der anglikanischen *fresh exressions*-Bewegung gewidmet hat. Sie unterstreicht damit, was im Vorwort des vorliegenden Buches festgehalten wurde: Die britische Erneuerungsbewegung ist nicht allein auf die Notwendigkeit kirchlich-struktureller Veränderungen als Folge gesellschaftlicher Entwicklungen zurückzuführen, sondern ebenso auf eine geistliche (Neu-)Besinnung im Blick auf den Auftrag und das Wesen der Kirche. Justin Welby, der amtierende Erzbischof von Canterbury, hat in einem Vortrag 2015 eine pointierte und elementarisierte Zusammenfassung dieses Auftrags formuliert: *„First, the church exists to worship God in Jesus Christ. Second, the Church exists to make new disciples of Jesus Christ. Everything else is decoration. Some of it may be very necessary, useful, or wonderful decoration – but it's decoration."*[7]

Angesichts einer solchen gesamtkirchlichen Konzentration auf die Essenz von Kirche überrascht es nicht, dass die Entde-

---

[6] Sabrina Müller, Discipleship. Eine kirchentheoretische Grundfigur in der Spannung von Bekenntnis-orientierung und Deutungsoffenheit, in: Praktische Theologie 53/1 (2018), S. 34.

[7] Übersetzt etwa: „Erstens existiert die Kirche, um Gott in Jesus Christus anzubeten. Zweitens existiert die Kirche, um neue Jüngerinnen und Jünger Jesu zu machen. Alles andere ist Dekoration. Manches davon mag eine notwendige, nützliche oder wunderschöne Dekoration sein – aber es ist und bleibt Dekoration."

anders, aber in Vielfalt ein Teil der Tradition.

ckung und Vertiefung eines Lebens in der Christus-Nachfolge auch zu den theologischen Kernanliegen der anglikanischen *fresh expressions*-Bewegung gehört. Sowohl beim vierten Schritt der idealtypischen Entstehungsreise zu einer neuen Gemeindeform („Nachfolge entdecken") als auch beim vierten Grundwert einer Fresh X („lebensverändernd") geht es im Wesentlichen um das Thema *discipleship*, das im Deutschen – je nach theologischer Prägung und Vorerfahrung – für gewöhnlich als *Jüngerschaft* oder *Nachfolge* übersetzt wird. Da die meisten deutschen Übersetzungen und Veröffentlichungen im Umfeld des Fresh X-Netzwerks auf den Nachfolge-Begriff zurückgreifen, wird er auch hier zur Beschreibung des Sachverhalts verwendet.

Mit der Aufnahme der englischen Impulse zu den neuen Ausdrucksformen von Gemeinde und Kirche rückt also automatisch auch das Thema der Nachfolge neu in das Blickfeld. Im deutschsprachigen Raum war es zumindest im Bereich der beiden Großkirchen auf institutioneller und akademischer Ebene lange Zeit weitestgehend von der Bildfläche verschwunden. Die vielschichtigen Gründe für die Zurückhaltung können im Rahmen dieses kurzen Beitrags nicht ausführlicher beleuchtet werden. Stattdessen sollen einige positive Gedankenanstöße für die (Neu-)Gestaltung einer Kultur der Nachfolge gegeben werden.

Dass hier von einer *Kultur* der Nachfolge die Rede ist, liegt daran, dass genau wie bei der Frage nach der Organisationsform von Gemeinde auch bei der Frage nach der Gestaltung eines Lebens in der Nachfolge Jesu Christi nicht von einem *„one size fits all"*-Prinzip ausgegangen werden sollte. Welche konkrete Form die individuelle und die gemeinschaftliche Christus-Nachfolge annehmen, hängt ganz wesentlich vom sozialen und gesellschaftlichen Kontext und den dortigen Herausforderungen, aber auch von den individuellen Begabungen, Begrenzungen und Berufungen der Gläubigen ab. Nachfolge Jesu ist vielgestaltig.

Bei aller Unterschiedlichkeit ist sie jedoch nicht beliebig, denn sie ist immer Nachfolge *Jesu Christi*. Mit ihm treten die Glaubenden in Beziehung und sie dürfen deshalb mit dem Leiten seines Geistes rechnen. Sein Vorbild haben sie vor Augen, wenn sie ihr eigenes Leben aus dem Glauben heraus gestalten. In seine Mission sind sie in ihrem Handeln mit hineingenommen. Durch ihn werden sie miteinander verbunden. In ihrer gemeinsamen Ausrichtung auf ihn teilen sie zudem bestimmte Haltungen, die charakteristisch für eine verbindende Kultur der Nachfolge sind. Drei dieser Haltungen sollen in Kürze betrachtet werden.

### *Eine Kultur der Nachfolge Jesu ist eine Kultur der Lernbereitschaft*

Jesus Christus nachzufolgen erfordert Lernbereitschaft. Das wird schon im Neuen Testament deutlich. Die *mathetai* (griech.), die erstmals Luther in seiner Bibelübersetzung als „Jünger" bezeichnete, sind wörtlich übersetzt „Lernende". Wie die Schüler der jüdischen Rabbinen folgen die Jünger Jesus, um bei ihm in die Schule zu gehen. Sie lernen von ihm über das Reich Gottes. Sie lernen, wie das Kommen dieses Reiches die gegenwärtige Welt und das persönliche Leben verändert. Und sie lernen, was es heißt, ein Teil dieses Reiches zu sein. Auf ihrem Lernweg hören sie auf die Worte ihres Lehrers. Sie stellen Rückfragen und diskutieren mit ihm und miteinander. Sie beobachten ihn und werden selbst an seinem Handeln beteiligt. Dabei scheitern sie nicht selten, aber das ist für ihren

anders, aber in Vielfalt ein Teil der Tradition.

Lehrer kein Kündigungsgrund. Scheitern ist in Jesu Schule erlaubt, Umlernen erwünscht.

In den *fresh expressions* wird die Haltung der Lernbereitschaft beispielsweise daran deutlich, dass das Hören auf den dreieinigen Gott von Anfang an zur Reise dazugehört. Im Gebet wird nach Orientierung gesucht: Wo ist Christus durch seinen Geist in unserem Umfeld schon am Werk? Und wie will er uns an diesem Werk beteiligen? Was können wir aus seinem Wort für unseren Kontext lernen?

Dabei läuft der Lernvorgang weder in den Evangelien noch in der Gegenwart immer mühelos ab, denn es gibt nicht nur Dinge, die *ge*lernt, sondern auch welche, die *ver*lernt werden wollen – zum Beispiel ungesunde Verhaltensmuster und Gewohnheiten oder falsche Glaubenssätze. Doch der Aufwand lohnt sich, denn die Einladung in Jesu Schule ist mit einer Verheißung verbunden: „Lernt von mir, denn ich bin sanftmütig und demütig. So werdet ihr Ruhe finden für eure Seelen." (Mt 11,29) In der Nachfolge Jesu finden Menschen Ruhe für ihre Seelen, weil sie entdecken, wozu sie geschaffen und begabt sind. Ihr Leben findet seinen Sinn und seine Bestimmung. Und deshalb gilt weiter:

*Eine Kultur der Nachfolge Jesu ist eine Kultur der Freude und der Begeisterung*

Wo Menschen in Berührung mit dem lebendigen Christus und seinem Evangelium kommen, entsteht nicht nur Sinn, sondern damit verbunden eine tiefe Freude, wie sie in den Worten Justin Welbys aus dem oben bereits erwähnten Vortrag zum Ausdruck kommt: *„The best decision anyone can ever make, at any point in life, in any circumstances, whoever they are,* *wherever they are, whatever they are, is to become a disciple of Jesus Christ. There is no better decision for a human being in this life, any human being.*"[8]

Solche Begeisterung für ein Leben in der Nachfolge Christi strahlt aus und steckt an. Mancherorts droht sie durch den Druck, alles richtig machen zu wollen, oder die Angst, anderen etwas aufzudrücken, verschüttet zu gehen. Wo aber die Begeisterung in der Nachfolge Jesu in den Worten und Taten von Christusgläubigen Ausdruck findet, ohne dass dabei Druck ausgeübt wird, da lassen sich vielleicht auch andere für erste Schritte in der Nachfolge begeistern. Denn eine Kultur der Nachfolge im Sinne Jesu setzt nicht auf Autorität oder Angst, sondern auf Authentizität und Freude.

*Eine Kultur der Nachfolge Jesu ist eine Kultur der Annahme und der Herausforderung*

Was über die Kultur der Nachfolge als einer Kultur des Lernens oben bereits festgehalten wurde, lässt sich mit einer Beobachtung präzisieren, die der ehemalige anglikanische Pfarrer Mike Breen in seinem Buch „Eine Jüngerschaftskultur aufbauen" macht. Breen setzt sich dort mit der Frage auseinander, welche Faktoren das Lernen in der Nachfolge begünstigen. Mit einem Blick auf das Vorbild Jesu kommt er zu folgender Antwort: Eine Kultur, die das Lernen in der Nachfolge fördert,

---

[8] Übersetzt etwa: „Die beste Entscheidung, die je von einem Menschen getroffen werden kann, egal, zu welchem Zeitpunkt des Lebens, in welchen Umständen, egal, wer auch immer sie sind, wo auch immer sie sind und was auch immer sie sind, ist es, ein Jünger oder eine Jüngerin Jesu Christi zu werden. Es gibt keine bessere Entscheidung für einen Menschen in diesem Leben, für keinen Menschen."

anders, aber in Vielfalt ein Teil der Tradition.

hält den Aspekt der unbedingten Annahme und den Aspekt der Herausforderung zusammen. Die Herausforderungen, vor die Jesus die ihm Nachfolgenden stellt und die nicht selten zu deren Überforderung führen, sind stets in den Kontext einer unverbrüchlichen Beziehung eingebettet und dienen so mitunter der persönlichen Entwicklung der Lernenden. Jesus fordert heraus, weil er liebt. Oder anders ausgedrückt: In Jesu Schule gehören Zuspruch und Anspruch untrennbar zusammen.

Breen plädiert dafür, die Spannung von Annahme und Herausforderung auch heute in Gemeinden aufrechtzuerhalten, um das Lernen der Nachfolge zu fördern. Denn wird das eine vom anderen gelöst, so entsteht eine Schieflage: Wenn der Zuspruch Jesu und die unbedingte Annahme vergessen werden, dann entsteht die Gefahr der Werkgerechtigkeit, der Gesetzlichkeit und der Überforderung. Werden hingegen der Anspruch, den Jesus auf das Leben der Menschen erhebt, und die damit zusammenhängenden Herausforderungen ausgeblendet, so entstehe eine Kultur der Langeweile und des Stillstands. Potenziale, die in Menschen angelegt sind, werden dann nicht abgerufen, weil sie nicht in positiver Weise herausgefordert werden. Welchen der beiden Pole in diesem Spannungsfeld Gemeinden und einzelne Glaubende eher zu vernachlässigen tendieren, variiert je nach theologischer Prägung, aber auch je nach Veranlagung der Persönlichkeiten.

Auf Christus zu hören und von ihm zu lernen, sich von der Freude seines Evangeliums anstecken zu lassen und diese Freude auf authentische Weise mit anderen zu teilen, sich von ihm lieben, herausfordern und zur Teilhabe an seinem Wirken einladen zu lassen – solche und ähnliche Gedanken gehören in der *Church of England* nicht nur, aber auch zur geistlichen Grundausrichtung der *fresh expressions*. Die Frage nach der gezielten Förderung von individuellen und gemeinschaftlichen

Formen der Nachfolge bildet dort einen integralen Bestandteil kirchlicher Reformüberlegungen.[9] Auch hierzulande tun wir gut daran, uns inmitten aller Umbrüche und Veränderungen immer wieder auf diese Essenz der Kirche zu besinnen – vielleicht können wir dabei ja manches von unseren englischen Geschwistern lernen.

**Weiterführende Literatur zum Thema**

Christoph Benke, In der Nachfolge Jesu. Geschichte der christlichen Spiritualität, Herder Verlag, Freiburg 2018.

Michael Herbst, Lebendig! Vom Geheimnis mündigen Christseins, SCM, Holzgerlingen 2018.

Mike Breen, Eine Jüngerschaftskultur aufbauen, 3dmpublishing, Zürich 2011.

Rowan Williams, Being disciples. Essentials of the Christian life, SPCK, London 2016.

---

[9] Vgl. dazu beispielsweise den vom erzbischöflichen Rat veröffentlichten Bericht mit dem Titel „Setting God's people free" unter https://www.churchofengland.org/sites/default/files/2017-11/gs-2056-setting-gods-people-free.pdf

anders, aber in Vielfalt ein Teil der Tradition.

# Licht. Stille. Konfetti
# Eine Auseinandersetzung mit dem Warum des gottesdienstlichen Feierns und der Frage nach neuen Feierformen

## *Isabelle Molz*

„Mit unseren Gottesdiensten holen wir niemand hinter dem Ofen vor" oder „Also, mit unseren Gottesdiensten, da brauchen wir gar nicht erst werben." Das sind Sätze, die nicht selten zu hören sind. Sätze, die nachdenklich machen, weil sie sich wie eine Kapitulation lesen oder anhören – wie ein „lohnt sich doch eh nicht". Und trotzdem wird weitergefeiert, und das ganz oft immer und immer wieder auf dieselbe Weise, die scheinbar niemand mehr hinter dem Ofen hervorholt. Darüber nachzudenken, wann diese Resignation eintrat, ist mühsam und wenig zielführend: sie lässt sich nicht mehr umkehren. Aber die Frage, wie es dazu kam, dass sich nur wenige die Frage stellen nach dem Wozu des gottesdienstlichen Feierns, die lohnt sich. Und darum soll es auch hier gehen: Warum feiern wir Gottesdienst, was feiern wir da – und wie?

### *Gottesdienst ist Dialog*

Eine erste Annäherung an das Warum ist das Bewusstmachen dessen, was im Gottesdienst gefeiert wird. Also dessen, warum sich Menschen immer wieder zusammentun und in ritualisierter oder auch ganz freier Form feiern. Ganz am Anfang steht da das Bedürfnis nach Gemeinschaft, vielleicht gepaart mit dem Wunsch nach Stille, nach dem Loswerden von Gefühlen, nach Gebet und Atmosphäre. Gottesdienste sind ganz schön kommunikative Ereignisse, und zwar von Beginn an. Grundlage eines jeden Gottesdienstes ist, dass sich in ihm der Dialog zwischen Gott und Mensch ereignet und diesem mit der konkreten Feier ein Rahmen gegeben wird. Dabei beschränkt sich dieses dialogische Geschehen nicht auf das Gebet oder gar auf die Mahlgemeinschaft, sondern es ereignet sich durchgehend. Auch mit dem, wie der Mensch sich bewegt, wie er dabei ist und agiert, tritt er mit Gott in Dialog. Und da Gottesdienste keine individuellen Veranstaltungen sind, sondern in Gemeinschaft gefeiert werden, gibt es auch eine Kommunikation zwischen den Feiernden. Das kommt manchmal ein bisschen zu kurz und kann sicherlich für neue Feierformen noch mehr ausgebaut werden, denn es ist mehr als die bloße Wahrnehmung der anderen. Warum aber und wie kann der Gottesdienst einen Stellenwert im Alltag von Menschen einnehmen?

### Gottesdienst und Lebenswirklichkeit

Wenn Gottesdienste Kommunikation mit Gott und mit den Mitfeiernden sind, dann müssen sie auch etwas mit den Menschen und ihrem Leben zu tun haben. Haben sie das nicht, dann tritt vermutlich das eingangs beschriebene Szenario ein, dass Gottesdienste nicht mehr bedeutend oder relevant sind, weil sie den Anschluss an die Menschen verloren haben. Das Patentrezept, um dem entgegenzuwirken und die Kirchen wieder zu füllen, gibt es nicht. Jedoch gibt es Möglichkeiten, Räume und Zeiten zu schaffen, in denen Menschen aus dem Alltag heraus in eine andere Wirklichkeit treten können, die sie vielleicht auch ein Stück verändern. Dazu braucht es oft gar

anders, aber in Vielfalt ein Teil der Tradition.

nicht viel und schon gar nicht viele Worte. Das ist dann dieses eine kleine Konfetti, das aus dem Gottesdienst mit hinaus in den Alltag geht, weil es sich in den Haaren oder der Kapuze verfangen hat. Es braucht eher Mut – oder Mut für Veränderung. Die klassischen Formen der Liturgie, die sicherlich ihre Berechtigung haben, sie sind und werden aber nicht die einzigen Formen bleiben. In neuen Gemeinschaftsformen braucht es auch neue Gottesdienstformen. Diese Formen entstehen idealerweise nicht für die Menschen, sondern sie entstehen *mit* ihnen. Sie entstehen in einer Haltung der Offenheit für plurale Lebenswirklichkeiten, Lebensformen und Zugänge zum Glauben. Auch für Menschen, die auf der Suche nach dem Glauben sind, bieten sie einen Ort, an dem sie in Berührung kommen können, in dem Fragen gestellt werden können und nicht Antworten vor den Fragen gegeben werden.

Diese Offenheit geht nur mit einem Perspektivwechsel, der wegführt von der Grundhaltung, dass immer allen Menschen die „Höchstform", d. h. Abendmahl und Eucharistie, Predigt und lange Gottesdienste zugetraut werden. Das wird so nicht mehr funktionieren, tut es heute schon kaum mehr, denn wenn Menschen sich freiwillig für den Gottesdienst entscheiden und nicht aus einer anerzogenen Verpflichtung heraus, dann haben sie auch Ansprüche daran. Dann soll diese Zeit eine wertvolle Zeit sein, die ihnen Halt und Perspektive für ihr Leben gibt, in der sie still oder ausgelassen feiern, in der gelacht und geweint wird. Dafür müssen die Gottesdienste raus aus den steinernen Mauern der Kirchen, dafür müssen sie an die Orte, an denen das Leben pulsiert. Es muss Zeiten geben mitten im Alltag, ebenso wie besondere Räume. Räume mit viel Licht, aber auch mit Dunkelheit, mit Regen und mit Konfetti.

In kirchlichen Kontexten ist oft der Wunsch vorherrschend gleich alles neu zu machen, obwohl es das vielleicht gar nicht braucht. Manchmal reicht es auch aus einige Nuancen zu verändern, damit Gottesdienste anschlussfähig werden. Der Mut zum Ausprobieren darf dabei nicht fehlen und auch das Zulassen des Scheiterns, denn diesen Weg braucht es, damit neue Dinge entstehen können.

## Konkretion

Über neue Gottesdienstformen zu sprechen ist einfach, sie umzusetzen und sogar zu etablieren ist umso schwerer. Daher soll es hier auch nicht beim theoretischen Nachdenken und Grundlegen bleiben, sondern es soll möglichst konkret werden. Dies geht nur exemplarisch an einigen Aspekten und es bleibt natürlich immer unvollständig. Zudem passen auch nicht alle Ideen auf alle Situationen, jedoch können sie Inspiration für eigene Ideen sein und sollen Mut machen, selbst kreativ zu werden.

## Gottesdiensträume

Gottesdienste finden in Kirchen statt – eine Aussage, die so selbstverständlich zu sein scheint, und auch für den großen Teil der Gottesdienste zutreffend ist. Wenn Gottesdienste außerhalb dieses Raums gefeiert werden, dann sind das doch eher die Ausnahmen – aber Ausnahmen, an die viele Menschen positive Erinnerungen knüpfen. Das sind dann Gottesdienste im Freien in Ferienlagern, auf Berggipfeln bei Wanderungen, am Strand oder auf dem freien Feld oder mitten

anders, aber in Vielfalt ein Teil der Tradition.

in der Stadt. Sie sind sicherlich hauptsächlich deshalb positiv besetzt, weil sie an eine gute Zeit erinnern, aber zu einem gewissen Anteil auch deshalb, weil sie *anders* sind. In diesen Gottesdiensten ist das Leben präsent, denn es kommt das zur Sprache, was gerade der Alltag der Feiernden ist. Um beim Ferienlager zu bleiben: Wenn mitten auf dem Zeltplatz, auf dem Boden oder auf Bierbänken sitzend, womöglich noch um ein Lagerfeuer, ein Gottesdienst gefeiert wird, dann trifft das mitten in die Lebenswelt der Gruppe. Der Alltag kommt mit rein ins Feiern, er ist das Thema der Feier, durchdringt Texte und Lieder, Stille und Gebet. Gottesdienste, die außerhalb des Kirchenraums gefeiert werden, sind wesentlich stärker mit dem Kontext, also der Botschaft verknüpft, die der Ort sendet. Mitten auf einem Markplatz zu feiern ist anders als in der Kirche. Und das nicht nur, weil man sich vorher einige organisatorische Gedanken machen muss. Einen anderen Ort zu wählen ist erst einmal eine Herausforderung und nicht die bequeme Lösung. Aber gerade dann, wenn Pastoral sich verändert und an vielen Orten auch zur Quartiersarbeit wird, dann lohnt es sich auch über den Gottesdienstort nachzudenken. Und wenn es nicht möglich ist, einfach rauszugehen aus den Mauern, dann reicht es für den Moment schon die Tür während des Gottesdienstes offen zu lassen, so dass Menschen auch tastend einen Blick hineinwerfen können. Vielleicht zieht es sie rein, vielleicht bleiben sie an der Tür. Was geschieht, ist ihre Entscheidung, aber die Gestaltung des Gottesdienstes und das, was sie sehen, kann sie positiv beeinflussen. Und dann braucht es doch auch noch die Gottesdienste, die in der Kirche stattfinden, weil es ein Ort ist, der viel zu erzählen hat. Weil es ein bisschen so ist, wie ins Kino zu gehen, anstatt den Film zuhause auf dem Sofa anzuschauen. Dieses Gefühl kann dann entstehen, wenn der Raum auch in die Feier einbezogen wird, wenn er Menschen erschlossen wird und nicht einfach nur als wetterfester Unterstand dient. Auch statische Kirchenräume können einladend sein, sie können gut ausgeleuchtet werden, mit guter Musik gefüllt und erlebbar werden. Warum nicht mal in einem Gottesdienst aufstehen und die Mitfeiernden den Raum begutachten oder neue Perspektiven im Raum einnehmen lassen? Auch einmal Dinge mit den Händen anfassen dürfen und so eine Bindung zum Raum aufbauen. Es gibt hier kein Entweder-oder, kein Draußen oder Drinnen, sondern ein Nebeneinander verschiedener Optionen. Entscheidend ist dabei, was zur Situation und zu den Mitfeiernden passt. Und entscheidend ist auch, sich dieser Optionen überhaupt erst einmal wieder bewusst zu werden.

Und es gibt natürlich neben den physischen Räumen auch digitale Räume, in denen Gemeinde entsteht und in denen Gottesdienst gefeiert wird. Ein zeitgemäßes und lebensnahes Beispiel hierfür ist die Netzgemeinde da_zwischen.

*Sprache*

Verstehst du selbst, was du da sagst? Das möchte man manchmal den Vorsteher*innen von Gottesdiensten zurufen. Gottesdienst und insbesondere liturgische Texte sind geprägt von einer Sprache, die weit weg ist von der Sprache der Menschen in der aktuellen Zeit. Es ist jedoch nicht allein die Sprache, sondern auch die Tatsache, dass viele Worte einfach nicht erschlossen werden. So verliert der Gottesdienst immer mehr an Bedeutung, und das ist sogar nachvollziehbar. Denn: Wie soll etwas relevant sein, das man nicht versteht?

Gerade die freieren Feierformen, die keinem klar vorgegebenen Ablauf folgen, haben eine Chance, hier eine Kursände-

anders, aber in Vielfalt ein Teil der Tradition.

rung vorzunehmen. Und auch in den klassischen Formen, wie bspw. der Eucharistiefeier, gibt es Stellschrauben, an denen gedreht werden kann. So können hier die Texte, die für jede Feier aufs Neue formuliert werden, in einer Sprache ausgedrückt werden, die verständlich und anschlussfähig ist.

Die Sprache im Gottesdienst beschränkt sich jedoch nicht nur auf das gesprochene Wort, sondern auf einige Aspekte mehr. Neben dem gesungenen Wort gibt es auch nonverbale Elemente der Kommunikation wie die Körperhaltungen und Gesten. Es lohnt sich, diese zu betrachten und auch neu zu bewerten, denn sie helfen dabei, dass Gottesdienste ganzheitliche Erfahrungen werden und insbesondere Menschen, die nicht oder nicht ausschließlich über Sprache kommunizieren, sich die Inhalte anderweitig erschließen.

*Rituale*

Rituale geben dem Alltag Struktur und sie geben sie auch dem Gottesdienst. Dieser lebt von Ritualen, die es auch möglich machen, sich in anderen Kontexten gut im Gottesdienst zurechtzufinden. Insbesondere die traditionelle Form des Gottesdienstes lebt von den festen und wiederkehrenden Ritualen. Aber auch neue Formen brauchen diese Rituale, da sie Halt geben in Situationen, in denen dieser nicht gegeben ist. Wenn die Lebenswirklichkeit der Menschen im Gottesdienst vorkommen soll, dann braucht es haltgebende Rituale. Die Vielfalt der Rituale ist groß und reicht von Kerzenentzünden über Gebetsgesten bis hin zu wiederkehrenden Texten, die der Feier eine Struktur geben. Rituale können auch in freien Feierformen eine Struktur geben, indem sie bspw. einen klaren Anfang und ein klares Ende der Feier signalisieren. Sie sind besonders dann anschlussfähig, wenn sie gemeinsam entwickelt werden.

## *Warum das alles?*

Die eingangs gestellte Frage – Warum feiern wir, wie und was feiern wir da? – kann meist nur ansatzweise beantwortet werden und ist abhängig davon, aus welchem Blickwinkel sie angegangen wird. Hier wurde sie unter dem Gesichtspunkt der Ermöglichung betrachtet, d.h. es wurde aufzuzeigen versucht, was mit wenig Aufwand möglich ist. Eines braucht es jedoch immer, es braucht den Mut zur Veränderung, die Kraft, auch Scheitern zu ertragen, und vor allem die Hoffnung, dass es sich lohnt. Auch in neuen Gemeinschaftsformen wird es Orte geben, an denen Menschen sich versammeln und ihr Leben betrachten, aber dies ist nicht mehr zwingend an den physischen Ort der Kirche oder an den traditionellen Ritus gebunden. Vielleicht wird es dann auch nicht mehr Gebet oder Gottesdienst heißen, sondern einen ganz anderen Namen tragen. Eines ist jedoch möglich, nämlich die Vielfalt der Gottesdienste zu erweitern und so Räume für die Begegnung mit sich selbst, mit anderen und auch mit Gott zu schaffen.

**Literatur**

Monika Bächler / Gunda Brüske / Birgit Jeggle-Merz / Jörg Müller / Nicola Ottiger / David Wakefield, Gott feiern. Liturgie verstehen und gestalten, rex Verlag, Kriens 2022.

Heiliger Dienst. Zeitschrift für Liturgie und Bibel. 74. Jahrgang (2020), Heft 1: Gottesdienst neu denken. „Quelle und Höhepunkt" in erneuerten pastoralen Strukturen.

# anders, damit Sendung und Berufung die Welt verändern

*Der dritte Teil des Buches befasst sich mit der Frage danach, was sich zeigt, wenn Kirche anders wird? Welche Erfahrungen werden gemacht, wenn Kirche neue Wege geht?*

*Felix Goldinger beschreibt am Beispiel von DA_ZWISCHEN, wie Kirche im digitalen Raum neu Form findet. Anna-Sofie Gerth reflektiert die Arbeit einer Tagesstätte für wohnungslose Menschen. Ihre Pionier\*innen-Erfahrung setzt Janette Zimmermann in Bezug zur Kriteriologie der Fresh X. Wie man sich von klösterlichen und monastischen Lebensformen inspirieren lassen kann, berichtet Jonte Schlagner. Welche Rolle Spiritualität spielt, macht Dave Jäggi deutlich. Wie auch das unternehmerische Handeln eine neue Form kirchlichen Lebens sein kann, berichten Anna und Erik Reppel. Daniel Hufeisen reflektiert unterschiedliche Ansatzpunkte kontextuellen Handelns in einem globalen Kontext. Und dass das Spielerische Ausdruck der Kreativität frischer Ausdrucksformen von Kirche sein kann, erzählt Andrea Kuhla.*

*Keine Fresh X ist mit einer anderen vergleichbar, das machen diese Erfahrungen deutlich. Doch gemeinsam haben sie alle, dass Menschen in ihnen Berufung leben, wenigstens ein Stückweit die Welt zum Guten hin zu verändern. Und dass sich mit ihnen Kirche von ihrer Sendung her formen lässt.*

## ... und dazwischen ist Gott
## Christliche Gemeinschaft im Internet

*Felix Goldinger*

„Muss ein Verkündiger des Wortes Gottes also nicht auch die Fans der Beatles kennenlernen, wenn er nicht nur sich und seinesgleichen predigen will? Sind nicht diese Platten vielleicht ein guter Zugang zu diesen Fans, die das, was da gespielt wird, offenbar als ihr eigenes Leben empfinden?"[1] In einem Vorwort zu einem kleinen Bändchen, das 1968 erschienen ist und „Die Songs der Beatles" für Prediger erschließt, stellt Karl Rahner diese beiden Fragen. Er räumt auch direkt ein, dass diese Welt so manchen Verkündigern unendlich fern erscheinen könnte, und dass „Paulus fast den Mund ein wenig zu voll genommen hat, wenn er sagt, er sei allen alles geworden." Er hofft aber auch auf „Verkündiger, die dies eben doch können oder dies versuchen"[2].

### Wir sind DA_ZWISCHEN

DA_ZWISCHEN ist eine im Jahr 2016 gegründete digitale Community, eine Netzgemeinde, eine virtuelle christliche Gemeinde. Wir nutzen Messengerdienste als Kirchenraum. Es geht darum, das Evangelium und Gottes DA-sein mitten im Alltag transparent werden zu lassen und im alltäglichen Da_zwischen einen Resonanzraum für die persönliche christliche

---
[1] Karl Rahner, Vorwort, in: G. Geppert, Songs der Beatles. Texte und Interpretationen, Kösel, München 1968, S. 7–9.
[2] Ebd.

Lebensgestaltung zu schaffen. Anfangs war es nicht mehr als ein Versuch: Ist es auch digital möglich, mit Menschen durch ihren Alltag zu gehen? Können wir übers Smartphone Beziehung gestalten und uns an die Küchentische anderer setzen, mit ihnen S-Bahn fahren, Mittagspause machen oder im Wartezimmer einer Arztpraxis ausharren? Wie werden wir zu Gästen von Menschen, die wir lange nicht mehr besucht haben? Dabei motiviert uns die Idee, dass „Kirche" auch anders funktionieren kann und sich entsprechend ihrer Sendung gestalten und formen lässt. Von Beginn an versuchen wir bei DA_ZWISCHEN die parochiale Schwerkraft zu überwinden und klassische Gemeindebilder nicht nur zu hinterfragen, sondern auch aufzulösen. Deshalb funktioniert DA_ZWISCHEN asynchron und anonym, genauso aber auch verlässlich und vertraut. Menschen, die sich mit uns verbinden, können selbst entscheiden, zu welchen Zeiten, an welchen Orten und in welcher Intensität sie Teil der Netzgemeinde sein wollen. Sie können still mitgehen und beobachten oder selbst mitgestalten und ihrer Spiritualität Ausdruck verleihen.

## *Medium und Sendung*

Waren es vor über 50 Jahren die Platten der Beatles, sind es heute (unter anderem) die sozialen Medien, die einerseits wie unendlich weit entfernte Welten erscheinen können, andererseits aber eben vielleicht doch einen guten Zugang zu unseren Zeitgenoss:innen bieten. Soziale Netzwerke und Messengerdienste haben einen sehr ambivalenten Ruf: Für die einen sind sie zum ständig genutzten Medium geworden, um mit Freunden, der Familie oder Kolleg:innen in Kontakt zu sein. Andere finden allein schon die Bezeichnung „sozial" unpassend und wünschen sich mehr „echte" Begegnungen. Die Diskussion um echte, wahrhaftige Beziehungen im Gegensatz zu digitalen, virtuellen Beziehungen wird immer wieder neu entfacht. Dabei sind Diskussionsbeiträge vor allem durch die je eigenen biographischen und soziokulturellen Erfahrungen geprägt. Wir sind mit DA_ZWISCHEN nie in diese Diskussion eingestiegen. Andere haben schon mehr dazu beigetragen und sind den ethischen, theologischen und soziologischen Fragen auf der Spur. Wir wollen das Risiko eingehen, dass es möglich sein könnte, sich auch in der durch „Unübersichtlichkeit bestimmten Spätmoderne"[3] zu begegnen und selbst im virtuellen Raum Beziehungen eingegangen werden können. Für uns bedeuten digitale Formate „kein automatisches Abnehmen der sozialen Verbundenheit und der Gemeinschaftserfahrungen"[4]. Wir wollen im virtuellen Raum experimentieren, da sein, auch bereit sein, dabei den ein oder anderen Fehler in Kauf zu nehmen, aber eben doch immer dazu inspirieren, mehr Evangelium im Alltag zu entdecken und zu leben. Das haben wir als unsere Sendung erkannt.

Schon einige Male hat uns der Wunsch beschlichen, eine eigene App zu entwickeln, um selbst bestimmen zu können, wie die Umgebung aussieht, in der man mit uns zusammen sein kann. Immer kam dann aber bisher das Gefühl auf, dass es gut ist, WhatsApp, Telegram oder den Instagram-Messenger als Zugang zu nutzen. Denn der Gebrauch dieser Medien versinnbildlicht für uns das Ende eines längst überholten Verkündi-

---

[3] Wolfgang Beck, Ohne Geländer. Pastoraltheologische Fundierung einer risikofreudigen Ekklesiogenese, Verlagsgruppe Patmos, Ostfildern 2022, S. 176.

[4] Wolfang Beck, Digitalität als umfassende Kulturfrage, in: Fernblick 12 (2022), abgerufen am 31.03.22 von https://www.fernblick-wuerzburg.de/ausgabe-12-januar-2022/digitalitaet-als-umfassende-kulturfrage/

gungsverständnisses und holt religiöse Kommunikation aus der Einbahnstraßenregelung heraus.[5] Sicher, es ist nicht alles optimal: man denke nur an den Datenschutz oder die Diskussionen um demokratiefeindliche Plattformen in diesen Netzwerken. Aber: Diese Räume sind vorhanden, sie werden genutzt. Soziale Netzwerke sind quasi die „Platten der Beatles" unserer Zeit. Weil es zum Alltag so vieler Menschen gehört, über diese Kanäle mit anderen verbunden zu sein, suchen auch wir auf diese Weise Verbindung untereinander und zu unseren Zeitgenoss:innen. Andere haben die Regeln gemacht, andere bestimmen Form und Funktionalität. Wir wollen da sein, dazwischen: zwischen dem Chat mit dem Liebsten und der nervigen Familiengruppe. Hier wollen wir auch auftauchen. Gott ist nämlich längst zwischen all den Bits und Bytes. Gott ist längst auf dem Weg zu den Nutzer:innen dieser Messengerdienste. Seine Bewegung zu den Menschen inspiriert uns. Diese Bewegung wollen wir mitgehen.

## Inkarnierte Theologie

In der Netzgemeinde wollen wir unsere (Lebens-)Geschichten teilen, andere zu Wort kommen lassen und dabei sein, wenn Gottes Wort mitten im Alltag Mensch wird: an Küchentischen, beim Warten im Bushäuschen oder dem Feierabendbier. Hier ereignet sich Tag für Tag das, was wir mit dem theologischen Wort „Inkarnation" beschreiben. Deshalb senden wir jede Woche am Montagmorgen, um kurz nach sechs, eine Nachricht: Beim Start in den Alltag wollen wir dabei sein. Manchmal stellen wir eine Frage: „Was hast du in der letzten Woche gelernt?", „Welches Gebetswort oder welcher Satz tut dir gut,

---

[5] Wolfgang Beck, Ohne Geländer, a. a. O., S. 289.

wenn du dich ungeliebt fühlst?" Manchmal nehmen wir Bezug aufs Kirchenjahr, etwa an Weihnachten: „Wo entdeckst du heute, dass das Leben in Zahlen und Listen gepresst wird?" Oder an Pfingsten: „Schick uns den Namen, den du persönlich dem Heiligen Geist gerade gibst. Um welchen Geist bittest du gerade besonders?" Oder wir versuchen das aktuelle Geschehen in den Blick zu nehmen: „Wie hört sich in Corona-Zeiten der Auferstandene an, wenn er Maria bittet: Fass mich nicht an!", oder was erzählt die Geschichte vom Exodus, während Menschen aus der Ukraine fliehen?

Mit der Montagsnachricht versuchen wir im doppelten Sinn in unseren Kontext hineinzuhören: Wir fragen nach der konkreten Situation unserer Gemeindemitglieder und gleichzeitig nach Gottes Handeln in der Welt.[6] Diese Nachricht erscheint zwischen den anderen Alltagsfragen. Und so wie die Bitte, noch Nudeln vom Einkauf mitzubringen, oder die endlosen Sprachnachrichten, die man gerade nicht anhören kann, rutschen auch unsere Nachrichten manchmal einfach durch. Gleichzeitig sind wir immer wieder erstaunt, dass die Antwort auf unsere Nachricht von manchen innerhalb weniger Minuten kommt. Fast so, als ob es eine Erleichterung wäre, endlich etwas von sich selbst mitteilen zu können, erreichen uns bis halb sieben schon zig Nachrichten. So geht das dann die ganze Woche weiter: Wer die DA_ZWISCHEN-Nachricht beim Scrollen durch die Messenger-Liste nochmal entdeckt und doch noch ein wenig Zeit hat, uns zu schreiben, meldet sich auch noch am Donnerstag. Jede Nachricht, die uns erreicht, egal wie kurz oder lange sie ist, wollen wir beantworten. Wenigstens mit einem Dankeschön. Im direkten Kontakt mit

---

[6] Vgl. Sandra Bils, Die Relevanz des Kontexts in und für Fresh Expressions of Church, in: Praktische Theologie 1 (2018), S. 31.

denen, die uns schreiben, antworten wir auch mit unseren Namen: Wir wollen nicht anonym bleiben, sondern erkennbar werden. Während die einen gerne für sich bleiben und wenig von sich preisgeben, ist es anderen wichtig, zu wissen, mit wem sie chatten. Beides ist für uns o. k. In diesem direkten Kontakt geschehen ganz wunderbare Dinge: Wir hören zu, wenn Lissi aus der 9. von ihrem Liebeskummer erzählt, sind ganz Ohr, wenn Peter nach der Nacht im Kreißsaal ein Foto von seiner Tochter schickt, und weinen mit Helga, die ihren Mann vor acht Jahren verloren hat und ihn mehr denn je vermisst. Unsere Montagsfrage rückt da manchmal weit in den Hintergrund. Sie war mehr wie das Licht im Fenster und wurde richtig verstanden: als Interesse am Alltag der andern und als Einladung, von sich zu erzählen. Und das Wunder geschieht in solchen Momenten virtuell: Wir öffnen einen kleinen Spalt im physischen Raum und durchbrechen die Grenze zwischen den Orten, an denen wir uns befinden. Plötzlich sitzen wir miteinander am Küchentisch oder nebeneinander in der S-Bahn. Und wir begegnen uns. Vielleicht ist es gerade dieses besondere Setting, in dem wir kommunizieren und das es uns ermöglicht, einander so offen und verletzlich zu begegnen. Auch wenn wir nicht wissen, wie unser Gegenüber aussieht und wir uns deshalb auf der Straße nicht erkennen würden, sind wir uns als Menschen begegnet. Ein bestimmtes Stückchen Wirklichkeit haben wir miteinander geteilt. Sehr echt. Sehr nah. Für uns ist das eine besondere Form „gelebter Theologie", die „in der Erfahrungswelt und Lebensrealität der Menschen" gründet und dann zur Theologie wird, „wenn sie reflektierten Ausdruck findet und auf öffentliche Resonanz stößt"[7].

---

[7] Sabrina Müller, Gelebte Theologie. Impulse für eine Pastoraltheologie des Empowerments, in: Theologische Studien 14, Zürich 2019, S. 39.

anders, damit Sendung und Berufung die Welt verändern

So läuft das die ganze Woche über ab: Wir sammeln Rückmeldungen ein, chatten mit denen, die gerade unsere Nähe suchen, und versuchen „da" zu sein. Denn das ist ja diese Bewegung Gottes zu den Menschen, die wir mitgehen wollen: da sein. Das ist sein Name, das ist sein Ort. Durch unser Tun versuchen wir, sein Wesen nachzuahmen, und werden ihm ein kleines bisschen ähnlich. So gewinnt etwas Gestalt, was Kirche genannt werden kann, hier entdecken wir unser „ekklesielles Potential"[8]. So werden wir seine Gemeinde und es zieht uns am Dornbusch die Schuhe aus oder wir sind bei Zachäus zu Hause und essen und trinken miteinander.

### Kooperativer Glaube

Freitags am Nachmittag, so gegen halb fünf, versenden wir die zweite Nachricht. In dieser Nachricht erzählen wir von unserer Woche und dem, was wir gehört und miteinander erlebt haben. Wir versuchen die große Bandbreite an Leben widerzuspiegeln, die wir in den zurückliegenden Tagen miteinander teilen konnten. Die Freitagsnachricht ist unsere Predigt, unser kollektives Wissen – hier kommt unser gemeinsamer Glaube zum Ausdruck. In ihr fassen wir unsere Antworten auf Gottes Angebot, mit uns durch den Alltag zu gehen, zusammen. So entsteht aus Sprachnachrichten, die uns erreicht haben, ein

---

[8] Peter Hundertmark, Gemeinden gründen! Skizzen für eine Selbstorganisation der Christgläubigen, Plöger Verlag, Annweiler 2014, S. 69: „Eine Ekklesie ist das Ergebnis einer doppelten Entscheidung: für den Einzelnen, ob er dazugehören und sich kommunikativ einbringen will, und für den Zusammenschluss, ob er sich als Ekklesie finden bzw. dahin entwickeln will." Darüber hinaus werden mittelfristige Stabilität, kommunitärer Stil, amorphe Mitgliedschaft und die Beteiligung an den kirchlichen Grundvollzügen als ekklesielle Merkmale genannt.

Gebet oder aus Einzelrückmeldungen ein gemeinsames Gebet. Die Freitagsnachricht ist ein Dank, eine Bitte, ein Flehen um Gnade und der Wunsch, Gesegnete zu sein und zum Segen zu werden. Was die Woche über noch sehr individuell und persönlich war, wird am Freitagnachmittag zur Gemeinschaftserfahrung. In der Freitagsnachricht versuchen wir, alle die zu Wort kommen zu lassen, die etwas beizutragen hatten. Hier verschieben sich die klassischen Rollenmuster und Kirchenbilder erneut: Die Predigt hält sich die Gemeinde selbst, hier erfahren wir uns als „ekklesiale Gemeinschaft (…) (in der) sich Gleichgesinnte verbinden, tragen und fördern"[9]. Aus den Erfahrungen, Deutungen und Beiträgen entsteht etwas, das wir am Montag noch nicht wissen konnten. Wir versuchen jedes Wort, das uns anvertraut wurde, wie ein kostbares Kleinod auszustellen: Wertschätzung ist eine wichtige Qualität unserer Beziehungen. Die Geschichten und Ideen, die wir die Woche über einsammeln, werden uns in diesem Vertrauen geschenkt: dass wir gut mit ihnen umgehen und sie zu schätzen wissen.

Die Freitagsnachricht zeigt am deutlichsten, was DA_ZWISCHEN ist. Mit ihr versuchen wir, Liturgie und Gottesdienst zu demokratisieren: Die gewohnten Rollenbilder und Aufgabenverteilungen im Kirchenraum spielen im virtuellen Raum keine große Rolle. Es gibt keinen Prediger, keine Profis im Glauben, keine Ämter, Weihen und Zugangsvoraussetzungen. Dialog ist für uns als „Haltung und Werkzeug (…) auf das Allgemeine Priestertum ausgerichtet"[10]. Wir kommunizieren am Küchentisch und nicht vor Hochaltären. Aufgaben und Gaben sind für uns wie Zwillinge.

---

[9] Sabrina Müller, Gelebte Theologie, a. a. O., S. 59.
[10] Ebd., S. 83.

*Kirche anders denken und neu entdecken*

In der Netzgemeinde machen wir uns zu eigen, was die digitale Kommunikation an Herausforderungen mit sich bringt und an Chancen bereithält: Partizipation, Diversität, Kontrollverlust. DA_ZWISCHEN hat sich in den letzten Jahren verändert und ist gewachsen. Inzwischen feiern wir an jedem Wochenende einen Messenger-Gottesdienst, der dank eines Chatbots auch asynchron ablaufen kann, aber immer mit dem Angebot zu einem persönlichen Gespräch endet. Auch unsere Lust auf Kooperationen führt immer wieder zu unvorhersehbaren Gelegenheiten: wenn zum Beispiel ein Osterlied über die Freude entsteht, bei dem Menschen aus der Netzgemeinde mitsingen, oder wir uns mit anderen digitalen Angeboten vernetzen.

Der virtuelle Raum kennt keine Grenzen: Orte, Zeiten und Formen verflüssigen sich. Mit den Möglichkeiten digitaler Kommunikation verändern sich auch soziale Interaktion und damit auch religiöse Kommunikation, konfessionelle Selbstverständnisse und Gemeindeformen: Neben den verfassten, festen Formen von Gemeinde entstehen immer mehr fluide, post-konfessionelle, diskursive, situative, individualisierte Gemeindeformen.[11]

Die Verschiebung und Verflüssigung von bisher festen Strukturen zeigen sich bei DA_ZWISCHEN auch im operativen Bereich. Wir experimentieren mit neuen Formen der Kooperation, die anders entstehen, als es die pastoralen Planungen in den Generalvikariaten oder Synodenversammlungen

---

[11] Vgl: Tobias Faix (14.06.2020), Nichts wird wieder, wie es war, und genau darin liegt die Chance, abgerufen 31.03.2022 von http://tobiasfaix.de/2020/06/digitale-kirche-in-zeiten-von-corona-oder-die-chance-wenn-nichts-wieder-so-wird-wie-es-mal-war/

bisher gewohnt sind. Die Stabilität, die in diesen gewachsenen Strukturen Sicherheit gibt und Verlässlichkeit garantiert, ermöglicht es uns, agil zu denken und im Bereich des Ungewissen zu segeln. DA_ZWISCHEN ist (derzeit) eine Kooperation aus fünf katholischen Diözesen und einer evangelischen Landeskirche. Dabei ist weder die ökumenische noch die interdiözesane Vernetzung selbstverständlich. Auch hier – wenn es um die Kooperation von Bistümern und Landeskirchen geht – reden wir manchmal von „unendlich weit entfernten Welten". Genau diese Grenzen und Entfernungen stellen wir in Frage. Natürlich verlangt das auch von uns selbst Beweglichkeit und Phantasie. Leichter geht es, das ist unsere Erfahrung, wenn wir unsere persönliche Verbundenheit mit Gott auch untereinander leben. Diese „Geburt von Gemeinden aus gelebten Beziehungen"[12] ist eine zentrale Erfahrung der Fresh X-Bewegung.

Wir sind DA_ZWISCHEN, eine Netzgemeinde. Vielleicht nehmen wir den Mund damit etwas zu voll – wobei wir nicht beabsichtigen, allen alles zu werden. Aber auch wenn so manche Lebenswelt unendlich weit entfernt erscheinen mag – wir wollen versuchen, erkunden, ausprobieren. Nur so entdecken wir unsere gemeinsame Sendung und geben Kirche ein neues, anderes Gesicht.

**Literatur**

Wolfgang Beck, Ohne Geländer. Pastoraltheologische Fundierung einer risikofreudigen Ekklesiogenese, Verlagsgruppe Patmos, Ostfildern 2022.

Wolfang Beck, Digitalität als umfassende Kulturfrage, in: Fernblick 12 (2022), abgerufen am 31.03.22 von https://www.fernblick-wuerzburg.de/ausgabe-12-januar-2022/digitalitaet-als-umfassende-kulturfrage/

---

[12] George Lings, Kirche wächst! Gemeinde als Organismus, Neukirchener Verlagsgesellschaft, Neukirchen-Vluyn 2021, S. 211.

Sandra Bils, Die Relevanz des Kontexts in und für Fresh Expressions of Church, in: Praktische Theologie 1 (2018).

Tobias Faix, Nichts wird wieder, wie es war, und genau darin liegt die Chance, 14.06.2020, abgerufen am 31.03.2022 von http://tobiasfaix.de/2020/06/digitale-kirche-in-zeiten-von-corona-oder-die-chance-wenn-nichts-wieder-so-wird-wie-es-mal-war/

Peter Hundertmark, Gemeinden gründen! Skizzen für eine Selbstorganisation der Christgläubigen, Plöger Verlag, Annweiler 2014.

George Lings, Kirche wächst! Gemeinde als Organismus, Neukirchener Verlagsgesellschaft, Neukirchen-Vluyn 2021.

Sabrina Müller, Gelebte Theologie. Impulse für eine Pastoraltheologie des Empowerments, in: Theologische Studien 14, Zürich 2019.

# Von Suppen, Stolpersteinen und Seelsorge zwischen Tür und Angel
## Einrichtungsgemeinde am Beispiel einer Tagesstätte für wohnungslose Menschen

*Anna-Sofie Gerth*

Auf jedem Tisch steht eine große Schüssel heiße Suppe. Die Suppe dampft und wird nach und nach in die vielen Teller gefüllt. Manche nehmen sich selbst etwas aus der Schüssel. Manche lassen sich die Suppe von einem Tischnachbarn lieber auftun. Sechs verschiedene Sprachen hallen durch die Räumlichkeiten und ich bin mir sicher, dass dies ein Friedensort ist. Wir nennen diese Aktion „Suppe am Tisch". Hier gibt es am Anfang eine Andacht, ein gemeinsames Lied oder Gebet und dann werden die Suppenschüsseln auf die Tische verteilt. Viele unserer Besucher:innen haben nur noch selten die Möglichkeit, sich selbst vom Essen zu nehmen und zu entscheiden, wie sie die Suppe gerne essen. Eher mit viel Flüssigkeit oder lieber dicker? Erstmal nur eine Kelle? Oder gleich ein voller Teller? Gemeinschaftliches Essen kennen die Besucher:innen kaum noch. Das Ganze dann, eingebettet in eine kurze Liturgie, schenkt vertraute Gefühle und die Möglichkeit, über seinen/ihren Ärger zu sprechen. Die City-Station ist ein Ort der Gemeinschaft, der Gebete und gelebter Kirche – oder Diakonie?

Dies ist nur eine der Situationen, die in der City-Station stattfinden. Die City-Station ist eine Wohnungslosentagesstätte in Berlin Charlottenburg. Zu uns kommen Menschen, die obdachlos oder wohnungslos sind. Aber auch Menschen, die in finanzieller Armut leben (häufig Altersarmut), besuchen uns. Zum Team gehören knapp 50 ehrenamtliche Helfende und fünf hauptamtliche Sozialarbeiter:innen und Diakon:innen. Unser Auftrag lässt sich anhand von drei großen Schwerpunkten verdeutlichen. Es geht um eine gute Versorgung im Bereich Hygiene und Lebensmittel, um eine sozialpädagogische Beratung und um Kirche, als Einrichtungsgemeinde.

Wie kann man an einem diakonischen Ort Kirche sein? Wir sind überzeugt davon, dass es diese Trennung gar nicht geben muss und dass gutes diakonisches Handeln und eine aktive Kirche ineinandergreifen.

*Gemeinde einrichten?*

Als Einrichtungsgemeinde bezeichnen wir bei der Berliner Stadtmission diakonische Einrichtungen, in denen das Evangelium im Alltag, wie auch bei besonderen Veranstaltungen, kommuniziert wird. Daran beteiligen sich Mitarbeitende, Ehrenamtliche, Besucher:innen, Spender:innen und Nachbar:innen und Partner:innen. Ich ergänze diese Definition gerne und erkläre: Wer durch die Tür der City-Station kommt, steht in einer Kirche.

Als Einrichtungsgemeinde geht dabei immer darum, dass Menschen zu nichts gedrängt werden und alle Angebote freiwillig annehmen können. Die Zeiten, dass es Suppe nur gegen Gebet gibt, sind hoffentlich in der gesamten Kirche vorbei. Vielmehr sollen Menschen jeder Herkunft Räume und Möglichkeiten bekommen, die eigene Spiritualität (neu) zu entdecken, Fragen zu stellen, und Kontakt zu Menschen haben, die sprachfähig sind, über ihren Glauben und die Kirche zu reden.

Dies soll besonders niedrigschwellig passieren. Menschen, die auf der Straße leben oder wohnungslos sind, haben oft Verdrängungserfahrungen gemacht: Sie wurden verdrängt von öffentlichen Plätzen, aus Familienstrukturen, aus Kirchen oder diakonischen Einrichtungen. Ihnen wurden vielleicht sozialrechtliche Leistungen verwehrt. Möglicherweise gibt es auch schon das ein oder andere Hausverbot in Einrichtungen. All diese Themen werden mitbedacht und in das Konzept Einrichtungsgemeinde implementiert.

In der City-Station sind Gespräche über den Glauben ganz bewusst zwischen Tür und Angel möglich. Zudem dürfen Angebote auch anonym angenommen werden. Man darf auch über Kirche und Glauben reden, wenn man gerade eine Psychose hat.

Dazu ist es uns wichtig, dass Menschen ihre Selbstwirksamkeit entfalten können. Menschen, die zu uns kommen, sollen nicht nur Empfangende von diakonischen Leistungen und kirchlichen Angeboten sein, sondern diese ebenso gestalten, durchführen und für sich anpassen.

## Haltungsfragen

Angebote, Regeln, Veranstaltungen, aber auch Teamsitzungen einer Einrichtungsgemeinde durchlaufen permanent Haltungsfragen. Wenn wir unserer eigenen Definition folgen, dass in Einrichtungsgemeinden das Evangelium kommuniziert wird, dann dürfen wir immer den Blick auf das Evangelium richten. Kennen wir solche Beispiele aus der Bibel? Wie viel Arbeitszeit darf Gebet und Andacht beinhalten? Ist die Entscheidung, die wir treffen wollen, passend zu kirchlichen Haltungen? Wenn nicht, warum sollten wir sie als Kirche trotzdem durchsetzen?

Die Erfahrung in der City-Station lehrt uns, dass dies manchmal echt anstrengend sein kann. Sich Zeit nehmen, um Haltungsfragen zu besprechen, ist oftmals hilfreich und zielführend. Und gerade deswegen müssen wir uns diese Fragen immer wieder stellen und neu darüber reflektieren und sprechen. Man muss sich dafür Zeit nehmen, auch wenn manche Entscheidungen ohne Haltungsfragen vielleicht schneller fallen. Bei diesen Besprechungen greifen Methoden und Haltungen aus der Sozialen Arbeit und kirchlich-diakonische Haltungsfragen ineinander. Dazu gehört auch das Bewusstsein, dass die Herausforderungen der Sozialen Arbeit manchmal nur mit einer spirituellen Haltung gemeistert werden können.

Das Thema Haltungsfragen spiegelt sich nicht nur in Entscheidungen gegenüber den Besucher:innen wider, sondern auch im gelebten Miteinander einer Dienstgemeinschaft. Wir nehmen uns Zeit, um an Weihnachten miteinander als Team Gottesdienst zu feiern. Tischgemeinschaften vor Teamsitzungen werden mit einem Gebet eröffnet.

Auch Einsätze von Polizei und Rettungswagen werden im Gebet begleitet. Das heißt, wenn ich einen Rettungswagen rufe, dann spreche ich gleich eine:n Ehrenamtliche:n an und bitte um ein Gebet, damit der Einsatz auch gut verläuft. So werden Glaube, Spiritualität und eben auch Haltungsfragen in den Alltag mit hineingenommen. Es geht eben nicht vorrangig darum, dass obdachlose und wohnungslose Menschen in Kontakt zu Gott kommen. Es geht darum, dass der gesamte Ort Kirche und Gemeinde ist. Daher gelten die Angebote auch nicht nur den Besucher:innen, sondern auch den Ehrenamtlichen, Spender:innen, Nachbar:innen und Kollegen:innen selbst.

*Beispiele aus der Arbeit*

Wir feiern einmal in die Woche mit den Besucher:innen eine Andacht. Die Andacht findet dabei am Rand eines offenen Raumes statt. Es dürfen bewusst Menschen auch am Rand sitzen und zuhören. Manche sitzen ganz weit weg, am anderen Ende des Raums und singen dann bei einem bekannten Lied doch laut mit. Andere wollen von der Andacht nichts mitbekommen und haben Kopfhörer auf. Andere denken, die Andacht ist nur für sie persönlich bestimmt, und sie kommentieren jeden Satz des Andachthaltenden. Besonders groß ist die Freude, wenn Musiker:innen die Andacht begleiten. Oft gibt es nach jedem Lied Applaus. Schöner kann Kirche kaum sein.

Derjenige, der die Andacht hält, braucht viel Geduld. Denn wenn wir mit Menschen ins Gespräch kommen wollen, deren Meinung und Haltungen erfahren wollen, dann braucht es dafür in den Andachten auch den nötigen Raum und die nötige Zeit. Einfach eine Andacht halten und gleich danach wieder in die Alltagsroutine übergehen, das gibt es bei uns nicht. Die Andachten werden von den Besucher:innen kommentiert, hinterfragt und bewertet. Genau darum geht es ja in Kirche. Kirche ist immer Kommunikation – und bestenfalls nicht als Einbahnstraße nur von der Kanzel herab. Es ist wichtig, dass Kirche kommunikativ in jede Richtung stattfinden kann. Das bedeutet, dass wir als Diakon:innen nicht Kirche für uns machen (der Kirche wegen), sondern dass die Besucher:innen ins Denken kommen und Gott kennenlernen und darüber Gespräche stattfinden.

Uns ist es wichtig, dass die Besucher:innen die Möglichkeit bekommen, Handelnde zu werden. Das heißt, nicht nur Kirche konsumieren, sondern sie auch gestalten. Am 9. November, zum Gedenken der Reichspogromnacht, gehen wir mit unseren Besucher:innen Stolpersteine putzen. An jedem Stolperstein sprechen wir ein Gebet und machen dann den Stein sauber. Hier nehmen Besucher:innen wahr, dass sie Gestalter:innen sind.

Wir glauben an die Kraft des Gebets. Daher gibt es im Gastraum eine kleine Box für die Gebetsanliegen. Die Zettel können anonym hineingelegt werden und wir sichern zu, dass die Gebete dann auch gesprochen werden. Entweder in der Andacht selbst oder unabhängig davon und verteilt an die verschiedenen Mitarbeitenden. Ja, Gebetszeit ist auch Arbeitszeit.

Die Arbeit in der City-Station ist zugleich auch Beziehungsarbeit. Das heißt, wir vermitteln den Besucher:innen immer das Gefühl: „Wir sind für dich da!" Auch wenn wir jemanden in eine feste Unterkunft vermittelt haben und er oder sie diese irgendwann wieder verlassen muss, stehen wir bereit, denn unsere Devise lautet: In der City-Station bist du immer willkommen. Wir begleiten dich ein Leben lang, wenn du das möchtest. Deswegen feiern wir auch Beerdigungen. Wir fahren zu den Bestattungen, halten dabei eine Andacht, spielen Musik und sorgen für eine würdevolle Verabschiedung. Auch das gemeinsame Kaffeetrinken im Anschluss wird von uns organisiert. Die Einrichtungsgemeinde endet eben nicht an der Tür – so wie auch Kirche nicht an der Pforte endet, sondern immer den gesamten Sozialraum im Blick haben soll.

Und damit genau das geschieht, haben wir in unserer Einrichtungsgemeinde ein Schaufenster, das wir für missionale Aktionen nutzen. Hier hängt zum Beispiel zur Fastenzeit ein selbst gestalteter Fastenkalender oder zur Adventszeit ein Adventskalender, der immer tagesaktuell ist. Wir sind uns bewusst, dass wir und unsere Besucher:innen für den Sozialraum zuweilen auch anstrengend sind und es gar zu Konflikten kommen kann. Daher ist es wichtig, dass wir nicht nur Kirche für die Besucher:innen sind, sondern auch für Nachbar:innen und Freund:innen.

## *Grenzen oder eine neue Zukunft*

Eine der Hauptgrenzen dieser Arbeit ist, dass der diakonische Aspekt schnell allen Raum für sich einnimmt. Das heißt, der Mensch ohne Schuhwerk muss mit Schuhen versorgt werden, der hungrige Mensch etwas zu essen bekommen. Dienstpläne müssen geschrieben, Absprachen getroffen und Sitzungen abgehalten werden. Hier passiert es hin und wieder, dass die „Kirche" hinten runterfällt, dass man schnell denkt, dass die kirchliche Arbeit nur noch „on top" zu leisten ist. Daher ist es nötig, sie immer wieder hervorzuholen und auf dieselbe Stufe zu stellen wie die diakonische Arbeit: im Bereich der Dienstpläne, der Veranstaltungen und der Zeiteinplanung.

All dies bedeutet, endlich anzuerkennen, dass Diakon:innen eine sehr gute Ausbildung haben und diese auch in ihre Arbeit einbringen. Entsprechend muss diese dann aber auch bezahlt werden. Diakon:innen werden tarifrechtlich höher eingruppiert als Sozialarbeiter:innen und dennoch werden Diakone:innen mit Doppelqualifikation häufig „nur" als Sozialarbeitende bezahlt. Damit sollte Schluss sein. Wenn wir Kirche in der Diakonie sein wollen, dann bitte auch in der tariflichen Eingruppierung. Da die diakonische Einrichtung jedoch oft über den Bezirk/Senat finanziert wird, spielt hier die theologische Ausbildung keine Rolle, also gibt es weniger Geld. Hier braucht es eine Zwischenfinanzierung. Ein guter Ansatz ist dafür die Akzeptanz der „dritten Orte". Denn wenn diakonische Einrichtungen auch Kirche sind, dann sind sie genau ein solcher dritter Ort. Hier sollte in Zukunft weitergedacht und auch neue Finanzierungskonzepte entwickelt werden.

Die Zukunft ist, dass wir Orte brauchen, die neugierig auf Gott machen, und dass es an diesen Orten Mitarbeitende gibt, die fähig sind, über Gott, Jesus und den Heiligen Geist zu sprechen. Ich bin überzeugt davon, dass es aber auch heute schon viele diakonische Einrichtungen gibt, die genau das tun – also schon lange in dem Bewusstsein einer Einrichtungsgemeinde arbeiten und leben. Hier sollten wir einfach auch unter uns Kollegen: innen nur genauer hinsehen und uns dann stärker vernetzen. Wir sind auf einem guten Weg, wenn Soziale Arbeit, Diakonie und Kirche ineinandergreifen, wir der Stadt Bestes suchen und uns dabei gegenseitig ermutigen! Es geht also nicht um Konkurrenz, sondern um niedrigschwellige Orte der Gemeinschaftsförderung und um die Lust auf Gott. Denn er hat schon lange Lust auf uns!

**Literatur**

Peter Eisenmann, Werte und Normen in der Sozialen Arbeit, Kohlhammer Verlag, Stuttgart 2006.

Heino Hollstein-Brinkmann / Maria Knabe (Hg.), Beratung zwischen Tür und Angel, Springer VS, Wiesbaden 2016.

Volker Herrmann / Martin Horstmann, Studienbuch Diakonik. Band 2: Diakonisches Handeln – diakonisches Profil – diakonische Kirche, Neukirchener Verlagsgesellschaft, Neukirchen-Vluyn 2006.

Roland Mahler, Christliche Soziale Arbeit, Kohlhammer Verlag, Stuttgart 2018.

Claudia Schulz / Eberhard Hauschildt / Eike Kohler, Milieus praktisch II, Vandenhoeck & Ruprecht, Göttingen 2010.

# Ein Wickeltisch im ehemaligen Frisiersalon
Gibt es Kriterien für neue Ausdrucksformen kirchlichen Lebens – und was bringen sie uns?

*Janette Zimmermann*

Zwei Jahre nachdem die Church of England 2004 mit dem Synodenbericht „Mission-shaped Church" einen großen Aufschlag für die Entwicklung, Legitimierung und Reflexion von Fresh Expressions of Church (im Deutschen: Fresh X) gemacht hat, entwickeln diese zunehmend Raster, Hilfetools und Kriterien, die bei der Einordnung und Unterstützung helfen sollen. In Zuge dessen kristallisieren sich 2006 vier Kriterien heraus, die kennzeichnend für Fresh X Initiativen sind: *kontextuell, missionarisch, transformativ, kirchlich*. Sie machen den Herzschlag jeder Fresh X aus. Sind diese Kriterien immer noch gültig und auch für uns hier in Deutschland passend? Führen sie uns weiter in eine Kirche der Zukunft? Anhand meiner Pioniertätigkeit für die Altersgruppe der 25–45-Jährigen in einer norddeutschen Kleinstadt möchte ich die vier Kriterien vorstellen und auf ihre Tauglichkeit prüfen.

*Vier Kriterien oder eigentlich nur eins*

*Kontextualität* ist das prägendste Kriterium der Fresh X und nach meiner Erfahrung auch die notwendige Grundlage neuer Initiativen. Mit Kontextualität ist eine „hörende Haltung" gemeint, die sich auf den Kontext, also die Menschen und Orte, die mir am Herzen gelegt werden, bezieht.

In meinem Fall hieß das, dass ich in meiner Tätigkeit als Pionierin keine Veranstaltung geplant habe.

Mein erster Schritt war, mit den Menschen und Orten (ja, auch Orten) ins Gespräch zu kommen: Ich habe an Orten verweilt und der Stimmung nachgespürt, bin durchs Neubaugebiet spaziert, habe Gespräche am Kindergartenzaun geführt, einfach im Café gesessen und beobachtet. Ich habe Interviews geführt, mit viel Zeit und offenen Fragen für offene Antworten, mit eigenen Zweifeln und Forschergeist. Fragen wie: *Was ist Ihr Lieblingsplatz? Wenn Sie einen Faktor in unserer Stadt ändern könnten, welcher* wäre das? Wo begegnen Sie G*tt? Und die letzte und wichtigste Frage war immer: *Habe ich eine Frage nicht gestellt, die Sie gerne beantworten würden?* Und dann habe ich Raum gelassen für mein Gegenüber. Das braucht einen freien Kopf und ein freies Herz – echtes Interesse und den Wunsch, von diesem Menschen, auch wenn sie oder er in einer anderen Lebenswelt oder einem anderen Milieu beheimatet ist, zu lernen. Es braucht Mut, zur eigenen Ahnungslosigkeit zu stehen, und Mut zur Demut. Nach den Interviews hatte ich meistens nicht mehr Antworten, sondern mehr Fragen. Und das ist ein unglaublicher Schatz.

In den Interviews und Gesprächen kam immer wieder der Wunsch nach einem Ort auf, an dem Familien „willkommen" sind. Die Erfahrung war, dass in den meisten Cafés nicht genug Platz für Kinderwägen ist und die Kinder sowieso zu laut sind. Also haben wir für zwei Wochen in der Adventszeit das Pop-up-Familiencafé „kleine pause" in einem leerstehenden Frisiersalon in der Innenstadt eröffnet. Gemeinsam mit denen, die den Wunsch geäußert haben. Mit Mut zur Lücke und Liebe zum Detail. Einer der wichtigsten Aspekte war, dass es einen Wickeltisch gab mit einem Mülleimer, den man benutzen durfte, sodass man nicht die volle Windel in der Handtasche mit nach Hause nehmen musste, wie es sonst überall der Fall ist. Die Begeisterung war riesig, mit ca. 100 Besucher*innen am Tag der kleine Laden gut gefüllt und der Wunsch nach einer Verstetigung sofort präsent.

Der Einladung zu einem Kneipengespräch im Anschluss, wie denn so eine Verstetigung aussehen könnte, ist dann aber niemand gefolgt. Dafür war ich dankbar, weil es mich etwas Entscheidendes gelehrt hat: Gründe für das Nichtkommen gibt es sicher viele, die es sich auch lohnt anzuschauen. Doch das Wichtigere ist nicht, eine schnelle Erklärung zu finden, sondern es als Chance zum Lernen anzunehmen. Nicht nach der ersten „erfolgreichen" Veranstaltung zu denken, jetzt hätte man es verstanden und wüsste, wo der Weg langgeht. Denn eben genau dann ist es wichtig, in der hörenden Haltung zu bleiben und immer wieder und weiter auszuprobieren, Fehler zu machen, zu lernen und vor allem Fragen zu stellen, deren Beantwortung überraschen könnte.

Und es wird klar: Kontextualität lässt sich gut verbinden mit der Erkundung des Sozialraums oder des Gemeinwesens. Es gibt da viele hilfreiche Methoden, um den Blick zu weiten, neue Perspektiven zu bekommen, und doch meint Kontextualität noch mehr. Es ist eben keine Methode, sondern eine Haltung: Ich lasse mich ganz und gar auf die Menschen und Orte in meinem Kontext ein und erwarte, dass ich mich dadurch verändere und vom Kontext lerne. Nicht umgekehrt. Zu Beginn unseres Projektes hatte ich die Vorstellung, dass diese Generation der 25–45-Jährigen angebotene Partizipationsräume dankend annehmen würde, tat sie aber nicht. Oder zumindest nicht immer und nicht nach meinen Vorstellungen. Stattdessen habe ich dadurch diese Generation immer wieder neu kennengelernt.

Kontextualität ist die Basis und wichtigstes Kriterium für eine Fresh X, dem die anderen Kriterien sozusagen logisch folgen. Und umgekehrt: Ohne eine hörende Haltung fördert der Blick auf die anderen Kriterien keine Entstehung einer Fresh X.

*Mission* auf Grundlage einer hörenden Haltung nimmt ernst, dass G*tt schon längst an diesen Orten und durch diese Menschen wirkt. Vielleicht nicht auf die Art und Weise, wie ich es bisher kannte, aber gewiss so, dass Segen geschieht, und ich darf davon lernen, neue Zugänge zu G*tt bekommen, darf meine Hoffnungen teilen, gemeinsam auf dem Weg sein. Auf die Frage *Wo begegnest du G\*tt?* wurden oft Orte in der Natur benannt: im Wald, am Meer, im Garten. (Dieselben Antworten kamen übrigens auch oft bei der Frage nach dem Lieblingsplatz. Nur so nebenbei.) Also habe ich das auch bewusst ausprobiert, bin mit der Erwartung, G*tt zu begegnen, in den Wald gegangen und habe tatsächlich mitten im Dickicht, abseits der Wege, eine Verbundenheit gespürt, mit G*tt und der Schöpfung, wie ich es noch nicht kannte. Mission im Kontext lehrt mich Demut. Mein aktuelles Bild von G*tt ist nur eine Facette im großen bunten Kunstwerk.

Und natürlich wirkt die Fresh X dann *transformativ*. Wenn Veränderungen erwartet und ihnen Raum gegeben wird, in uns, in den Kontexten und auch in den Kirchen, kann ich aktiv mit ihnen umgehen. Dann kann ich z. B. einen Kirchraum öffnen, um mit einem Künstler auf dem Boden zu liegen und bei Klaviermusik die Flugbahnen von Planeten beobachten, deren Konjunktionen miteinander Mandalas an die Kirchendecke malen. Und ich kann diese spirituelle Erfahrung feiern ohne die Notwendigkeit, mich mit anderen Anwesenden auf eine Deutung zu einigen. Die Institution Kirche ist offensichtlich bestrebt, von einem sicheren Zustand, bei dem die Regeln und Gewohnheiten klar sind, zu einem neuen sicheren Zustand zu kommen. Kirchenpionier*innen können den Weg dahin ausloten, aber sie brauchen den Mut und den Raum, Fehler zu machen, immer wieder, um sich immer wieder neu auf den Kontext einzulassen und sich durch den Kontext verändern zu lassen. Das braucht ein hohes Maß an Reflexionsfähigkeit und Selbstkritik. Nicht nur bei den Pionier*innen, die in den Initiativen arbeiten, sondern auch bei der Kirche, zu der sie sich zugehörig fühlen, und den jeweiligen Verantwortlichen.

Umso wichtiger ist, dass „die *Kirche*" eine sichere Basis ist für die Menschen, die sich rauswagen: dass Finanzen geklärt und nicht an Erfolge gekoppelt sind, dass Beziehungen und Netzwerke tragfähig gebaut werden können und nicht nach drei Jahren Projektzeit radikal abbrechen. Sich bei allen Unsicherheiten an- oder besser: eingebunden zu wissen in eine größere Gemeinschaft, die trägt, die kritisch hinterfragt, die fehlerfreundlich ist, die sich interessiert, schafft den nötigen Freiraum für Pionierarbeit im Kontext.

Die Rückbindung an kirchliche Strukturen hilft aber auch, sich nicht im Kontext zu verlieren, sondern sich der Sendung bewusst zu bleiben. In unserer Stadt ist eine Initiative entstanden, die jenseits von Kirche einen Begegnungsort mit Café für Familien gründen möchte. Und wenn es auch einen Moment irritiert, dass jemand (ohne uns) die wundervolle und erfolgreiche Familiencafé-Idee wieder aufgreift, ist es doch schön zu sehen, dass dieser Bedarf aufgenommen wird und dadurch neuer Raum sich öffnet, um Gottes Spuren zu folgen, vielleicht in genau diesem Café oder vielleicht an einem ganz anderen Ort. Wohin zieht es uns? Was ist kontextuell, missionarisch, transformativ und kirchlich jetzt dran? In solchen Momenten der Irritation hilft es, sich allen vier Kriterien zu stellen. Und dabei auch zu fragen: Was ist meine Sendung, meine Botschaft? Die befreiende Botschaft des Evangeliums verbindet uns seit Generationen. Ich wünsche mir eine Kirche, die immer wieder kontextuelle Wege findet, sie zu leben.

## Alles Unsinn?

An dieser Stelle jedoch habe ich eine große, vielleicht eher strukturelle Anfrage an die beschriebene Kriteriologie von Fresh X-Initiativen. Wenn mich jemand, z. B. aus kirchlicher Leitungsverantwortung, fragen würde: *Habe ich eine Frage nicht gestellt, die Sie gerne beantworten würden?*, dann würde ich sagen: Was bringt exzellente Pionierarbeit, wenn die kirchliche Basis entgegen der Kriteriologie handelt?

Ich erlebe vielerorts in Deutschland, dass Fresh X-Initiativen für eine begrenzte Zeit den gewünschten Raum bekommen und sich entfalten können, beklatscht und gefeiert werden, dann jedoch Ressourcen wegfallen und die Initiativen mal langsam, mal schnell wieder verschwinden. Auch hier in meiner Stadt fragen die Leute, die die letzten Jahre mit mir auf dem Weg waren, warum das denn nicht weitergeht und ob sie irgendwo protestieren könnten. Ich sage *Ja*, aber weiß gar nicht, wo man anfangen sollte. Denn es liegt ja nicht an der fehlenden Wertschätzung oder daran, dass kein Sinn in meiner Pionierarbeit gesehen würde. Am ehesten würde ich sagen: Der große Transformationsprozess von Kirche ist schlicht noch nicht so weit. Das Festhalten an dem alten, sicheren Zustand ist noch zu stark, die Lücke zum Neuen noch zu groß, als dass sich Kirchenkreise trauen würden, den Sprung in das Neue und Ungewisse zu wagen. Immer noch. Aber ist das nicht nur eine billige Ausrede?

Zumindest hat das im letzten Jahrzehnt die Fresh X-Bewegung in Deutschland bereits einiges gekostet. Viele Pionier*innen haben entweder ihr innovatives Feuer verloren oder die Kirche verlassen, viele Beziehungen und Netzwerke sind gebrochen, was nachhaltig die Grundhaltung gegenüber Kirche schädigt. Ganze Generationen, Milieus und Kontexte sind zunehmend abgehängt von Kirche und wissen auch gar nicht mehr, warum das anders sein sollte, weil sie nichts mehr von Kirche erwarten.

Mir ist klar, dass Veränderungen Zeit brauchen, aber nach zehn Jahren sollte aus meiner Sicht ein klarerer Wille erkennbar sein, dass dieser Weg gewollt ist. Dass Verantwortliche der Kirche sich für die Menschen in anderen Kontexten interessieren. Und zwar nicht erst, wenn sie merken, dass sonst die Finanzen knapp und die Gotteshäuser leer werden, also nicht aus Gründen der Selbsterhaltung, sondern weil Gotteserfahrungen ein so kostbares Geschenk sind, dass wir es mit möglichst vielen teilen wollen. Schon jetzt. Fresh X-Initiativen müssen raus aus der Projektphase und es muss endlich ernst genommen werden, dass Transformation nur gelingen kann, wenn sich kirchliche Akteur*innen und Verantwortungsträger*innen mit allen ihren Schätzen ins Leben stürzen. Wenn kirchliches Personal in den Kontext geschickt, Traditionen zugänglich gemacht, Räume weit geöffnet und Geld diakonischer ausgegeben wird und daraus Segen werden kann, der sich nicht verfügen und vielleicht noch nicht einmal erahnen lässt. Dafür braucht es eine Umverteilung der Ressourcen. Das Beharrungs- bzw. Bewahrungsvermögen in unseren kirchlichen Strukturen ist extrem hoch, innovative Ansätze müssen immer um die Ressourcen kämpfen und verlieren dabei oft. Zu oft. Von einer mixed economy of Church, also einem Mit- und Nebeneinander verschiedenster Gemeindeformen von traditionell bis innovativ, wie sie die Church of England seit 2008 betreibt, sind wir hier in Deutschland weit entfernt. Macht, Ressourcen und Geld sind ungleich verteilt, und das in einem Ausmaß, dass noch nicht einmal klar ist, wer dafür eigentlich verantwortlich ist, geschweige denn daran etwas ändern könnte.

Daraus folgt: Fresh X-Initiativen, die sich an den vier oben genannten Kriterien orientieren, verlieren zunehmend an Sinn, weil sie keinen Widerhall finden. Das muss sich ändern.

## Trotzdem

Ich bin sicher, die Zeit wird kommen. Der Transformationsprozess der kirchlichen Strukturen, wie wir sie bisher kennen, ist nicht mehr aufzuhalten. Ich wünschte mir sehr, dass es schneller ginge und dass er mutiger angegangen werden würde und dass innovative Kräfte mehr Gewicht bekämen. Denn es gibt sie auf allen Ebenen, die innovativen Kräfte, die Gottes Spuren folgen, Fragen stellen, Fehler lieben und Gemeinschaft suchen. Es gibt sie, die Pionier*innen, die auf dem Weg sind mit einer großen Liebe für ihren Kontext und für die Kirche. Es gibt Trotz und Leidenschaft, und vor allem aber immer wieder Hoffnung.

### Literatur

Stephanie Schwenkenbecher / Hannes Leitlein, Generation Y – wie wir glauben, lieben hoffen, Neukirchner Verlagsgesellschaft, Neukirchen-Vluyn 2017.

Theologisches Studienzentrum Berlin / freshX-Netzwerk, GOTT.VOLL Wahrnehmungskarten, https://freshexpressions.de/gottvoll/

Florian Karcher / Anna-Lena Moselewski, Umbau bei laufendem Betrieb. Kirche in Transformationsprozessen, in: Tobias Faix / Tobias Künkler, Handbuch Transformation, Neukirchner Verlagsgesellschaft, Neukirchen-Vluyn 2021.

Peter Kruse, Changemanagement, https://www.youtube.com/watch?v=FLFyoT7SJFs

Maria Herrmann / Sandra Bils, Vom Wandern und Wundern – Fremdsein und prophetische Ungeduld in der Kirche, Echter Verlag, Würzburg 2017.

# Gott hinterherstolpern
## Von den alten Mönchen lernen

*Jonte Schlagner*

*Auf die Reise geschickt*

Es war mein (geistliches) Zuhause, das mich zu einem Suchenden werden ließ.

Aufgewachsen bin ich irgendwie dazwischen: Einerseits als Teil einer liebenswerten Freikirche so ganz ohne Gleichaltrige. Gleichzeitig mit vielen wundervollen Freunden, die in der Kirche nie ein Zuhause gefunden haben. Menschen mit guten Werten, post-katholisch, naturverbunden und Hardcore-Shows liebend. Eine richtig gute Teenager-Zeit. Christliche Freizeiten im Sommer in Skandinavien wurden zehn Jahre lang meine geistliche Heimat. Inspirierende Menschen, die daran glaubten, dass Gott echte Realität und tatsächlich erlebbar ist. Menschen, die glaubten, dass Gebet was bewegt. Einen solchen Ort gab es in meinem Alltag schmerzlicherweise nicht. Trotzdem war ich immer beschenkt mit einem festen Vertrauen in einen großen, liebenden Gott.

Seitdem ich denken kann, war es mein Herzenswunsch, neben vielem anderen auch meine Gottesbeziehung mit meinen Freunden zu teilen. Einen Raum zu haben und mitzugestalten, in dem sie Liebe, Kreativität, Hoffnung – letztendlich nichts weniger als die Realität Gottes – einatmen, hinterfragen und erleben können. Mitten im Alltag, nicht nur im Sommer.

Anders ausgedrückt: Ich sehnte mich nach einer Kirche, die sprachfähig über dieses unsagbar kostbare Geschenk des Glaubens ist. Nach einem Resonanzraum, an dem meine Freunde und ich Gott einatmen können. In dem Liebe Raum nehmen und sich inkarnieren kann. In dem sich gemeinsamer Glaube schleifen darf.

So machte ich mich nach meiner Ausbildung in der Industrie auf dem Weg, sprachfähig über den Glauben zu werden und einen solchen Ort zu finden. Ich hätte nicht gedacht, erst nach über zehn Jahren wieder zurück ins Sauerland zu ziehen.

*finden & leben*

In einem Praktikum wurde ich erstmals fündig. Ich kann es nicht anders sagen: Bei anorak 21 – im schönen Nordhessen – kam mein Herz nach Hause! Anorak ist eine christliche Lebensgemeinschaft, die Glauben, Leben und Berufung teilt. Eine alte Jugendherberge mit einem Club, in dem tatsächlich Hardcore-Shows liefen. Ein Stockwerk tiefer ein Gebetsraum, draußen Erlebnispädagogik. Aber vor allem Menschen, die Gott ein- und ausatmen. Ein Resonanzraum, von dem ich immer geträumt hatte – mitten im Leben! Mit „normalen" Menschen, die ohne zweite Agenda „ihre" Dorfjugend lieben. Die den Alltag wertschätzen und einfach dabei sind, wenn Gott was wirklich Schönes in ihrem Dorf macht. Wissend, dass Liebe nie leer zurückkommt.

Ein Jahr später zog es meine Frau und mich in den äußersten Nordosten der Republik. Hier in Neubrandenburg schlossen wir uns den wundervollen, „normalen" Leuten von polylux an. Polylux ist eine klösterlich inspirierte Lebensgemeinschaft, die bewusst mitten in einem typisch ostdeutschen Plattenbaugebiet als Nachbarn und Freunde lebt, um dort Glauben, Leben und Arbeit zu teilen. Genau hier soll es heller, bunter und wärmer werden. Dafür beten sie, dafür setzen sie sich ein. Auch hier ist die Kernzelle eine christliche Community. Auch hier eine Graswurzelbewegung.

Etwas verkürzt kann man sagen, dass es beiden Communitys um das Teilen der wertvollen Alltäglichkeit geht: Authentisches Leben ohne Bühne und Mikrophon. Um Liebe ohne zweite (Missionierungs-)Agenda. Um Augenhöhe und hoffnungsvoll gegenseitige Teilhabe am Leben der Menschen in der Nachbarschaft. Mit ganzem Herzen und dem Wissen, dass es nicht ihr Job ist, die Welt zu retten. Sondern mit der Gewissheit, dass Gott es ist, der sein Friedensreich baut. Und der dabei so wundervoll ermächtigend ist, uns daran teilhaben und mitwirken zu lassen, wenn er was wirklich Schönes macht.

Der Wunsch der Gründer*innen war es, als Community gemeinsam Gott hinterherzulaufen, Resonanzräume für und mit Gott zu schaffen und Menschen im Alltag einfach mit Liebe zu überschütten. Irgendwo in ihrer Heimat in Nordhessen und in Mecklenburg. Und ich durfte von ihnen lernen. Ich habe gefunden, was ich suchte. Welch ein Glück!

Seit drei Jahren lebe ich mit meiner Familie nun wieder im Sauerland, in einem multikulturellen Sozialbau. Hier haben wir gemeinsam mit Freunden eine klösterlich inspirierte Gemeinschaft gegründet – die Lampion Community. Ich habe gefunden, was ich suchte, und darf es nun in meiner Heimat selber leben. Was ich mitgebracht habe, ist kein Rezept, aber vielleicht ein Lebensstil. Denn obwohl anorak und polylux von außen betrachtet nicht viel gemeinsam haben – verschieden Orte, verschiedene Aktionen und Projekte –, verbindet sie eine ähnliche DNA, eine Haltung und eine pädagogische und theologische Grundlage.

*Klösterlich inspiriert oder: New Monasticsm*

Auf der Suche nach Resonanzräumen habe ich festgestellt, dass vieles von dem, was ich gefunden habe, nicht auf dem Reißbrett geplant war. Die Gründer*innen von anorak und polylux sind jeweils irgendwie Jesus hinterhergestolpert. Mit viel Herz für den Kontext und der Freiheit im Herzen, auch Kritik aus den eigenen Reihen auszuhalten.

**Wie die iroschottischen Mönche die Zivilisation retteten**
Gerade polylux und Lampion bezeichnen sich als „klösterlich inspirierte" Gemeinschaften. Eine große Inspirationsquelle sind zum Beispiel die iroschottischen Mönche, die mich während meines Studiums echt beeindruckt haben. Das Wirken dieser bemerkenswerten Bewegung möchte ich hier kurz skizzieren:

Im von Europa abgeschiedenen und von den Wirren der Völkerwanderungen verschonten Irland bildete sich ab dem 5. Jhd. ein lebendiges Kirchenwesen, in dem das Mönchtum ein wichtiger Gestaltungsfaktor war. Die Mönche passten das vom christlichen Missionar Patrick importierte ‚Festland-Modell', das auf Diözesen und Priester beruhte, schnell der gesellschaftlichen Realität an. Sie gründeten Zellen, von denen aus sie in das jeweilige Umfeld wirkten. War eine festgelegte Gemeinschaftsgröße von 150 Mönchen erreicht, wurden *zwölf plus ein Mönch* ausgesandt, um an einer anderen Stelle eine neue Zelle zu gründen. Diese Zellen waren autonom agierende geistliche Gemeinschaften und der „Keimpunkt, von dem aus eine christliche Kultur in Wort und Tat in die Gesellschaft implementiert wurde"[13].

Die Bewegung war sehr erfolgreich, so dass ab dem 7. Jhd. auch auf dem europäischen Festland iroschottische Zellen entstanden. Dabei lehnten die Mönche die dort vorherrschende Kultur nicht einfach ab, sondern „gingen in die Kultur hinein, um sie von allem Subversiven und Gottfernen zu befreien"[14]. Die Mönche zeichnete dabei ein hohes Know-how in den Bereichen Handwerk, Medizin, Lesen, Schreiben etc. und ihre Liebe zur Bildung aus. So schreibt der Theologe und Autor Cahill: „Wo immer sie hinkamen, gaben sie ihre Liebe zum Lernen und ihre Fertigkeiten in der Buchkunst weiter"[15]. Durch die dauerhafte physische Präsenz und die „Auge-in-Auge-Mentalität" zogen sie dabei immer mehr Einheimische an. „Wo z. B. Alemannen vor der römischen Missionsmethodik einer Predigtverordnung von oben flohen, wurde hier mitten im Kontext des Lebens ganzheitlich Alltagshilfe geboten und praktiziert"[16]. Diese Zellen verbreiteten sich quer durch Europa bis ins heutige Italien. Überall brachten die iroschottischen Mönche sowohl den Glauben als auch die Bücher mit, die Europa durch die Irrungen der Völkerwanderung zum Teil verloren glaubte. Wegen dieses inkarnatorischen und ganzheitlichen Handelns, das sowohl Gott als auch die Menschen liebt, die Kultur erhält und mitgestaltet, lässt Cahill sein Buch

---

[13] Stefan Vatter, Die iroschottische Transformation, in: Tobias Faix, Johannes Reimer, Volker Brecht (Hg.), Die Welt verändern. Grundfragen einer Theologie der Transformation, Francke, Marburg 2009, S. 178–184, hier: S. 179.
[14] Ebd., S. 180.
[15] Thomas Cahill, Wie die Iren die Zivilisation retteten, Goldmann, München 1998, S.207
[16] Stefan Vatter, Die iroschottische Transformation, a. a. O., S. 181.

mit dem Satz schließen: „Und so retteten die Iren die Zivilisation"[17].

### Ein Steinbruch an klösterlicher Inspiration

Die iroschottischen Mönche sind für unsere Arbeit seit Jahren eine Inspiration. Sie feuern uns an, eine Alternativkultur zu leben – *eine Alternativkultur als gelebter, heilvoller und umarmender Widerspruch zu destruktiven, ausufernden Lebensformen.*

Klöster waren und sind dabei immer ein alternativer Ausdruck von Kirche. Immer recht *anders* und inspirierend, aber gleichzeitig Ergänzung zu der bestehenden, verfassten Kirche.

Deshalb möchte ich im Folgenden einen Steinbruch an Ideen und Anregungen zum Thema „Klösterliche Lebensart" anbieten – mit dem Fokus darauf, wie wir es konkret ausleben. Natürlich ist das keine wissenschaftlich vollständige Ausarbeitung: Der Inhalt stützt sich auf Studien zu den iroschottischen Mönchen, den Dialog mit anderen klösterlich inspirierten Lebensgemeinschaften und vor allem auf über zehn Jahre Community-Leben: ausprobieren, leben, hinhören, frustriert sein, verwerfen, weiter träumen und neu konstruieren.

Verbindliche Gemeinschaft
Aufeinander festgelegt. Klarheit und Sicherheit: Ich bin Teil einer Gemeinschaft. Meine Kompliz*innen hauen nicht beim nächstbesten Jobangebot ab. Wir erlauben uns gegenseitig, in unsere Leben hineinzusprechen.

Rhythmus
Die Gemeinschaft teilt Glauben, Leben und Arbeit im Alltag. Dabei helfen feste Abläufe und Liturgien, in die

---

[17] Thomas Cahill, Wie die Iren die Zivilisation retteten, a. a. O., S. 207.

man sich fallen lassen kann. Aber auch freie Formate. Der Rhythmus soll uns helfen, aneinander und an Gott dranzubleiben. Immer gilt: Die Struktur soll uns dienen, nicht umgekehrt.

Kontextsensibel
Bereits bevor wir da sind, haben andere schon angefangen, Gutes zu tun – hat Gott schon was Schönes gestartet. Wir spüren dem nach und wollen uns daran fröhlich beteiligen.

Inkulturation & Alternativkultur
Wahrhafter Teil der Kultur: Wir schauen unser Dorf, unser Viertel mit Liebe an. Aber sind auch Alternativkultur: ein gelebter, heilvoller und umarmender Widerspruch zu destruktiven, ausufernden Lebensformen.

Segen für das Umland
Steffan Vatter berichtet davon, dass sich die einheimischen Menschen wie magnetisch angezogen um die iroschottischen Klöster sammelten und ohne unnötige kulturelle Barrieren von ihrer Bildung und Glauben und Leben profitierten. Wir leben an Orten, von denen andere wegziehen. Oder niemals hinziehen wollen. Am Rand der Gesellschaft. Wir empowern Menschen, ihr Leben aktiv zu gestalten. Dass sie ein Gefühl dafür bekommen, was für Talente in ihnen schlummern. Wir bauen Brücken in die Gesellschaft. Wir feiern das Leben.

Langfristigkeit
Klöster sind weder projektorientiert noch auf schnellen Erfolg oder Payout angelegt. Langfristigkeit klingt nicht sexy, jedoch ist es genau das, gepaart mit Kontextsensibilität, was

das Evangelium glaubhaft und erlebbar werden lässt und tiefe Wurzeln in die lokale Kultur und Netzwerke treibt. Etwas moderner ausgedrückt: Viele Menschen überschätzen, was sie in einem Jahr leisten können, aber unterschätzen, was sie im Laufe von zehn Jahren bewirken können.

Übersetzungsarbeit in den jeweiligen Kontext
Na klar, Mönche schreiben die Bibel ab ... ja, auch: Aber es wird auch berichtet, dass z. B. der iroschottische Mönch Gallus im 6. Jhd. den Alemannen das Evangelium in fließendem Alemannisch verkündete und das Volk damit zu Tränen rührte. Klosterarbeit ist immer Übersetzungsarbeit der Liebe Gottes in den jeweiligen Kontext. Wenn nötig mit Worten.

Klöster als physischer Ort des Heiligen mitten im Alltag
Resonanzraum: sichtbar, erlebbar, hinterfragbar. Liebe zum Alltäglichen.
Wir wohnen und leben inmitten der Menschen und wir arbeiten inmitten der Menschen. Oft werden daraus auch physische Orte: Kapellen, Hardcore Clubs, oder Coworking Spaces zum Beispiel.

Orte der Bildung & Liebe zur Bildung
Klöster sind Horte der Gelehrsamkeit: Wissenschaft und Technik liebend und teilend. So gut, dass nicht selten die Eliten ihre Kinder in Klosterschulen unterbringen. Dabei bleibt Bildung kein abstrakter Begriff, sondern fließt direkt in die Praxis ein: So konnten z. B. Bauern im Mittelalter Agrartechniken von den Mönchen erlernen. Als studierte Menschen sind auch wir fachlich qualifiziert und bringen das mit in ‚unseren' Sozialraum. Wir sind in beiden Welten

zuhause, bauen Brücken und schaffen kreative, hoffnungsvolle Perspektiven für und mit unseren Nachbar*innen.

Autark & eher nicht so reich
   Klöster sind autark und leben von dem Werk ihrer Hände. Da das Ziel nicht ist ‚reich zu werden' oder ‚Karriere zu machen', entstehen Räume für neue oder andere Ziele. Eine neue Freiheit und zugleich eine gesunde Abhängigkeit von der Versorgung Gottes im Alltag.

## Bildet Communitys!

Ich bin sehr glücklich, in einer Community leben zu dürfen. Und wenn du mich heute fragen würdest: Ja, ich kann mir gut vorstellen, dass ich mit meinen Freunden in diesem klösterlich inspirierten Ausdruck von Kirche Gott hinterherlaufe, bis ich alt und grau bin.

Es ist bestimmt *anders,* und definitiv nicht für jede*n das Richtige. Es wird immer eine Ergänzung zu anderen Formen der Kirche sein – und das ist auch gut so.

Schlussendlich wurde diese Form von Kirche nicht nur für mich zu einer Antwort auf die eingangs formulierte Suche nach einem Resonanzraum, an dem meine Freunde und ich Gott einatmen können. In dem Liebe Raum nehmen und sich inkarnieren kann. In dem sich gemeinsamer Glaube schleifen darf.

Aber sag mal: Was löst das bei dir aus? Wenn das etwas in dir anstößt, möchte ich dich ermutigen: Geh dem nach. Wäre das ein Weg, den du gerne mal ausprobieren willst? Wer sind die Menschen, die jetzt dazu bereit wären, mit dir weiterzudenken und diese Veränderung anzustoßen? Seid mutig, probiert aus! Bildet Banden, bildet Communitys!

P.S. Herzliche Einladung, bei uns durchzuklingeln oder vorbeizukommen. Oder wie wäre es mit einem kleinen Ausflug nach Mecklenburg? Im Plattenkloster von polylux könnt ihr temporär am Community-Leben teilhaben und Einblicke in dessen klösterlich inspirierten Alltag bekommen: www.plattenkloster.de

### Literatur

www.anorak21.de

www.polyluxev.de

www.plattenkloster.de – Angebot der polylux Community, temporär mitzuleben und Einblicke in ihr Community-Leben zu bekommen.

www.altegärtnerei.ch – befreundete Community: Infos über Community-Rhythmus etc.

Maria Calasanz Ziesche, Die leeren Hände: Abt Berno von Reichenau, Beuroner Kunstverlag, Beuron 2006.

Thomas Cahill, Wie die Iren die Zivilisation retteten, Goldmann, München 1998.

Robert E. McNally, Die keltische Kirche in Irland, in: Heinzgünter Frohnes, Hans-Werner Gensichen, Georg Kretschmar, Knut Schäferdiek (Hg.), Kirchengeschichte als Missionsgeschichte. Bd. 2 Tl. 1: Die Kirche des früheren Mittelalters. Chr. Kaiser, München 1978, S. 91–115.

Stefan Vatter, Die iroschottische Transformation, in: Tobias Faix, Johannes Reimer, Volker Brecht (Hg.), Die Welt verändern. Grundfragen einer Theologie der Transformation, Francke, Marburg 2009, S. 178–184.

# Der Boden des Alltags heiligt dich

## Dave Jäggi

### 1. Kaffee-Liturgie als Spiritualität in der Sendung

Es ist Montagmorgen, 9.30 Uhr in einer Kleinstadt. Als Team der Fresh-X venue (EmK Schweiz) sitzen wir bei Kaffee zusammen und planen den Tag: Job-Coaching, Integrationsarbeit, Beratung, Mittagstisch. Unsere Planung ist eingebunden in eine kurze, einfache Liturgie: Wir zünden eine Kerze an, jemand liest ein Zitat oder einen Bibelvers. Obwohl die Türen offiziell erst um 10.00 Uhr öffnen, kommt bereits jetzt immer mal wieder jemand rein, lässt sich einen Kaffee raus und setzt sich in oder neben unsere Runde. Beim abschließenden Segensgebet hat sich bereits eine bunte Schar von Menschen mit uns um die flackernde Kerze versammelt. Die Tagesleiterin betet: „Lass uns dich sehen in den Menschen, denen wir heute begegnen." Wir anderen schweigen, hören auf die Worte, da und dort wird verhalten ein Amen gemurmelt.

Später stehe ich bei der Essensausgabe. Immer montags gibt es ein warmes, kostenloses Mittagessen für alle. Eine Anmeldung ist nicht notwendig. Mal kommen 20 Personen, ein anderes Mal sind es 40. Genug hat es immer. Für viele ist es die einzige warme, vitaminhaltige Mahlzeit der Woche. Erwartungsvoll werden mir die Teller hingestreckt. Ich schaue in die Gesichter dieser Menschen: Rodi aus Afghanistan, Beat, der nach einem Arbeitsunfall seit Jahren einen Job sucht, die syrische Mutter mit ihren vier Kindern im Schlepptau, eine ältere Schweizerin, die von ihrer Rente kaum leben kann und trotzdem immer fröhlich ist. Und während diese Menschen mit dankbarem Blick an mir vorbeiziehen frage ich mich, ob es sein könnte, dass wir gerade Abendmahl feiern, weil Jesus Christus im Gegenüber mitten unter uns ist. In Solidarität mit den Menschen „von den Hecken und Zäunen" teilen wir, was wir haben – während ich mich bewusst darin übe, Christus in den Augen der Menschen zu entdecken, denen ich in diesem Moment begegne.

Es sind schlichte Momente der Spiritualität in der *Sendung*, dort im Alltag bei den Menschen. Gleichzeitig haben wir als Team experimentiert mit Formen der Spiritualität in der *Sammlung*. Wie „hüten wir unser inneres Feuer", hier draußen in der Wildnis (Daniela Mailänder)[18]? Wo ist unser Lagerplatz, wenn wir neben der Pioniertätigkeit, dem Fundraising, den Beziehungen zu Menschen in unserer Nachbarschaft nicht auch noch an üblichen kirchlichen Aktivitäten teilnehmen können? Wie leben wir Spiritualität in Gemeinschaft, wenn der Sonntag nicht mehr definierter Kristallisationspunkt ist? Und was verstehen wir überhaupt unter Spiritualität?

Steve Bevans, Leiter des *Pioneer Mission Leadership Training* (UK), hat den vielfach beschriebenen Begriff der Spiritualität im Hinblick auf Fresh X hilfreich kurz definiert: „Spiritualität ist ein Reservoir, ein Sammelbecken, aus dem sich eine Person oder eine Gemeinschaft versorgen kann mit Motivation zur Aktion, um auf der Spur zu bleiben, um die Verbindlichkeit zu fördern, um Entmutigung vorzubeugen, in Zeiten der Schwierigkeiten. "[19]

Bevans beschreibt Spiritualität als Sammelbecken, das in der Sammlung angezapft wird, um Kraft zu haben für die Sen-

---

[18] https://freshexpressions.de/auf-in-die-wildnis/
[19] Video: Steve Bevans zur Spiritualität missionaler Pioniere. Online auf youtube: https://youtu.be/5AR-glNp7yY

dung. So eingängig dieses Bild ist, so stark steht es in Gefahr, Spiritualität auf Momente der Sammlung zu beschränken oder zumindest die Spiritualität der Sammlung von derjenigen in der Sendung zu trennen. Bereits in den 1970er Jahren meinte der südafrikanische Missionstheologe David Bosch in einem Referat vor „Auslandmissionaren" daher richtigerweise: „Being spiritual means being in Christ, whether we pray or walk or work. Spirituality is not contemplation over against action. It is not a flight from the world over against involvement in the world. Pouring out our love on people in selfless dedication is a form of prayer."[20]

Bosch kritisiert einen ungesunden Dualismus zwischen dem Handeln im Alltag und dem Rückzug, der in heilige Räume führen soll, und macht deutlich, dass das Tun selbst Spiritualität sein kann. Diese Herausforderung einer ganzheitlichen Sicht auf christliche Spiritualität, die Bosch bereits vor mehr als 40 Jahren erkannt und angesprochen hat, stellte auch für unser Team eine bleibende Herausforderung dar.

Eine beispielhafte Story für das Zusammengehen von Kontemplation und Aktion, von Spiritualität in Sammlung und Sendung, begegnet in der kunstvollen altorientalischen Erzählung von Mose am Dornbusch (Ex 3–4). Im Nachdenken und Experimentieren zur Spiritualität als Pioniere hat uns diese Erzählung immer neue Facetten entdecken lassen. Die Gottesbegegnung von Mose in der Wüste hält keine Methoden bereit, aber sie kann uns Prinzipien eröffnen.

---

[20] David J. Bosch, A Spirituality of the Road, Wipf & Stock, Eugene 1979 (Institute of Mennonite Studies, Missionary Studies No. 6).

## 2. Der empathische „Ich bin da"-Gott im Wüstenstaub[21]

Mose ist noch kein wichtiges Staatsoberhaupt, als ihm Gott begegnet. Er hütet die Schafe seines Schwiegervaters, der dies als Priester von Midian sicher nicht selbst tut. Er ist ein Normalo wie du und ich mit einem wenig aufsehenerregenden Job. Seit Wochen ist Mose unterwegs im Staub der Steppe. Er erwartet vermutlich nichts Besonderes, während er mit seiner Herde durch den Alltag trottet.

Auf einmal jedoch sieht Mose diesen Busch am Wegrand, der brennt und doch nicht verbrennt. Mose widerfährt etwas und er lässt sich unterbrechen. Er biegt vom Weg ab, um sich dieses ungewöhnliche Ereignis mitten im Gewöhnlichen näher anzusehen. Dieses Abbiegen ist dann auch schon der einzige bescheidene Beitrag des Mose. Von Gott her erfolgte hingegen die erste Aktion und von Gott geht die Initiative aus für alles, was folgt.

„Mose, Mose!", ertönt die Stimme Gottes aus dem Dornbusch. Mose wird mit seinem Namen angesprochen. Mit einem Schlag weiß er: Jetzt geht es um mich, jetzt wird es persönlich.

Die Antwort von Mose auf dieses überraschende Widerfahrnis bleibt ein schlichtes: „Hier bin ich." Keine Diskussion, keine kritische Nachfrage seitens Mose an dieser Stelle. Die Voraussetzung für alles Weitere ist die unmittelbare Präsenz von Mose.

---

[21] Die folgende Darstellung von Ex 3 verdanke ich zu wesentlichen Teilen Siegfried Zimmer, Prof. em., EH Ludwigsburg, in seinem Worthaus-Referat „Die Berufung des Mose am brennenden Dornbusch" (https://worthaus.org/mediathek/die-berufung-des-mose-am-brennenden-dornbusch-7-5-2/).

„Zieh deine Schuhe aus, denn der Boden, auf dem du stehst, ist heilig." Mose wird aufgefordert, das Wenige abzulegen, das ihm Sicherheit und Stabilität gibt. Ohne Schuhe auf dem heißen, staubigen Wüstenboden macht sich Mose verletzlich. Gleichzeitig wird aus diesem alltäglichen Wüstenboden ein besonderer Ort, ein Ort der Gottesbegegnung. Wenn bei Buber/Rosenzweig („Die Schrift") zu lesen ist: „denn der Boden heiligt *dich*", bringt dies einen oft unterschlagenen Aspekt ein: Der öde Wüstenboden ist nicht nur ein heiliger Ort, er wird dadurch auch zum Kraftort für die persönliche Transformation.

Die Szene ist nun vorbereitet. Gott offenbart Mose sein Herz: „Ich habe das Elend meines Volkes in Ägypten gesehen. Ich kenne seine Schmerzen." Inwiefern Mose sich zu diesem Zeitpunkt mit seinem Volk verbunden fühlte, wissen wir nicht. Die Empathie und Fürsorge zeigen sich auch hier alleine auf Seiten Gottes. Gottes Herz schmerzt und er lässt den Menschen Mose daran teilhaben.

Schließlich folgt der Auftrag von Gott an Mose: „Und nun geh! Ich sende dich!" Dies ist der Moment, in dem Mose in den Dialog eintritt. Er setzt seinen Verstand ein, fragt kritisch nach, zweifelt an seinen Fähigkeiten, und weil er nicht explizit zu fragen wagt, wer da mit im spricht, fragt er implizit: Was er denn sagen solle, wer ihn beauftragt habe, falls die anderen fragen ... Dies führt zur zentralen Aussage in diesem Dialog, der sich danach noch weit erstreckt. Gott offenbart sich selbst zum ersten Mal im Alten Testament als Jahwe: „So sollst du zu den Israeliten sprechen: ‚Ich bin da' schickt mich zu euch."

Gott offenbart sich nicht als der Allmächtige, Allwissende. Es folgen keine philosophischen Konstruktionen. Es bleibt einfach im Gespräch zwischen dem Hirten und Gott im Wüstensand. Gott ist der „Ich bin da". Der mitfühlende Gott Jahwe, der mit Mose am heiligen und heiligenden Ort spricht, ist auch darüber hinaus immer da. Gottes Wesen ist die immer gegenwärtige Präsenz, die mitwandert, die unter den Menschen zeltet (Joh 1,14), mitleidet und in leidenschaftlicher Liebe immer fürsorglich ist.

Gott ist da, in einem dürren Busch ebenso wie im Alltagstrott des Normalo Mose.

## 3. Aus der Wüste zurück in den Alltag einer Fresh X

### a) Transformation durch Beziehung

Ein wesentliches Merkmal dieser Story liegt darin, dass sie keine Trennung zwischen Sammlung und Sendung, Alltag und Spiritualität aufweist. Gott zeigt sich unvermutet im Alltag und Mose setzt seinen Alltag nach dieser Begegnung als Mensch mit veränderter Sicht und einem neuen Auftrag fort. Mose wurde im Alltag transformiert durch den Gott, der selbst nicht zwischen heilig und profan unterscheidet.

Die letzten acht Jahre als Pionier einer Fresh X haben mir immer wieder deutlich vor Augen geführt, dass sich meine Spiritualität durch die Herausforderungen und Begegnungen im Alltag verändert hat. Dadurch haben sich auch die expliziten Formen und Methoden meiner Spiritualität verändert. Was ich wie über Gott denke, wurde damit ebenso transformiert wie mein Schriftverständnis. Ich lese die Bibel anders, ich sehe Gott und meine Mitwelt neu, durch die Begegnung mit den Armen verändert sich meine Beziehungen mit den andern.

Mit Blick auf einen fürsorglichen und liebenden Gott wird auch die Beziehung zu meinen Mitmenschen empathischer.

## b) Kraft im Einfachen entdecken

Mose begegnet Gott nicht in der ausgeklügelten Stiftshütte oder im späteren Tempel mit seinen komplexen Strukturen, klaren Hierarchien, umfangreichen liturgischen Aktivitäten. Mose erlebt Gott in einem einfachen, dürren Busch, der ein zweites Hinsehen normalerweise nicht rechtfertigen würde. Gott braucht weder hochkarätige Soundanlagen noch farbige Scheinwerfer oder ausgefeilte Reden, um sich zu offenbaren. Und der Mensch braucht lediglich die Fähigkeit, im Trott des Erwartbaren mit dem Unerwarteten zu rechnen, denn: „Die Erde ist voll vom Himmel, und jeder gewöhnliche Busch brennt von Gott; doch nur wer sieht, zieht die Schuhe aus." (Elizabeth Barrett Browning, Dichterin 1806–1861)

Ich bin davon überzeugt, dass wir für eine lebendige Spiritualität eine einfache, bescheidene Spiritualität suchen müssen, eine Spiritualität, die neben allen anderen Herausforderungen lebbar ist. Anfangs hatten wir große Erwartungen an den „geistlichen Tageseinstieg" am venue-Montag. Das freie Gebet war uns wichtig. Wenn Gäste früher auftauchten, war es dann aber meist das freie Gebet, das weggelassen wurde. Schließlich kamen die Menschen mit ihren Bedürfnissen, wollten Rat und brauchten Unterstützung. Da wurde das Gebet rasch sekundär. Zudem merkten wir, dass Menschen aus traditionell-kirchlichem Hintergrund oder ohne Bezug zur Kirche von freiem Gebet bereits beim Zuhören überfordert waren. Durch diese Erfahrungen haben wir die Kraft der reflektierten Liturgie (wieder) entdeckt. Die Liturgie als Hohlraum zur Ermöglichung einer Gottesbegegnung und als Rahmen, der die anhaltende Multioptionalität einschränkt. Zu Recht meint Fulbert Steffensky in Bezug auf eine lebendige Spiritualität: „Formen gürten den Geist und helfen dem Menschen, seiner Beliebigkeit und Zufälligkeit zu entkommen. Gewohnheiten befreien uns von der Zufälligkeit unserer Stimmungen und Wünsche."[22]

Vor diesem Hintergrund haben wir zum Tagesanfang eine kurze Liturgie entworfen. Sie gibt den Rahmen vor, der ohne großen Aufwand mehr oder weniger gefüllt werden kann. Die Integration der Tagesplanung in die Liturgie beugt der so oft entstehenden Trennung zwischen Spiritualität und Alltag vor und macht uns die Zusammengehörigkeit immer wieder neu bewusst.

Durch die Verortung der spirituellen Alltagspraxis in einer einfachen Liturgie beten wir nicht nur, wenn es die Zeit zulässt oder wenn uns danach zumute ist. Wir geben dem Gebet einen festen Raum und einen festen Ort. Und wir befolgen durch die liturgische Kürze die alte monastische Aufforderung: „Dein Gebet sei kurz!" (vgl. Mt 6,7f.).

Schließlich liegt die Kraft dieser einfachen Liturgie in der Wiederholung. Sowohl für uns als Team wie auch für die Gäste schafft die Wiederholung ein Gefühl des Heimkommens. Das Bekannte wird wiedererkannt. Gott ist da und seine Liebe bleibt, auch wenn der vor uns liegende Tag besondere Herausforderungen bereithält.

### c) Symbole neu deuten

Bei Mose wird deutlich, dass sich Gott immer anders und immer unvermutet zeigt. Eine Gotteserfahrung lässt sich an keine Form binden und keine Methode lässt uns Gott in die eigene Tasche stecken. Deshalb ist es bleibende Aufgabe, bestehende

---

[22] Aus dem Oblatenbrief – Extra 2013 des Klosters Nütschau, hier als PDF: https://www.kloster-nuetschau.de/download.html?f=oblaten%2FOblatenbrief+Extra+2013.Steffensky.pdf; aktueller hier als Video: https://youtu.be/ufbIwqcyD8w (Zentrum Glaube und Gesellschaft Fribourg).

kirchliche Formen konstruktiv-kritisch zu hinterfragen und gleichzeitig Ereignisse im Wüstensand des Alltags in Freiheit neu zu deuten.

Das solidarische Teilen des Essens am Montagmittag als Abendmahlsfeier zu interpretieren, scheint mir daher nicht abwegig. Denn wenn wir als Team von Nachfolger*innen Jesu mit den Armen das Brot brechen, können wir dann nicht wie die ersten Christen den Auferstandenen genau in dem Moment finden, in dem das Brot gebrochen wird? Der Gottesdienst „passiert dann im Tun" (Dirk Kähler).[23]

Die Mahlfeier ist letztlich Zeichen von versöhnten Beziehungen. In allen schwierigen Erlebnissen mit Menschen aus unterschiedlichen sozialen Milieus erleben wir gerade beim Essen immer wieder diese kleinen Momente der Versöhnung und gegenseitigen, milieuübergreifenden Anteilnahme. Dann lodert der Dornbusch mitten im Staub der Alltagswüste und Spiritualität wird zum Handwerk.

### d) Präsenz im Alltag üben

Um den Dornbusch im Alltag und damit den „Ich bin da"-Gott mit all unseren Sinnen wahrnehmen zu können, müssen wir uns neu in Präsenz üben. Das einfache „Hier bin ich" von Mose fragt mich direkt: Wann bin *ich* ganz hier? Nicht nur örtlich, sondern mit meinem dauernd abschweifenden Bewusstsein ganz präsent? Wie präsent kann ich bei einer Geschichte meines Gegenübers sein, die ich vielleicht zum zehnten Mal höre, aber in der ich durch ungeteilte Präsenz und Empathie einen neuen Schmerz oder eine aufkommende Freude wahrnehmen kann? Heilung beginnt oft bereits im Moment des Zuhörens.

---

[23] https://freshexpressions.de/loyale-radikalitaet/

Nicht grundlos ist die Suche nach Achtsamkeit (mindfulness) weitverbreitet und mittlerweile gut erforscht. In einer komplexen Welt Präsenz und Empathie zu lernen, steigert die eigene Resilienz. Aus christlicher Sicht können wir an diese Suche anschließen und gleichzeitig darüber hinausgehen. Bei einem christlichen Verständnis von Achtsamkeit geht es nicht nur um Bewusstwerdung des Selbst, sondern auch um die Bewusstwerdung der Gegenwart des „Ich bin da"-Gottes. Dann stellt sich nur noch die Frage, ob ich selbst da bin, ob ich gegenwärtig sein kann im Moment. Deshalb meint die Psychologin Irene Kreagel zu Recht: „Mindfulness is being here, where God is"[24].

Die methodische Übung der Achtsamkeit als Praxis der Kontemplation ist eine Hilfe zur Präsenz im Alltag. Durch die Übung des „Hier bin ich" im Alltag wird dieser selbst zum spirituellen Übungsort. Auch hier zeigt sich: Kontemplation und Aktion lassen sich nicht trennen. Bei kontemplativer Spiritualität geht es nie um die „private, geistliche Vervollkommnung an der geschundenen Welt vorbei" (Steffensky). Es geht im Gegenteil um einen produktiven Umgang mit dem ungestillten Hunger nach Gerechtigkeit. Es geht um die Suche nach jenem Reich, in dem den Armen ihr Recht widerfährt und in dem die Weinenden wieder lachen können. Diese Suche zeigt sich im kontemplativen Rückzug und im aktiven Handeln.

---

[24] Irene Kraegel, The Mindful Christian: Cultivating a Life of Intentionality, Openness, and Faith, Fortress Press, Minneapolis 2020, S. 1. Siehe dazu auch meine Auseinandersetzung mit Mindfulness aus theologischer Perspektive in: David Jäggi, Achtsame Kontemplation? Eine Darstellung und kritische Auseinandersetzung mit dem Forschungsfeld „Mindfulness in Higher Education" aus der Perspektive theologischer Bildung, 2021. Online auf academia.edu: https://www.academia.edu/50152849

## 4. Ein neuer Zyklus: spin off netzkloster

Aus diesen Erfahrungen und Reflexionen zu einer Spiritualität des Engagements in der sozialdiakonisch ausgerichteten Fresh-X venue ist Anfang 2021 mit netzkloster ein „spin off" erwachsen. Netzkloster will unter bewusster Nutzung der digitalen Möglichkeiten die christliche Kontemplation als Praxis der Achtsamkeit durch Kurse und regelmäßige Gebets-/Meditationszeiten fördern und bekannt machen. Mittlerweile ist netzkloster eine eigenständige Fresh X der evangelisch-methodistischen Kirche Schweiz. Hier beginnt der Zyklus des Suchens und Experimentierens in kühner Demut („bold humility", David Bosch) von Neuem.

**Literatur**

Cowley, Ian 2019. The Contemplative Response: Leadership and Ministry in a Distracted Culture. Abingdon: BRF. – Wege zu einer selbstverantwortlichen Spiritualität in einer komplexen Welt.

Anselm Grün, Inseln im Alltag: Benediktinische Exerzitien, Vier-Türme-Verlag, Münsterschwarzach 2021 – 12 Textmeditationen mit tiefschürfenden Gedanken und je einer konkreten Übung/Ritual. Hilfreich für die persönliche Andacht oder für Impulse in Gruppen.

Kennedy S. Henkel, Rituale: Für Hipster & Heilige und alles dazwischen, Neukirchner Verlagsgesellschaft, Neukirchen-Vluyn 2022 – Segensgebete und Vorschläge zum direkten Gebrauch oder zur Adaption für alltägliche Situation wie Kaffee oder Gin trinken.

Christian Herwartz, Brennende Gegenwart: Exerzitien auf der Straße, Echter, Würzburg 2011 (Ignatianische Impulse, Bd. 51) – Einführung in die Spiritualität der Straßenexerzitien: Gott auch an den schmutzigen Orten der Welt entdecken.

Irene Kreagel, The Mindful Christian: Cultivating a Life of Intentionality, Openness, and Faith, Fortress, Minneapolis 2020 – Kontextrelevante und fundierte Verbindung von mindfulness und christlicher Kontemplation, mit diversen Meditationsübungen.

anders, damit Sendung und Berufung die Welt verändern

John Howard Yoder, Die Politik des Leibes Christi: Als Gemeinde zeichenhaft leben, Neufeld, Schwarzenfeld 2011 (Edition Bienenberg) – hier v. a. zur politischen und ökonomischen Bedeutung des Abendmahls.

# Beten und Businessplan
## Unternehmerische Ansätze als Chance für Innovation in Fresh X und Kirche

*Anna und Erik Reppel*

Die Apostelgeschichte berichtet uns von den Anfängen der Kirche, in der alle mit allen alles teilten. Die geringen Mittel waren kein Hemmnis für Innovation und Wachstum. Die Botschaft Jesu wurde trotzdem von Männern und Frauen unter Einsatz des eigenen Lebens in der ganzen Welt bekannt gemacht.

Heute ist Kirche ein Global Player, finanziell wie strukturell. Die Evangelische Kirche in Deutschland (EKD) und ihre Gliedkirchen beziffern in den letzten konsolidierten Zahlen im Jahr 2014 ihre Einnahmen mit 12,3 Mrd. EUR bei 230.000 hauptamtlich Mitarbeitenden.[25] Zur Einordnung: Die Deutsche Bahn beschäftigte 2014 in Deutschland 195.805, die Volkswagen AG 271.043 und die Deutsche Post 170.596 Personen.[26]

Von 12,3 Mrd. EUR Einnahmen in 2014 machten 5,3 Mrd. EUR erhobene Kirchensteuern und Kirchgelder aus. 1,0 Mrd. EUR wurden mit kirchlichen Dienstleistungen und nochmal 890 Mio. EUR mit Mieten, Pachten und Kapitalerträgen erwirtschaftet. 3,2 Mrd. EUR flossen als Zuschüsse

---

[25] Vgl. Evangelische Kirche in Deutschland, Werte mit Wirkung – Einblick in die Finanzstatistik der evangelischen Kirche, Linden-Druck Verlagsgesellschaft mbH, Hannover 2017, S. 8 ff.
[26] Vgl. Geschäftsberichte der Deutschen Bahn AG, der Volkswagen AG und der Deutschen Post AG 2014.

für Einrichtungen und Projekte von der öffentlichen Hand. Nur 344 Mio. EUR (2,8 %) und damit der geringste Teil waren Kollekten und Spenden.

Angesichts dieser Tatsachen stellt sich nicht die Frage, ob Geld, Unternehmertum und Kirche etwas miteinander zu tun haben. Kirche ist ein wesentlicher Wirtschaftsfaktor und Arbeitgeber in Deutschland. Wo liegt das Problem, dass trotz der gigantischen Ressourcen das Wachstum ausbleibt?

Fresh X-Projekte müssen eigene Ansätze und individuelle Lösungen in Lücken und oftmals ohne wesentliche Ressourcen entwickeln. Sie stehen zwischen dem Rückzug und der Veränderung der kirchlichen Strukturen, zwischen Diakonie als professionellem, mit staatlichen Mitteln finanziertem Wohlfahrtsverband und spendenfinanzierten Freikirchen und Werken. Dabei gibt es bis heute mehr Fragen als Antworten: zu Finanzen, Einbindung, Kooperation und Wettbewerb.

2018 gründeten wir mit Pixel Sozialwerk ein Fresh X-Projekt. Eine 50 €-Spende reichte für ein paar Spielsachen, um zusammen mit ein bis zwei Ehrenamtlichen unsere wöchentlichen Spielplatzangebote in zwei Erfurter Plattenbaugebieten zu starten. Rein ehrenamtlich und spendenfinanziert. Vier Jahre später erreichen wir in mehreren benachteiligten Stadtteilen Erfurts hunderte Kinder. Wir haben ein hauptamtliches Team aufgebaut, das mit Ehrenamtlichen Hand in Hand arbeitet. Immer mehr Projekte kommen hinzu und wir setzen auch in den nächsten Jahren auf Wachstum.

Die eigentliche Geschichte beginnt aber etwas ungewöhnlicher: Neben Gebet schrieben wir einen Businessplan, erstellten eine Sozialraumanalyse, gründeten eine gemeinnützige Unternehmergesellschaft, etablierten einen dreiköpfigen Aufsichtsrat mit weitreichenden Kompetenzen und spielten einen Finanzplan mit verschiedenen Annahmen und Skalierungsmöglichkeiten durch. Diesem Ansatz haben wir den Namen „Beten & Businessplan" gegeben. Multiprofessionalität aus BWL, Soziale Arbeit und Theologie ist für uns dabei zum Schlüssel geworden.

## Saat und Ernte

Im Gleichnis vom Sämann (Mt 13 / Lk 8) erzählt Jesus, wie Saat, also das Wort Gottes, auf ganz unterschiedlichen Boden fällt. Manche Samen fallen auf den Weg, andere auf felsigen Boden und wieder andere ins Dornengestrüpp. Nur die Samen, die auf fruchtbaren Boden fielen, gingen auf und brachten Ertrag.

Für uns stellt sich die Frage: Hätte der Sämann seine Arbeit verbessern können? In den letzten Jahrhunderten sehen wir, wie sich die Landwirtschaft kontinuierlich verbessert hat. Allein seit Ende des 19. Jahrhunderts ist der Flächenertrag pro Hektar um über 500 % gewachsen.[27] Produktivitätssteigerungen durch vielerlei Optimierungen ermöglichte es, immer mehr Menschen zu ernähren und immer weniger Flächen und Ressourcen dabei einzusetzen. Die Aussaat wird immer weiter optimiert und die Ernte ist mittlerweile fast vollautomatisiert. Jeder Quadratmeter Boden wird analysiert, damit die Düngung perfektioniert werden kann.

Solche Innovationen sehen wir in den letzten Jahrhunderten auch bei der christlichen Arbeit: Wir lernten, besser zu säen: zum Beispiel, indem theologische Ausbildungsstätten entstanden und die Technologie des Buchdrucks genutzt

---

[27] Vgl. Gunter Mahlerwein, Grundzüge der Agrargeschichte, Band 3: Die Moderne 1880–2010, Böhlau, Köln/Weimar/Wien 2016, S. 150.

wurde, um die Bibel massenweise zu verbreiten. In den letzten Jahrzehnten wurden erst Hörfunk, später das Fernsehen und heute das Internet genutzt, um die christliche Botschaft direkt in die Wohnzimmer der Menschen zu bringen.

Das alles hilft, damit weniger Saat auf den unfruchtbaren Boden fällt. Trotz allem, und das macht das Gleichnis ebenfalls deutlich, sind wir auf Gott angewiesen. Die beste und vollautomatisierte Aussaat geht nicht auf, wenn die Kombination aus Regen und Sonne nicht stimmt. Wir sind Teil der Mission Gottes hin zu den Menschen. Gott ist niemals abhängig von uns Menschen und unserem Handeln und Wirken. Aber wir haben das Privileg und die Zusage, hinauszugehen zu allen Menschen, wie es Jesus seinen Freunden zur Aufgabe gab (Mt 28).

Beten & Businessplan heißt deshalb für uns, daran zu arbeiten, eine Gründung so optimal wie möglich zu gestalten, und gleichzeitig zu vertrauen, dass Gott aus der Saat seine Früchte wachsen lässt.

*Gründungspersonen und Geschäftsmodelle – von der Idee zur Innovation*

Zu der guten und erfolgreichen Aussaat, und damit auch zu Beten & Businessplan, gehört ein ausgeklügeltes und skalierbares Geschäftsmodell, dem die gründenden Personen nachgehen und das sie nach und nach weiterentwickeln.

Ganz am Anfang steht deshalb die Überlegung: Wen will ich mit was genau erreichen? Wie wirksam ist mein Ansatz? Gibt es einen wirkungsvolleren Ansatz? Höre ich mit meinem Geschäftsmodell auf den Herzschlag Gottes? Und gleichzeitig: Bin ich wandlungsfähig genug, das Geschäftsmodell den sich verändernden gesellschaftlichen Bedingungen anzupassen und es stetig zu perfektionieren?

Ein ganzheitlich gedachtes Geschäftsmodell ist mehr als eine grobe Idee. Es sichert die Nachhaltigkeit eines Projektes und verbindet den Nutzen für die Zielgruppe mit den benötigten Ressourcen, Stakeholdern und Aktivitäten und beantwortet die Frage nach Kommunikationswegen und Finanzen.[28] Denn was nützt es, wenn eine tolle Idee an Fördermittel für drei Jahre gebunden ist und anschließend wieder eingestampft werden muss?

Ein Geschäftsmodell kann sich fortlaufend erweitern und ergänzen, sollte aber niemals die Frage unbeantwortet lassen, wie eine Skalierung möglich ist. Denn nur funktionierende und ausgereifte Ideen lassen sich mit Hilfe anderer Personen an andere Orte übertragen und vervielfältigen. Der Hebel liegt dabei in der Systematisierung, der Verschriftlichung, der Delegierung und im Kontrollieren von Aufgaben. Jedes unserer Angebote bei Pixel Sozialwerk funktioniert inzwischen nach Systemen und regelmäßigen Abläufen. Unsere Spielplatzangebote müssen bspw. nur noch auf die individuellen Faktoren des jeweiligen Spielplatzes in einem neuen Stadtteil angepasst werden. Das spart Zeit, schafft Synergien, Qualitätsstandards und letztendlich mehr Zeit für die Zielgruppe des Angebots.

Neue Formen von Kirche brauchen nicht nur Menschen, die gerne Angebote für Menschen machen, sondern auch gründende Personen, die Systeme entwickeln, in denen Menschen vor allem Zeit haben, anderen Menschen zu dienen. Ist dies nicht der Fall, wird zwar an einem Ort ein gutes und wahr-

---

[28] Vgl. Florian Sobetzko, Ecclesiopreneurship Canvas für Kirchenentwicklung und pastorale Innovation, , abrufbar unter:https://www.researchgate.net/publication/288669386_Ecclesiopreneurship_Canvas_fur_Kirchenentwicklung_und_pastorale_Innovation

scheinlich auch wirkungsvolles Projekt initiiert, aber die Breitenwirkung in Kirche und Gesellschaft bleibt aus. Denn nur die Entwicklung von guten Ideen, die von vielen Menschen umgesetzt werden, sind wirkliche Innovationen und führen zu Veränderungen im System.

Die Finanzierung von Start-ups durch Risikokapitalgeber zeigt, dass neben dem Geschäftsmodell ein zweiter Aspekt entscheidend ist: Die gründenden Personen.

Jede Verbesserung des eigenen Systems und jeder Wachstumsschritt erfordert die Bereitschaft der gründenden Personen, neue zusätzliche Kompetenzen zu lernen, Ideen und Lösungen zu entwickeln und sich Herausforderungen zu stellen. Die Persönlichkeit, das Mindset, die Begabungen und persönliche Grenzen bestimmen wesentlich den Rahmen und den Erfolg einer Gründung. Die Bereitschaft, über sich hinauszuwachsen, muss ein Stück der täglichen Routine werden. Denn den Vorteil einer institutionellen Sicherheit haben Fresh X-Projekte und Start-ups nicht. Der nächste Schritt, das nächste zeitnah umsetzbare Projekt, die nächste Spende sind Grundlage des eigenen Fortbestandes. Wachstum und der nächste Schritt in die richtige Richtung ist für Start-ups eine Überlebensstrategie.

Gründung beginnt immer mit einer Art Selbst- (und) Ständigkeit und ist begrenzt auf die eigenen 24 Stunden am Tag. Als Gründerehepaar kennen wir es, wenn man für alles zuständig ist: Angebotszeiten abdecken, putzen, Ordnung und Systeme schaffen, Ehrenamtliche suchen und anleiten, Webseite erstellen, Corporate Design entwerfen, Flyer verteilen, Stadtteilpartner kennenlernen und Finanzen auftreiben ... Die Liste ist unendlich lang und hat zumeist wenig mit dem eigentlichen Angebot zu tun.

Unternehmertum beginnt dort, wo Systeme entstehen, in denen Menschen mitarbeiten und sich auf die Arbeit mit der Zielgruppe konzentrieren können. Die verantwortlichen Personen haben dann die Aufgabe, an dem System als Ganzes zu arbeiten, die Weiterentwicklung, das Wachstum und die Innovation im Blick zu haben. Sie denken in Geschäftsmodellen, kennen die Zielgruppe, setzen Ziele, haben Visionen und Ideen, halten den Rücken frei, geben Freiräume zur Entfaltung, sind sich selbst für nichts zu schade, fordern Leistung ein und motivieren in Durststrecken.

Heute ist Pixel Sozialwerk anders als 2018 aufgestellt. Wir machen nicht mehr nur zwei Spielplatzfeste wöchentlich. Heute finden mehrere Angebote täglich in mehreren Stadtteilen Erfurts statt – weil wir auf Wachstum setzten und Systeme entwickelten. Wir wollen bereit sein für neue Ideen und Projekte, damit das Evangelium noch heute Menschen erreicht.

*Unternehmerische Kirche*

Ist mehr Unternehmertum die Antwort auf alle Probleme von Kirche? Definitiv nein! Denn eines sollte uns immer klar sein: Unternehmertum hat uns im kapitalistischen Wirtschaftssystem Wohlstand und Freiheit beschert. Kapitalismus führte aber auch immer wieder zu Unterdrückung und Ausbeutung. Nicht umsonst haben wir im Grundgesetz die Regeln der sozialen Marktwirtschaft festgeschrieben.

Im Gleichnis vom unfruchtbaren Feigenbaum (Lk 13,6–9) erzählt Jesus von einem Obstplantagenbesitzer, unter dessen Bäumen einer schon seit drei Jahren keine Früchte mehr trug. Der Gärtner erbittet eine Gnadenfrist, um den Baum nochmal ein Jahr lang weiter pflegen zu dürfen. Wenn dieser dann keine Früchte trägt, soll er herausgerissen werden.

Unternehmerisch gesehen müsste der Feigenbaum schon längst herausgerissen worden sein, schließlich gab es keinen Ertrag. Doch Gottes Handeln unterscheidet sich von einer unternehmerischen Herangehensweise. Gerade wir als Christen sind aufgefordert, weiterzuglauben, weiterzuarbeiten und weiterzubeten, selbst wenn alle sagen, dass es nichts bringt und unmöglich ist. Unternehmertum sollte eher als Methodenkasten verwendet werden, der uns hilft, unsere Zielsetzung zu erreichen. Beim Einsatz seiner Instrumente sollten wir uns immer am Handeln Jesu orientieren.

Der Gärtner lehrt uns, als Christen Mitleid und Hoffnung zu haben. Wir sind herausgefordert, unsere Arbeit mit Leidenschaft zu tun, obwohl wir vielleicht keine Früchte sehen, und zu vertrauen, dass Gott Wachstum und Wunder geben kann. Trotzdem tragen wir Verantwortung für unser Handeln. Wie der Obstplantagenbesitzer müssen wir daher auch einen Punkt finden, an dem wir die Reißleine ziehen und Dinge beenden, die keine Früchte mehr tragen.

Ressourcenbegrenzung und Rausreißen können als Ausgangspunkt für Innovation und Wachstum verstanden werden. Erdbeerpflanzen müssen nach 1–2 Jahren wieder herausgerissen und neu gepflanzt werden, da die Anzahl der Früchte immer weiter abnimmt. Das rechtzeitige Bilden von neuen Trieben für künftige Pflanzen und die aktuelle Ernte in Einklang zu bringen, ist der Schlüssel für eine gute Ernte über viele Jahre. Wer nicht regelmäßig rausreißt, wird kein Wachstum erzielen!

## Literatur

Evangelische Kirche in Deutschland, Werte mit Wirkung – Einblick in die Finanzstatistik der evangelischen Kirche, Linden-Druck Verlagsgesellschaft mbH, Hannover 2017.

Bundesministerium für Wirtschaft und Energie, GründerZeiten Nr. 07: Businessplan, 2021.

Phineo gAG, Kursbuch Wirkung – Das Praxishandbuch für alle, die Gutes noch besser tun wollen, 5. Auflage 2018, abrufbar unter: https://www.phineo.org/kursbuch-wirkung

Florian Sobetzko und Matthias Sellmann, Gründer*Innen-Handbuch für pastorale Startups und Innovationsprojekte, Echter Verlag, Würzburg 2017.

Social Reporting Initiative e.V., SRS Social Reporting Standard – Leitfaden zur wirkungsorientierten Berichterstattung, 2014, abrufbar unter: https://www.bertelsmann-stiftung.de/de/publikationen/publikation/did/srs-social-reporting-standard/

# Global denken, kontextuell handeln
# Fresh X und das für die Welt schlagende Herz

*Daniel Hufeisen*

Neue Formen von Kirche, unabhängig davon, ob sie sich Gemeindegründung, Erprobungsraum, Start-up oder Fresh X nennen, zeichnen sich dadurch aus, dass sie einen wachen und liebevollen Blick für ihren jeweiligen Kontext haben. Für dieses direkte Umfeld schlägt das Herz jeder Fresh X. Aber ebenso wie Gottes Herz für die ganze Welt schlägt (Joh 3,16), sollten sich auch Fresh X bewusst in den globalen Kontext mit all seinen Bezügen und Herausforderungen stellen.

Im Wissen um ihre Unvollständigkeit möchte ich in diesem Kapitel sechs Bereiche benennen und an kleinen Beispielen aufzeigen, was es konkret bedeuten kann, wenn das Herz einer Fresh X für die Welt schlägt. In den Beispielen werde ich auf meine Arbeit bei *FreiRaum* in Berlin eingehen, wo uns neben der Bedeutung des lokalen Kontextes die globale Dimension bewusst war und wir erste zaghafte Versuche gemacht haben, darauf mit unseren Mitteln zu reagieren. Bei anderen Fresh X kann und sollte die Praxis dem jeweiligen Kontext entsprechend anders aussehen.

**Zwei Grundlagen**
Einleitend nenne ich zwei Grundlagen, die für mich beim Aufbau von *FreiRaum* wichtig waren, aber auch allgemein für Fresh X gelten.

## Hören und Sehen

Zunächst das Hören und Sehen. Zu Recht wird es als erste Phase und Basis der „Fresh X Journey" beschrieben. Hören auf Gott, Wahrnehmen des Umfelds und der Blick auf die eigenen Gaben und Begrenzungen sind ein sinnvoller erster Schritt, um Neues zu entwickeln. Für dieses Wahrnehmen gilt ein doppeltes Weiter: Wir sollten damit immer weitermachen, denn es bildet die Grundlage für alles Handeln, und wir sollten einen weiten Blick über unsere Kirche, über unsere Nachbarschaft, über unsere Stadt und auch über unser Land hinaus haben. Wir leben in einer globalisierten, vernetzten Welt: Wenn das T-Shirt, das ich gerade trage, schon einmal eine Näherin in Bangladesch in der Hand hatte und wenn ich auf Instagram den Alltag einer Studentin in Peru live miterleben kann, dann dürfen mein Blick und auch meine Nächstenliebe nicht am eigenen Tellerrand enden.

Eine besondere Rolle beim Wahrnehmen der Welt spielt das Gebet, wie es der Theologe Jürgen Moltmann so treffend beschreibt: „Im Beten erwachen wir für die Welt, wie sie vor Gott in ihren Höhen und Tiefen offenbar ist. Wir nehmen das Seufzen der Kreaturen wahr und hören die Schreie der verstummenden Opfer. Wir hören auch den Lobgesang des blühenden Frühlings und spüren jene göttliche Liebe zu allem Lebendigen. Also erweckt das Gottesgebet alle unsere Sinne und bringt eine große Wachheit in unseren Geist."[29]

| hören | lieben & dienen | Gemeinschaft wächst | Nachfolge entdecken | Gemeinde nimmt Form an | es wieder tun |

untermauert durch Gebet, anhaltendes Hören und Beziehungen zur weiteren Kirche

---

[29] Jürgen Moltmann, Der lebendige Gott als Fülle des Lebens, Gütersloher Verlagshaus, Gütersloh 2014, S. 174.

anders, damit Sendung und Berufung die Welt verändern

## *Die Frage nach dem Ziel*

Die zweite Grundlage ist die Frage nach dem Ziel von Fresh X. Wenn sie nur ein Werkzeug der Kirchenentwicklung sind, ist das viel zu kurz gedacht. Es geht nicht um den Selbsterhalt der Kirche, sondern – wenn man das ganz große Bild malen möchte – um das Reich Gottes, oder anders beschrieben, um Schalom: den durch Gottes rettende Gnade entstehenden ganzheitlichen Frieden. Es geht also um gute, heile Beziehungen mit Gott, mit sich selbst, mit den Mitmenschen, in der Gesellschaft und mit der gesamten Schöpfung. Wir sind eingeladen, daran mitzuwirken und Räume zu eröffnen, in denen Schritte in Richtung Frieden in diesen fünf Dimensionen möglich sind.

Manchmal wird der Eindruck vermittelt, dass es im christlichen Glauben allein um mich und meine Beziehung zu Gott geht – und vielleicht noch um meine direkte Nächste, die im Gottesdienst neben mir steht. Ich bin davon überzeugt, dass die Beziehungen zur und in der Schöpfung und der Gesellschaft, die heute global ist, genauso entscheidend sind. Da diese beiden Dimensionen oft übersehen werden, möchte ich hier besonders auf sie eingehen.

*Sechs unvollständige Schlaglichter*

Ausgehend von „weiter hören" als Ausgangspunkt und „ganzheitlichem Frieden suchen" als Ziel folgen sechs Schlaglichter, die unvollständig sind, aber Hinweise geben, wie es konkret aussehen kann, wenn eine Fresh X global denkt und kontextuell handelt.

**Schöpfung & Klima**
Als Menschen sind wir Teil von Gottes Schöpfung, wir sind mit ihr verbunden und von ihr abhängig. Und leider sind wir seit einiger Zeit für solch dramatische Veränderungen verantwortlich, dass schon vom Anthropozän gesprochen wird, also einem neuen geologischen Zeitabschnitt, der maßgeblich vom Menschen geprägt wird. Vor allem zeigt sich unsere zerstörerische Wirkung beim Artensterben und dem Klimawandel. Die Klimakrise ist aktuell die größte Herausforderung der Menschheit, bei der sofortiges und umfassendes Handeln notwendig ist.

In der Praxis sind die Handlungsoptionen einer Fresh X sehr unterschiedlich. Bei *FreiRaum* war es neben dem Bezug von Ökostrom der Versuch, Ressourcen zu schonen und beim Einkauf möglichst regionale und ökologische Produkte zu kaufen. Wichtig waren uns auch über die Auseinandersetzung mit diesen Themen hinaus gut umsetzbare Aktionen, wie etwa das Klimafasten. In Bezug auf Proteste und Einflussnahme auf die Politik haben wir die Möglichkeiten, die sich uns in Berlin boten, sicherlich nicht ausgeschöpft.

**Globalisierung & Marktlogik**
Die Welt ist inzwischen in vielen Bereichen so sehr verflochten, dass lokales Handeln häufig globale Auswirkungen hat,

die leider oft die Ungerechtigkeit noch verschärfen. Wir sind in einem System verstrickt, das bisher ohne die Ausbeutung von Menschen und Natur nicht auskommt. Manche sprechen hier von struktureller Sünde.

Im Schatten des globalen Siegeszugs des Kapitalismus, der mächtigen Finanzmärkte und der digitalen Plattformökonomie werden alle Bereiche des Lebens und auch der Kirche und des Glaubens unter einer Marktlogik, in der es allein um Wachstum, Profit und Erfolg geht, betrachtet. Hier hilft es, global voneinander zu lernen. So bietet das afrikanische „Ubuntu" eine Alternative zur Marktlogik, wie die südafrikanische Sozialethikerin Puleng LenkaBula schreibt: „Ubuntu unterstreicht die Bedeutung anderer Werte als Kapital, Eigennutz und individuelle Autonomie (…). Die Betonung liegt auf dem Erhalt des Lebens, der Würde und Integrität des menschlichen Lebens und der Schöpfung, sowie auf der Freude, der Ethik und den Theologien eines erfüllten Lebens, in dem Ressourcen zum Nutzen aller Völker gerecht geteilt werden, ohne die Erde zu zerstören."[30]

In Fresh X können wir uns lokal für eine gute und gerechte Globalisierung durch Bewusstseinsbildung, Austausch und Begegnung, politische Einflussnahme, prophetische Zeichen und einen gerechten Lebensstil einsetzen. Fair gehandelte Produkte und auch das Gespräch darüber waren bei *FreiRaum* ein Punkt, an dem das konkret wurde. Ebenso war es uns wichtig, *FreiRaum* möglichst wenig einer Marktlogik entsprechend zu gestalten: Nicht Eigennutz, sondern das Wohl der Anderen motivierten uns.

---

[30] Puleng LenkaBula, Economic globalisation, ecumenical theologies and ethics of justice in the twenty-first century, in: Missionalia: Southern Journal of Mission Studies, 38, 2010, S. 114.

## Krisen & Kriege

Krisen und Kriege beherrschen unsere Nachrichten und wirken sich auf unseren Alltag aus. Die Flut an Nachrichten und die damit verbundene Ohnmacht droht uns zu lähmen. Die Antwort darauf ist nicht, den Blick von dem Negativen hin zum guten Gott zu lenken und die Stimmung der Menschen aufzuhellen. Vielmehr können Fresh X Orte sein, an denen Menschen ihre Emotionen wahrnehmen und ausdrücken können und sie dabei gut begleitet werden. Gleichzeitig kann Frieden gesucht und im Kleinen praktisch geübt werden.

Einmal im Monat fand bei *FreiRaum* nach dem wöchentlichen Mitbring-Abendbrot „Brot & Butter" ein Friedensgebet statt. Dabei konnte die eigene Betroffenheit von Unfrieden geteilt werden: Manche erzählten von Konflikten in der eigenen Familie, andere direkt von einem Krieg, vor dem sie geflohen waren. Unsere Verzweiflung, Trauer und Wut haben wir vor Gott ausgesprochen und dann mit Teelichtern und alten sowie neuen Worten für Frieden gebetet. Gestaltet war das Friedensgebet so, dass meist Menschen mit unterschiedlicher religiöser Prägung daran teilgenommen haben. Es hat unseren Blick füreinander, aber auch für das Leid der Welt geschärft und uns immer wieder daran erinnert, wie Gott sich die Welt vorstellt.

## Migration & Flucht

Freiwillige und unfreiwillige Migration prägen seit jeher die Geschichte der Menschheit, auch die Bibel berichtet von den ersten Kapiteln an davon. Mehr als ein Viertel der Menschen in Deutschland haben einen sogenannten Migrationshintergrund. Wir können davon ausgehen, dass Migrationsbewegungen in unserer globalisierten, ungleichen und durch den Klimawandel sich verändernden Welt in den nächsten Jahren zunehmen werden.

Die ersten christlichen Gemeinden machten die Erfahrung, dass „in Christus" kulturelle Grenzen aufgehoben werden (Galater 3,28). Sollte nicht genau das in Fresh X erlebbar sein und Vielfalt tatsächlich gelebt und gefeiert werden?

Öffentlich bekannt wurde *FreiRaum* als ein Ort, an dem Begegnungen auf Augenhöhe zwischen Menschen mit und ohne Flucht- oder Migrationsgeschichte, mit unterschiedlichen religiösen und kulturellen Hintergründen stattfanden. Ein beliebtes Format war WeltenRaum, ein monatlicher Abend, an dem Menschen ihre Welt präsentieren konnten: sei es bei Präsentationen über Damaskus oder die „Black Lives Matter"-Bewegung oder an Abenden, an denen wir uns darüber austauschten, wie Neujahr weltweit unterschiedlich gefeiert wird. Und natürlich haben wir im Anschluss lecker miteinander gegessen. Auch als ab 2015 viele Geflüchtete zu uns kamen, war es uns wichtig, nicht allein Hilfe anzubieten, sondern aktive Mitwirkung und Mitgestaltung des Programms zu ermöglichen.

### Diskriminierung & Hass

Aufgrund ihrer Hautfarbe, sexuellen Orientierung, Behinderung, psychischen Erkrankung oder zahlreicher anderer Merkmale erleben viel zu viele Menschen jeden Tag Diskriminierung. Leider auch in jeglichen Formen von Kirche. Daher sollten Fresh X dabei helfen, eigenes Verhalten zu hinterfragen und diskriminierungsarmes Sprechen und Handeln einzuüben. Und selbstverständlich alles dafür tun, dass wirklich alle Menschen willkommen sind.

Gleichzeitig erleben wir, wie in unserer Gesellschaft „Wir gegen Die"-Narrative gepflegt und von einigen Gruppen bewusst Hass gesät wird. Als Gegenentwurf dazu braucht es Orte wie *FreiRaum*, die demonstrieren, dass ein friedliches Miteinander über alle sozialen Grenzen hinweg möglich ist – und dass der christliche Glaube tatsächlich Frieden und Freiheit bedeutet, nicht Abgrenzung und Einengung. Solche Orte wirken dann auch als prophetisches Zeichen: Niemand, der sie gesehen hat, kann mehr behaupten, dass eine friedliche und vielfältige Gemeinschaft nicht möglich sei.

### Ökumene & Netzwerke

In der öffentlichen Wahrnehmung wird kaum zwischen den christlichen Konfessionen unterschieden und für immer mehr Christ:innen ist die exakte Denomination nicht das entscheidende Kriterium bei der Wahl einer für sie passenden Gemeinschaft. Besonders bei vielen Fresh X fällt auf, dass sie intern sehr ökumenisch sind. Gleichzeitig ist die Verbundenheit zur weltweiten Kirche heute oft durch Personen, Reisen oder digitale Kommunikation gegeben oder leicht herzustellen.

Auch einen anderen Aspekt möchte ich betonen. Bei allen oben genannten Punkten ist es wichtig, sich bewusst zu machen, dass man auch mit der großartigsten Fresh X nicht alleine ist und alles leisten kann. Gute Verbindungen zu anderen Gemeinden, zu anderen Religionsgemeinschaften und in die Zivilgesellschaft sind essentiell. Weder klassische Kirchengemeinden noch Fresh X sollten versuchen, alles selbst zu machen und sich für alles und jede:n zu engagieren. In vielen Bereichen ist eine Zusammenarbeit mit anderen Akteuren, unabhängig von ihrer Prägung, sinnvoll, für andere Bereiche bietet sich eine exemplarische Spezialisierung an.

Bei *FreiRaum* gab es viele Personen, die für eine bestimmte Zeit dabei waren und dann weitergezogen sind. Wenn sie dann einen Platz in einer anderen Gemeinde – egal ob katholisch oder freikirchlich – fanden oder auf anderen Wegen gestärkt weitergingen, fühlte sich das im ersten Moment manchmal als Verlust an. Aber ist es nicht eigentlich etwas sehr Schönes, wenn man Wegbegleiter, Wegweiser und manchmal auch Wegbereiter sein kann?

*Ein Fazit*

Wenn das Herz einer Fresh X tatsächlich für die Welt schlägt, dann wird sie lernen, global zu denken und kontextuell zu handeln. Sie wird „weiter hören" und ganzheitlichen Frieden suchen und dies ihrem Kontext entsprechend konkretisieren, in den oben genannten Bereichen oder auch in anderen.

Und sie wird erkennen, dass es eigentlich gar nicht um die Fresh X geht, sondern um die Welt. Es geht nicht um den eigenen Erfolg, nicht darum, das Paradebeispiel für Kirche der Zukunft zu sein, nicht um große Zahlen, noch nicht einmal darum, weiter zu bestehen. Es geht um die Menschen, es geht um die Schöpfung. Es geht um Frieden, es geht um Gott.

Gott, der Schöpfer, liebt seine Schöpfung, er möchte Frieden schenken. Jesus lädt uns ein, daran in der Kraft des Heiligen Geistes mitzuwirken.

*„Als Schöpfer sorge ich dafür,*
*dass die Trauernden Loblieder auf den Lippen haben.*
*Frieden, Frieden den Fernen und den Nahen.*
*Ich will sie heilen, sagt der Herr."*
*Jesaja 57,19 (BB)*

## Literatur

Vieles von Jürgen Moltmann: z. B. Gott in der Schöpfung: Ökologische Schöpfungslehre, Gütersloher Verlagshaus, Gütersloh 1987; Ethik der Hoffnung, Gütersloher Verlagshaus, Gütersloh 2010 oder Christliche Erneuerungen in schwierigen Zeiten, Claudius, München 2019.

Grundlagenwerk von David Bosch, Mission im Wandel. Paradigmenwechsel in der Missionstheologie, Brunnen Verlag, Gießen 2012.

Meine Masterarbeit: „Globale Gerechtigkeit lokal leben. Eine missiologische Untersuchung der Initiative fairlangen.org": https://einaugenblick.de/wordpress/wp-content/uploads/2019/09/Hufeisen-Daniel-Globale-Gerechtigkeit-lokal-leben.pdf

Mutmachender Podcast: 180 Grad: Geschichten gegen den Hass https://www.ndr.de/nachrichten/info/podcast4576.html

Studiengang Transformationsstudien und damit verbundene Literatur: https://www.transformationsstudien.de/

Ein Kurs für Gemeinden und Gruppen zu globaler Nächstenliebe: https://micha-initiative.de/justpeoplekurs

Veranstaltungen und mehr von Emergent Deutschland: https://emergent-deutschland.de/

anders, damit Sendung und Berufung die Welt verändern

## Der Weg ist das Spiel
## Wie Kirche nicht zu retten, aber zu haben ist

*Andrea Kuhla*

„Wenn das mal gut geht", denke ich, als jemand den bis zum Bersten mit Luft gefüllten Ballon immerzu in den Fluss aus roter Farbe tunkt. Hoffentlich platzt er nicht, dann ist die ganze Kirche vollgekleckert. Ich wische meine Befürchtung beiseite und beobachte weiter das, was sich vor meinen Augen im Altarraum abspielt: Der Altar ist mit einem riesigen Stück Siloplane abgedeckt, das der Länge nach von dort die Stufen herunterreicht und bis zum Mittelgang gespannt ist. Darauf eine lange und dicke Bahn Papier. Kurz zuvor haben wir literweise rote Abtönfarbe aus einem Kanister zu den Worten der Pfingstgeschichte dort ausgegossen. Nun glänzt es klebrig von der Bibel bis zu den Bänken. Die Kirche ist zum Spielraum geworden. Alles, was hier jetzt passiert, folgt einzig den Regeln der Lust und der Intuition: Eine zieht ihre Schuhe aus und läuft barfuß durch die Farbe. Tapst über Papier und Folie und schaut, wie weit ihre Spur reichen wird. Rote Papierflieger segeln von der Empore durchs Kirchenschiff. Unten stehen einige, die auf Papier deren Bewegungen in Linien dokumentieren, ohne dabei aufs Blatt zu sehen. Rote Fäden ziehen sich über das Weiß – ein Versuch, G*ttes heilige Kraft, kaum zu fassen, wenigstens kurz zu erhaschen. Jemand zieht ein Spielzeugauto an den Reifen auf und lässt es unter den Kirchenbänken hindurch los. Es zischt ab, fährt immer weiter, bis es vor eine der Bankstreben knallt. Rumms. Und dann nimmt einer diesen Luftballon und tunkt ihn in die Farbe. Dreht und wendet ihn,

Rot in Rot. Natürlich platzt der Ballon. Die Farbe spritzt weit über die schützende Folie hinaus. Während die Spielenden unbeirrt weiter erkunden und experimentieren, werde ich etwas nervös – hoffentlich bekomme ich das alles wieder sauber. Ich zögere – und lasse es geschehen. Was jetzt passiert, darf passieren. Ich greife nicht ins Spiel ein, indem ich es reguliere. Einen Moment lang genieße ich den Anblick einer anderen Kirche.

Aber was, wenn unser Spiel Spuren hinterlässt? Es gibt Menschen, für die ist dieser Raum ihr Wohnzimmer. Sie haben sich hier eingerichtet, die Bänke bleiben fest installiert und alle Tassen geordnet im Schrank – ein Zettel in der Küche verweist ihre Nutzer*innen darauf, dass auch hier bitte alles bleibt, wie es ist –, unversehrt und für die Ewigkeit konserviert.

Doch G*ttes Geistkraft lässt sich nicht konservieren. Sie weht, segelt und kleckst, wo sie will. Wo sie sich ins Spiel bringt, verändert sich die Perspektive. Sie lässt ahnen, dass Ewigkeit nicht statisch ist, sondern beweglich: Da ist viel Spiel.

Spielen ist Beten: Mich der Anderskraft überlassen. Meine Angst und meinen Anspruch *los*lassen und mich darauf verlassen, dass G*tt mir geschieht. Eine Kirche, die sich dem Spiel dieser Anderskraft überlässt, geht ans Eingemachte. Indem sie ihre Vorratskammern öffnet und die Schätze zugänglich macht – sie aufs Spiel setzt, ohne zu wissen, was damit geschehen wird –, hat sie bereits gewonnen. Denn etwas ist anders: sie vergeht nicht, sie lebt.

## A – anfangen

„Und was soll ich jetzt machen?", fragen manche Menschen, wenn ich sie ins Spiel begleite. Andere stürmen los, von Abenteuerlust und kreativem Drang getrieben, ihren Ideen hinterher: Neugierig und voller Lust werkeln, wurschteln, tanzen, schreiben sie und probieren sich aus. Manche sehen zu Beginn des Spiels ein großes Fragezeichen. Was sollen sie jetzt anfangen mit all den Dingen, Materialien und Ideen, die sie umgeben – und was sollen sie mit sich selbst darin anfangen? Sie suchen vergeblich nach einem Raster oder einer Skizze, nach einer Aufgabe, die einen ganz bestimmten Zweck erfüllt. Manchmal heißt anfangen, sich eine „lange Weile" zu gönnen, zum Beobachten und Sich-inspirieren-Lassen. Und währenddessen der Frage nachzuhängen: Wozu habe ich Lust? Was zieht und drängt mich, was will jetzt unbedingt um seiner selbst willen getan werden?

Der Weg ist das Spiel. Es geht darum, im Hier und Jetzt anzukommen. Glanz im Unfertigen zu finden und Glück im Einfach-mal-Machen. Ohne dass etwas dabei herauskommen muss – und doch geschieht genau das wie von selbst: „Wenn mir etwas auffällt, dann fällt mir auch etwas ein" (nach Alfred Hrdlicka). Spiel ist keine Methode. Spiel ist eine Haltung: Erlaubnis zur Freiheit. Und Spiel ist immer ein Anfang. Eine Kirche, die spielt, schafft Raum für ziellose Anfänge und stellt sich dafür zur Verfügung: Sie schafft sich selbst und anderen Spielraum.

## N – nützen

Es ist womöglich das Nichtsnutzigste, draußen zu sitzen und in den Himmel zu sehen.

Und genau das tun wir gerade. Eine Gruppe Hans-guck-in-die-Luft, die sich an Himmelfahrt draußen zum gemeinsamen Spielen verabredet hat. Wir wollen ein „Parallelprotokoll" schreiben, zu dem uns die Kunsthalle Below inspiriert hat. Und so sitzen wir auf den Stufen einer Berliner Kirche. Im Rücken ihre alten Mauern, vor uns Häuser, Menschen und Autos. Und über uns und allem der weite, blaue Himmel. Unsere Spielregel: Wir sitzen 15 Minuten einfach da und protokollieren parallel, was uns auf- und dazu einfällt. Und das ist eine ganze Menge: Unterm Himmel ist gut sein. Im großen Raum für Luft, Leben und Atem. Ein Vogel fliegt vorbei. Klein und frei, weit über mir. Vielleicht eine Schwalbe? Also kein Regen heute. Dafür wolkenlose Freiheit. Offener Himmel. Kein Wölkchen, hinter dem ich mich verstecken müsste. Und wenn der Himmel jetzt genau so auf die Erde tropfte, langsam und leise, in Vergissmeinnichtblau und Federweiß. Er würde Rückstände in den Ritzen des Kopfsteinpflasters hinterlassen, und selbst die Kehrmaschine, die hier gerade vorbeifährt, bekäme sie nicht da heraus. Er würde die Kirchenstufen hinunterrinnen und einen Weg in mein Herz finden. Tropfen für Tropfen. Bis es überliefe und alles in mir Himmel wäre.

Ist das, was wir hier tun, nutzlos? Ja, denn es erfüllt keinen Zweck. Und nein, denn es ist voller Sinn. 15 Minuten lang haben wir einfach dagesessen, beobachtet, uns treiben lassen. Wir haben uns selbst verloren in diesem Spiel. Und dabei vom Himmel gelernt. Wenn Jesus sagt, dass wir unser Leben erst verlieren müssen, um es zu gewinnen, dann denke ich ans Spielen. Spielen hat keinen Zweck. Und das empfinde ich als zutiefst himmlisch und heilig. Ich spiele das Heilige frei, indem ich meiner Intuition folge und der Frage in mir Raum gebe, wozu ich jetzt gerade eigentlich Lust habe. Es ist eine spirituelle Übung für mich. Eine, die mir manchmal schwerfällt – denn das allermeiste in meinem Leben ist an einen Zweck gebunden. Im Spiel löst sich diese Zweckgebundenheit. Ich erfahre darin einen tiefen Sinn. Ich glaube, es ist derselbe Sinn, der mich und alles, was lebt, umgibt. Im Rückblick, das weiß ich inzwischen, werde ich diesen Sinn berührt haben – oder er mich, wer weiß das schon? Und wie bei der blutflüssigen Frau im Markusevangelium, die nur den Saum von Jesu Gewand berührt, wird dann in mir etwas heil sein. So ist es jedes Mal.

Dieses Kleid aus Sinn, das G*ttes Kind trägt, gehört auch zu unserer Kirche. Immerhin ist sie Christi Leib. Was würde geschehen, frage ich mich, wenn die Kirche ihr Kleid hervorholen und es überstreifen würde? Nicht, damit es den Zweck erfüllt, ihr Attraktivität und Relevanz verschafft – sondern einfach, weil es ihr Freude bereitet? Ich glaube, es würde ihr ziemlich gut stehen.

## D – dürfen

Ich vertraue darauf, dass die Kirche ein Ort sein kann, an dem Menschen ihre Wunden zeigen dürfen. Auch und gerade diejenigen Menschen, die Kirche derzeit verantworten. Damit wir diesen Kreis der Exklusivität endlich öffnen und auch in unseren Räumen anderen Zugang zu G*ttes Gnadenschätzen verschaffen, die wir in unseren Schränken und Kellerregalen für hohe Feste und schlechte Zeiten verwahren. Ich wünsche mir so sehr, dass Menschen, die eine Kirche sehen, denken: Das hier ist ein safespace für mich. Hier darf ich mich zeigen. Im Spiel ist auch das in allen Facetten möglich. Spielen lässt sich auch mit Vermächtnissen, mit Schuld, Trauer, Angst und Fehlern. Und mit dem Glauben daran, dass G*tt auch daraus Gutes entstehen lassen kann und will. Das ist manchmal mit Tränen und Schmerz verbunden. Doch es kann auch ganz leicht gehen:

Wir sitzen in der Kirche zusammen, um das alte Jahr zu verabschieden. Wir tun das mit Stift und Papier – und mit

Der Weg ist das Spiel

kaltem Kaffee. Auf ein leeres Blatt kleckern wir alles, was wir aus dem vergangenen Jahr noch mit uns herumtragen an Sorgen und Ängsten. Lauter Dinge, die nicht gereicht haben, und was wir nur fast geschafft haben. Manche trauern auch und fügen etwas Salzwasser hinzu. Und dann malen wir. Aus den Kaffeeflecken werden Blumen, Wälder und Fabelwesen. Alles Sehnen findet seinen Platz. Es wird zum Gebet voller Traum und Phantasie. Auf dass Neues aus dem Alten werden möge. Ein zartes Vergewissern, dass unser unfertiges, brüchiges „fast" reicht. Und G*tt sein „geschafft" hinzutun wird.

## *E – erkunden*

Wir stehen oben auf der Orgelempore und schauen runter in diesen Raum, mit dem ich bisher so wenig warm werden konnte. Besonders der Jesus auf dem Altar bedrückt mich. Seine Brust ist wie plattgewälzt und sein Geschundensein löst immer wieder aufs Neue Abneigung in mir aus. Ich will das nicht dauernd sehen müssen. Heute bereiten wir das Spielen zum „Dazwischen" für den Karsamstag vor. Eine Art Vorspiel, in dem wir zunächst den Raum erkunden: Wir wollen verstehen, was der Raum schon weiß. Von hier oben und mit dem Tag zwischen Karfreitag und Ostern im Kopf erzählt der Raum von nichts anderem: Die Haken an der Rückseite der schlichten Bänke werden zu einem Meer aus Dornen. Und ihre pfeilartig zugeordnete und geschlossene Mitte wird zum Riss, der durch diese Welt geht. Die Besenkammer unter der Empore mit ihrer klapprigen Tür wird zum Grab und draußen hinter den Bodenglasfenstern unter dem bunten Kreuz wird die Wiese zum Friedhof.

Am Karsamstag stellen wir bereit, was die biblischen Texte für diesen Tag hergeben: Essig und Asche, Leinen und Verbandszeug. Wir schauen alle gemeinsam hinunter in die Dornen und in den Schmerz der Welt. Wir schließen das Grab unter der Empore und versiegeln es mit Tape. Eine rüttelt an der Tür, es hallt laut und verstörend in unsere Stille hinein. Das Grab ist wirklich verschlossen. Eine klettert über die Bänke und klebt mit Tape einen Riss durch die Mitte der Kirche. Mit jedem Ratsch, das ein Stück Klebeband von der Rolle reißt, spürt man ihn. Unerbittlich. Wir mischen rohes Ei mit Asche und Essig und schauen, was passiert. Manche rühren und mischen so lange, bis daraus eine Farbe entsteht, mit der sich malen lässt. Bilder entstehen, die nach dem Trocknen rissig und staubig aussehen. Manche versorgen die Wunden des Altar-Jesus mit Leinen und Verbandszeug. Liebevoll, zart und mit Hingabe. Plötzlich kommt mir dieser Jesus nah. Dieses Bild wird mir von jetzt an immer vor Augen sein, wenn ich zum Altar blicke. Wir hauchen Gebete in Leinentücher. Dinge, von denen wir uns wünschen, dass sie sich verwandeln. Dann tragen wir sie hinaus zu dem kleinen Grab vor dem Kreuz im Fenster, das der Hausmeister am Vortag für uns ausgegraben hat. Eine Gruppe von etwas mehr als 20 Menschen beerdigt ihre Gebete im Regen, der sich mit Tränen mischt. Wir summen „Korn, das in die Erde", während wir das kleine Grab mit unseren Händen mit Erde füllen und die Grasnarbe darauflegen. In diesem Moment wissen wir noch nicht, dass am Ostermorgen in ihrer Mitte ein Gänseblümchen sein wird.

Wenn all dieser Spielraum in einer Kirche der 60er-Jahre-Bauart mit seinen ästhetischen Eigenheiten zu finden ist – welche Fülle für unser Sein als Kirche würden wir erst entdecken, wenn wir diese Welt und ihre Orte mit offenen Augen und Herzen erkunden würden?

*R – riskieren*

Spiel ist Risiko. Wenn ich mich ins Spiel bringe, dann werden mit ziemlicher Sicherheit Dinge an die Oberfläche gelangen, die nicht unbedingt leicht verdaulich sind. Und damit die Frage, ob ich aushalten kann, dass mich etwas verändert. Bin ich mutig genug, mich selbst aufs Spiel zu setzen? Oder verspiele ich damit meine Sicherheiten?

Ich stehe auf einem Mauervorsprung in einer alten, thüringischen Dorfkirche und lasse mich auf das Spiel mit meiner Angst ein. Sie kriecht meine Seele hoch und schnürt mir die Kehle zu. Treibt mir Tränen in die Augen. Es ist mir ernst. Helles Licht dringt durch das Fenster, unter dem ich stehe. Mischt sich mit meinen Tränen. Ich bin ganz und gar damit beschäftigt, was sich hier gerade in mir abspielt, was heraus an die Oberfläche gespült wird. Unerwartet mischt sich der Duft von frischem Brot mit dem salzigen Geschmack meiner Tränen. Holt mich in den Raum zurück und umarmt meine Angst. Trägt mich, hält mich, flüstert: „Ich bin da, was auch geschieht. Ich decke dir den Tisch im Angesicht deiner Angst." Ich sehe auf und jemand backt Brot in einer Pfanne auf dem Altar, während ich mit meiner Angst ringe. Es trifft mich und ich spüre barmherzige Fürsorge, die meinen Verstand übersteigt. Seitdem backe ich jedes Mal, wenn die Angst zu Besuch kommt. Ich backe gegen die Angst. Oder vielleicht für sie. Bitte sie herein, teile mein Brot mit ihr. Schaue sie an und frage sie, woher sie kommt und was sie hier will. Nach einem Happen geht sie wieder – sie müsse jetzt weiter, sagt die Angst, aber danke für das Brot. Es hat sie an zu Hause erinnert.

## S – spüren

Wer spielt, darf Zeug*in sein davon, wie sich über die eigenen Grenzen und Machbarkeiten hinaus alles fügt. Und spüren: Alles ist gehalten.

Wir stehen am Altar. Es ist G*ttes Tisch, der über die Gräber hinausreicht, haben wir eben gehört. Ein Tischtuch ist darauf ausgebreitet, in der Mitte steht ein Marmorkuchen. Es ist der Abend vor dem Ewigkeitssonntag. Eine Enkelin hat erzählt, wie sie als Kind diesen Kuchen immer mit ihrem Großvater buk und aß. Danach haben wir alle mit Scrabble-Steinen den Namen derer gelegt, die wir vermissen. Eine beginnt zu weinen. Jemand sucht nach einem Taschentuch und findet keins. Eine andere greift zu den Servietten neben dem Kuchen und gibt ihr eine. „Heimathafen" steht darauf. Und während wir dort im Kerzenlicht stehen, Kuchen kauend unsere Tränen und unser Lachen teilen, treten noch andere Menschen durch die offene Kirchentür an den Altar: Ein Mann und ein Vater mit seiner kleinen Tochter. Sie nähern sich uns, schauen, was wir da tun. Der Kreis um den Altar öffnet sich – wir bieten Kuchen an und zeigen die Namen aus Scrabble-Steinen auf dem Altar. Und plötzlich stehen da noch ein paar mehr Menschen, scrabbeln und kauen andächtig.

## G*ttes Anderskraft

Das Spiel bietet der Kirche all das. Es kann sie nicht retten. Aber es kann ihr helfen, herauszufinden, wer sie für andere sein könnte. Und dabei gleichzeitig schon eine Utopie ihrer selbst sein – im Bruchstückhaften ewig und flüchtig frei. Spielen kann die Kirche ihren Instinkten und ihrer Intuition näherbringen, der Freude und der Lust. Und so G*ttes Anderskraft begegnen.

Als ich am Sonntag nach unserem Pfingstspiel die Kirche vor dem G*ttesdienst betrete, sehe ich von weitem unter einer Bank einen Papierflieger. Unscheinbar liegt er da in einer Spinnwebe verheddert. Ich will ihn aufheben, sauber machen – und überlege es mir anders: Er soll bleiben. Ich will der Geistkraft nicht die Möglichkeit nehmen, nachzuwirken. Jemandem eine Geschichte zu erzählen, zu inspirieren. Und dem/der Finder*in will ich nicht die Möglichkeit nehmen, sich zu wundern. Als ich an den Altar trete, muss ich lächeln: Die aufgeschlagene Bibel hat ein wenig rote Farbe abbekommen. Ein paar kleine Tropfen Liebe bis aufs Blut. Ich lese die Verse vom ausgegossenen Geist noch einmal. Sie haben sich für mich verändert. Dann stelle ich den Abendmahlskelch neben den Farbklex – das gute, weiße Altartuch war natürlich nicht mehr zu retten. Der Glaube daran, dass meine Kirche doch noch anders zu haben ist, dafür umso mehr.

*Miteinander zu spielen bedeutet auch, einander Inspiration zu sein: Die erste Spur zu diesem Text hat Dorothée Böcker gelegt. Von ihr stammt die Idee, a-n-d-e-r-s als Wort- und Spielmaterial zu nutzen. Danke, dass du sie mir zugespielt hast.*

**Zum Nach- und Weiterlesen**

Zitatesammlung des Künstlers Alfred Hrdlicka: https://www.derstandard.at/story/1259281312492/alfred-hrdlicka-in-zitaten-mir-faellt-nichts-ein-mir-faellt-was-auf

Kunsthalle Below/Parallelprotokolle: https://minimalesreisen.de/parallelprotokolle/

„Playing Arts. Spiel als Übungsfeld der Freiheit" von Dorothée Böcker, in: HERRLICH, Das GJW-Magazin 01 | 2019: https://www.gjw.de/fileadmin/edition_gjw/dokumente/Herrlich_2019_01_final_onlineversion.pdf

Termine und Infos zu PlayingArts beim „Netzwerk Spiel und Kultur e.V": https://netzwerk-spielundkultur.de

Dossier PlayingArts: https://www.ejw-exbi.de/fileadmin/exbi/upload/Dossier_Playing_Arts_2015.pdf

Dokumentation der KarsamstagsWerkstatt „Dazwischen": https://www.segenssachen.de/2022/01/14/roter-faden-2/

Dokumentation der PfingstWerkstatt „Track the Spirit" https://jippieauja.wordpress.com/2018/06/21/rot-sehen-track-the-spirit/

# anders – und doch nicht
# Ein Schlusswort zum Anfangen

*Maria Herrmann und Florian Karcher*

Gesellschaft und Kirche in Deutschland verändern sich, sie werden *anders*. Darüber wird an unterschiedlichen Stellen nachgedacht, eine Menge wird ausprobiert, viel unternommen. Manches davon ist im kirchlichen Bereich von den sogenannten *Fresh Expressions of Church* inspiriert. Und über einiges davon konnte man in den Artikel dieses Bandes mehr lesen. Manches tauchte wiederum – dem Umfang und Ansatz des Buches geschuldet – nicht auf. Das soll Sie allerdings nicht davon abhalten sich selbst auf die Suche und damit auch für Sie selbst einen Anfang zu machen: Mit Hilfe von Suchmaschinen oder in den Netzwerken Ihres Vertrauens, und vor allem von dort aus, wo Sie gerade sind. In diesem Sinne ist es uns als Herausgeber:innen wichtig, unsere Momentaufnahme in Sachen Fresh X zu teilen und davon zu erzählen, was beim Suchen und Anfangen, Weitermachen und Anders werden helfen kann.

## Ewige Spiele

Der Autor und Berater Simon Sinek hat mit seinem goldenen Kreis eine gedankliche Struktur benannt, die auch in dem vorliegenden Buch steckt: *Warum* sind Veränderungen der Kirche(n) notwendig (und möglich), *wie* lassen sie sich verstehen und *was* zeigt sich, wenn man mit einer veränderten

Haltung Kirche gestaltet? Zehn Jahre nach der Veröffentlichung von „Frag immer erst: Warum" legt Sinek ein weiteres Gedankenspiel vor, das ebenfalls hilfreich ist für die Veränderung der Kirche(n): In „Das unendliche Spiel" unterscheidet er in Herausforderungen, die sich abschließend meistern lassen (endliche Spiele) und Aufgaben und Fragestellungen, die niemals so recht aufhören (eben: unendliche Spiele). Er schreibt dazu selbst auf seiner Website, dass er das Buch geschrieben hat, um diejenigen von Veränderungen zu überzeugen, die mit dem Status Quo zufrieden sind und diesen verteidigen. Aber eben auch um denjenigen etwas mit zu geben, die einen Zustand einer Organisation oder Institution in Frage stellen und mitwirken möchten, daran etwas zu verändern. Entscheidend ist für Sinek, dass diese Veränderung mit der Erkenntnis beginnt, dass es die eigenen Haltungen und Annahmen sind, die einen begrenzen. In seiner Sprache und mit seinen Bildern sagt er: Der eigentliche Gegner oder Konkurrent, gegen den man spielt oder antritt, ist man selbst. Ein bisschen erinnert dieser Gedanke auf der einen Seite an das „Gebet eines chinesischen Christen": „Herr, erneuere Deine Kirche – und fange bei mir an." Und es ruft auf der anderen Seite noch einmal das ins Gedächtnis, was Innovationsforschung meint, wenn sie sagt, dass Ansätze wie Effactuation in unsicheren Zeiten wie diesen besonders hilfreich sein können: mit dem zu beginnen, was man hat, dort den Anfang zu machen, wo man ist. In den Artikeln und durch die Zugänge des vorliegenden Buches wurde deutlich, dass es nicht den einen Weg oder die eine Strategie geben kann, Kirche anders zu gestalten. Der Prozess ist, mit den Worten von Simon Sinek, ein unendliches Spiel. *Ecclesia semper reformanda est*, sagen andere dazu. Die Kirche ist immer zu reformieren.

*Konkrete Hinweise zum Anfangen*

Für diese Veränderungswege braucht es mutige Menschen, die erste Schritte wagen, ausprobieren, Experimente machen und Erfahrungen sammeln. Menschen, die eben dort beginnen, wo sie sind. Es braucht Pionier:innen, die sich auf den Weg machen und von den Widrigkeiten auf diesem Weg nicht abhalten lassen. Oftmals ist sind es eigene Gefühle und Wahrnehmungen die zu diesem Schritt führen. Jonny Baker, ein wichtiger Akteur der Fresh Expressions Bewegung in England, spricht in diesem Zusammenhang von einem „gift of not fitting in", also einer Gabe des Nicht-Hineinpassens als Antrieb für Veränderung. Er betont damit den unschätzbaren Wert des Andersseins, bezeichnet es sogar als Charisma und zwar als ein sehr wichtiges für die Veränderung der Kirche. Es ist eine heilsame Sicht: Menschen, die sich unwohl fühlen in Kirche, und all jene, die denken, dass sie in die kirchliche Form, die ihnen begegnet, nicht hineinpassen oder dort gar anecken, als Chance und Geschenk zu verstehen. Solchen Gefühlen und solchen Menschen Raum in Kirche zu geben, ist nicht selten ein erster Schritt zur Veränderung. *Ein guter Anfang für das Anderswerden kann sein, bei sich selbst nach dieser Gabe zu suchen, sich mit ihr zu versöhnen und von ihr beschenken, motivieren und senden zu lassen.*

Mit dieser Gabe in die eigene Kirche oder Gemeinde und in das was von ihr übrig geblieben ist, nicht hineinzupassen, kommt oft auch die Einsamkeit. Gleichzeitig kann man die (gar nicht so) erstaunliche Erfahrung machen, mit der eigenen Unzufriedenheit in der Kirche nicht alleine zu sein – sofern man diese in einer guten und konstruktiven Weise und von der Zukunft her kommuniziert. Es tut gut, Kompliz:innen für das Neue zu finden – auch wenn diese vielleicht erst einmal in dieser Hinsicht unverdächtig daherkommen. Es sind häufig die Menschen, mit denen man am wenigsten gerechnet hat, die einem am meisten fehlen, um etwas Neues zu gestalten. Die Bibel ist voll von Menschen, die auf die erstaunlichste Weise zusammenkommen und etwas Besonderes miteinander bewirken. *Ein guter Ort für den Anfang für das Anderswerden kann eine Gemeinschaft sein, eine Gemeinschaft von Anderen. Ein guter Anfang für das Anders werden kann sein, sich auf die Suche nach denen zu machen, denen es ähnlich geht. Auch wenn das auf den ersten Blick vielleicht nicht so aussieht.*

Dazu kommt noch, dass kirchliche Aufbrüche in diesen Zeiten nicht selten ökumenisch oder gar postkonfessionell sind: Die Ökumene der Sendung bereichert innovative Formen kirchlichen Lebens, die Vielfalt der Ökumene schenkt einen neuen Blick auf die eigenen Gaben und Ressourcen. Diese Dynamik kann dazu noch eine multireligiöse sein oder werden. Und natürlich eine, die den gesamten Sozialraum mit in den Blick nimmt. *Ein guter Anfang für das Anderswerden kann sein, sich wiederum selbst andere zur Seite zu holen. Andere, die einen bereichern und ergänzen. Andere, die einem neue Perspektiven schenken.*

Vor diesem Hintergrund mag es dann auch leichter fallen, die Perspektive des Reiches Gottes einzunehmen und bewusst einmal außerhalb der Kirchenmauern Gott auf die Spur zu kommen. Dabei können neue Formen der Zusammenarbeit und Kooperation entstehen und auch neue Wege der Finanzierung, Etablierung und der Vernetzung hilfreich sein, neue gute Orte inmitten dieser Welt zu gestalten. *Ein guter Anfang für das Anderswerden kann sein, sich zu fragen, warum und worauf hin man etwas tut. Welche Zukunft man mitgestalten möchte. Und an welcher Gestaltung der Zukunft man sich beteiligen möchte.*

Kommunikation ist entscheidend für Veränderungsprozesse jeglicher Art. Von einer Zukunft und einem Warum und Woraufhin zu erzählen ist ein wesentlicher Bestandteil für Innovationen in weltlichen wie kirchlichen Kontexten: Veränderung geschieht am besten aus einem Sog heraus. Druck kann viel kaputt machen; in kirchlichen Kontexten gibt es zahlreiche Beispiele dafür. Deswegen ist gutes Storytelling, auch und gerade als partizipatives Geschehen, eine wichtige Ressource für Leitungs- und Führungspersonen. *Ein guter Anfang für das Anderswerden kann sein, Geschichten zu erzählen, die einen tragen. Aber genauso gut auch Geschichten, die einen unruhig werden lassen: Geschichten mit denen man aufbrechen will. Einfach aufbrechen muss.*

Schließlich stellt sich die Frage, woher die Kraft für die Veränderung kommt. Nicht selten gehen Pionier:innen an die Grenzen ihrer körperlichen, psychischen und geistlichen Kräfte und müssen daran erinnert werden, selbst aufzutanken. Dabei ist es für die Prozesse, in denen diese Akteur:innen des Wandels agieren, enorm wichtig wach und aufmerksam zu bleiben. *Ein guter Anfang für das Anderswerden kann sein danach zu fragen, was einem selbst guttut, Kraft gibt und Hoffnung schenkt, heil bleiben oder werden lässt. Ein guter Anfang für das Anders werden ist auch manchmal einfach nur: eine Pause zu machen.*

## Nicht vergessen beim Unterstützen

Aber nicht nur das konkrete Tun und Handeln ist entscheidend, sondern gleichermaßen die Weise, wie Pionier:innen und Menschen, die in der Kirche Dinge anders und andere Dinge tun, unterstützt und begleitet werden. Auch wenn es manchmal nicht so wirkt, sind es oft jene, die am kraftvollsten und stärksten auftreten, die immer wieder Hilfe und Rückendeckung benötigen.

Und hier ist das „Gift of not fitting in" ebenfalls ein wichtiger Ausgangspunkt: Das ständige Anecken macht müde und mürbe, alles und immer wieder von Grund auf neu zu denken kostet Kraft. Dazu wird man in so einem Prozess häufig Zielscheibe für Projektionen und ist alleine durch das Auftauchen bereits Provokation. *Ein gutes Unterstützen* für das Anderswerden *der Kirche kann sein, immer wieder nachzufragen. Wahrzunehmen, was passiert, den Kontakt zu suchen. Die kleinen Erfolge wertzuschätzen. Die Prozesse verstehen zu lernen und zu übersetzen. Bei Kritikern einzutreten und Anwaltschaft zu übernehmen für neue und andere Perspektiven.*

Aufbruch und Innovation sind auch geistliches Geschehen. Prozesse wie diese zu begleiten, gehört seit Jahrhunderten in den Instrumentenkoffer und in die Schatzkiste der Kirche(n). Werkzeuge wie geistliche Begleitung, Exerzitien und andere Formen der Förderung sollten nicht instrumentalisiert, aber klug genutzt und sensibilisiert im Hinblick auf die jeweiligen Standards (wie z.B. das forum internum) eingesetzt werden. *Ein gutes Unterstützen* für das Anderswerden *der Kirche kann sein, immer wieder die Perspektive auf diese geistlichen Ressourcen zu richten und dafür zu sorgen, dass sie für andere zugänglich sind.*

Veränderungsprozesse in derart komplexen Kontexten wie den kirchlichen sind weder plan- noch mach- und erst recht nicht (mehr) steuerbar. So wichtig klare Prozesse und ausgefeilte Strategien für die großen Veränderungsprozesse der Kirche(n) sind, so entscheidend sind die kleinen Aufbrüche vor Ort. *Ein gutes Unterstützen für das Anderswerden der Kirche kann sein, seine eigenen Bilder von der Zukunft im Blick zu be-*

*halten. Die eigenen Erwartungen, den eigenen Druck und den drohenden Kontrollverlust gut zu reflektieren. Und sich von dem überraschen zu lassen, was einem dann wirklich entgegenkommt.*

Lernen und Verlernen gehört zu Veränderungsprozessen. Das Entscheidende für die Zukunft der Kirche sind die Kontexte, in denen sie neu entsteht. Deshalb lässt sich nicht sagen, ob ein konkretes Handeln aus der Vergangenheit oder der Gegenwart in Zukunft Sinn ergibt – oder nicht. Bestimmte Weisen des Handelns, Aktionen, Formate, Veranstaltungen, kurze Sätze wie: „Das haben wir schon immer / noch nie so gemacht", „das haben wir vor Jahren schon einmal ausprobiert" oder „Was soll daran neu sein?" sind also überflüssig. *Ein gutes Begleiten für das Anderswerden kann sein, die Kirche grundsätzlich vom Kontext und den Anderen her zu denken: Und darauf zu vertrauen und bauen, dass sich auch in ihnen Gott neu zeigen will.*

## Anders – und doch nicht

Gesellschaft und Kirche in Deutschland verändern sich, sie werden *anders*. Darüber wird an unterschiedlichen Stellen nachgedacht, eine Menge wird ausprobiert, viel unternommen. Und manches davon ist in diesem Buch dokumentiert.

Es war uns ein Anliegen davon zu erzählen, warum und woraufhin diese Veränderungen notwendig sind, wie sie aktiv gestaltet werden können und was davon in der Kirche im deutschsprachigen Raum von der Idee der Fresh Expressions of Church geprägt ist. Eben: Wie Fresh X neue Wege gehen. In der altbekannten Dynamik aus Tradition und Innovation, mit kreativem Geist den Herausforderungen begegnend. Kontextuell und missionarisch. Auf die schauend, die vor uns waren und nach uns kommen. Auf die, die mit uns sind. Und im Vertrauen darauf in all dem Tun nicht alleine zu sein.

Im Hintergrund steht dabei immer auch der Gedanke an das ewige Spiel: An eine Kirche, die sich von ihrer Sendung her formen lassen muss – ecclesia semper reformanda est. Und so wird sie anders, und doch nicht.

# Autor:innen

**Mathias Albracht**
geboren 1989 im Sauerland, lebt mit seiner Familie in Münster. Als katholischer Theologe und Pastoralreferent kümmert er sich für das Bistum Münster um Verkündigung im öffentlich-rechtlichen Radio, im Fernsehen und den Social Media. Er selbst würde sich als Popkultur- und Kunstnerd bezeichnen und findet Inspiration für Innovation sogar im Museum.

**Friederike Erichsen-Wendt**
geboren 1976, Dr. theol., Pfarrerin, lebt und arbeitet in Hofgeismar. Ihre Leidenschaft ist es, andere zu befähigen, umsichtig, fröhlich und beharrlich Wandel zu gestalten. Das tut sie als Studienleiterin für „elementar&flexibel", die Ausbildung zum Pfarrberuf in der Evangelischen Kirche von Kurhessen-Waldeck. Predigtlehre und Playing Arts, Pastoraltheologie und die Weite der sich qualitativ weiterentwickelnden Volkskirche spielen dabei wichtige Rollen.

**Miriam Fricke**
geboren 1993, lebt in Südbrandenburg und arbeitet als Gemeindereferentin im Bistum Magdeburg. Nebenbei studiert sie Management Sozialen Wandels in Görlitz und liebt es, Fragen über Gott und die Welt zu stellen.

**Anna-Sofie Gerth**
geboren 1988, lebt, arbeitet und joggt in Berlin. Als Diakonin und Sozialarbeiterin arbeitet sie seit 2016 hauptamtlich in der Obdachlosenhilfe und im Dienstbereich Mission der Berliner Stadtmission. Bei Twitter, in Vorträgen, Podcasts und Kolum-

nen geht es häufig um die Verschränkung von Kirche, Diakonie und Obdachlosigkeit.

**Felix Goldinger**
geboren 1979, lebt mit seiner Familie in der Pfalz. Als Pastoralreferent arbeitet er im Bereich der Kirchenentwicklung und missionarischen Pastoral. Mit der ökumenischen Initiative SCHON JETZT vernetzt er Menschen, die neue Formen von Kirche erproben und entwickeln wollen. Außerdem ist er Teil der Netzgemeinde da_zwischen und trinkt gerne guten Kaffee.

**David Gutmann**
geboren 1978, blickt jeden Tag mit 1 Frau, 5 Kindern, 1 Hund und 6 Hühnern auf die Rheinebene und das Straßburger Münster. An der Katholischen Hochschule in Freiburg versucht der promovierte Wirtschaftswissenschaftler Statistiken und Zahlen strategierelevant aufzubereiten und so die Brücke zur pastoralen Praxis zu schlagen.

**Katharina Haubold**
geboren 1986, wohnt in Soest und arbeitet an der CVJM Hochschule und beim Fresh X-Netzwerk e.V. Als Referentin und Podcasterin, aber auch im Ehrenamt engagiert sie sich für eine Kirche, die sich immer wieder neu von ihrer Sendung inspirieren lässt.

**Dag Heinrichowski SJ**
geboren 1991, ist Jesuit und Priester. Er lebt mit seiner Kommunität in Hamburg, wo er in der außerschulischen Jugendarbeit arbeitet. Sein Theologie- und Philosophiestudium führte ihn u.a. nach Schweden und Paris. Seit 2022 ist er zusätzlich Koordinator des Weltweiten Gebetsnetzwerks des Papstes und

entdeckt dadurch neue Perspektiven zu Gebet, Gemeinschaft und Glaube in digitalen Räumen.

**Maria Herrmann**
geboren 1984, lebt und arbeitet in Hannover. Als katholische Theologin forscht sie zu Innovation und Kreativität, Leadership und Veränderungsprozessen. Dazu veröffentlicht sie in Büchern, Zeitschriften, Podcasts und Newslettern. Partys verlässt sie heimlich als Erste oder bleibt bis zum Schluss und hilft mit beim Aufräumen.

**Miriam Hoffmann**
geboren 1984, arbeitet als Gemeindepädagogin, Autorin, Dozentin und Beraterin. Sie lebt in Köln und gründet gerne Gemeinschaften. Zuletzt hat sie die beymeister (Fresh X) ins Leben gerufen. Mit ihren Kolleg*innen begab sie sich vor sieben Jahren in das Wagnis des Pioneerings. Seitdem wirbt sie dafür, dass „zu Gast-sein" in der Kirche zu etablieren. Sie begleitet Gemeinden im Aufbruch und Sterben, berät mit dem Schwerpunkt der geistlichen Leitung. Dabei ermutigt sie Schritte der Dekonstruktion und Liebe zu gehen, Sterbeprozesse von Strukturen und Formaten zu ermöglichen und in Ehrlichkeit die eigne Wirksamkeit anzusehen.

**Daniel Hufeisen**
geboren 1982, beschäftigt seit vielen Jahren die Frage, wie Glaube und Kirche in der heutigen Welt gedacht und gelebt werden kann, u.a. bei Emergent Deutschland. In Berlin konnte er dazu sieben Jahre mit der Fresh X FreiRaum experimentieren. Aktuell lebt er mit seiner kleinen Familie in Fürth, genießt elektronische Musik und fränkisches Bier und engagiert

sich beruflich für den Kirchentag 2023 und das MUT-Projekt der Evangelisch-Lutherischen Kirche in Bayern (ELKB).

**David Jäggi**
geboren 1981, Pfarrer der Evangelisch-methodistischen Kirche (EmK), lebt in einem idyllischen Städtchen in der Schweiz und vernetzt sich gerne global. Der rote Faden im Leben: Die theoretische Reflexion der Praxis. Seit Längerem als Blogger, aktuell als „netzabt" beim Fresh X-Projekt netzkloster und im Dissertationsprogramm „Theological Education" an der AWM Korntal.

**Johanna Kalinna**
geboren 1989, lebt und arbeitet in Köln. Als Pfarrerin der Ev. Kirche im Rheinland arbeitet sie in einer Kirchengemeinde und beim Projekt Erprobungsräume. Hier engagiert sie sich besonders für eine Mixed Economy und die Unterstützung von Pionier-Prozessen.

**Florian Karcher**
geboren 1982, lebt mit seiner Familie in der Nähe von Kassel, Professor für Religions- und Gemeindepädagogik an der CVJM-Hochschule, Autor und Hobbysommelier, engagiert sich beruflich und privat in Veränderungs- und Erneuerungsprozessen von Kirche und Jugendarbeit.

**Andrea Kuhla**
geboren 1982, ist als Gemeindepädagogin, Pfarrerin, PlayingArtist und Sternenkindmama mit SegensSachen in Berlin und im Netz unterwegs. Kirche und andersartige Ungewohntheiten passen für sie genauso gut zusammen wie Lakritz und Schokolade.

## Andrea Legge

geboren 1983, lebt und arbeitet in Freiburg. Sie bietet als Pastoralreferentin und AO-Psychologin Begleitung und Kurse in den Bereichen Pastoralpsychologie, Supervision, (Berufungs-)Coaching und Organisationsberatung an. Dabei verbindet sie psychologische Forschung und Praxis.

## Nico Limbach

geboren 1992, lebt und arbeitet aktuell als Vikar der Württembergischen Landeskirche in Neuenstein; hat davor als wissenschaftlicher Mitarbeiter am IEEG in Greifswald zum Thema Nachfolge geforscht; ist mit Begeisterung Teil des Netzwerks churchconvention und hat in seinem Leben nicht wenig Zeit auf dem Fußballplatz verbracht.

## Isabelle Molz

geboren 1979, lebt und arbeitet in Freiburg, Pastoralreferentin und Theologin mit einem ausgeprägten Faible für Liturgiewissenschaft, insbesondere für die Frage nach neuen und inklusiven Feierformen und -orten. Darüber denkt sie auch gern beim Radfahren durch die Kaiserstühler Weinberge nach. Und gefeiert wird nicht nur im Gottesdienst, sondern auch beim SC Freiburg.

## Lena Niekler

geboren 1989, lebt in der Nähe von Kassel. In ihrer Arbeit an der CVJM-Hochschule und im CVJM-Westbund experimentiert, forscht und schreibt sie zu Innovation in Kirche und Jugendarbeit sowie Leadership-Themen. „Into the wild" aufzubrechen und die eigene Komfortzone zu verlassen, ist ihre Leidenschaft – im Fresh X-Bereich genauso wie beim Wandern oder Biken in der Natur.

## Fabian Peters

Jahrgang 1987, hat in der evangelischen Kinder- und Jugendarbeit laufen und fürs Leben gelernt. Der promovierte Volkswirt leitet das Kompetenzzentrum Statistik und Datenanalyse der Württembergischen Landeskirche und ist einer der beiden Autoren der Freiburger Studie zu Kirchenmitgliedschaft und Kirchensteuer. Er ist zutiefst überzeugt, dass Daten dabei helfen können, kirchliche Arbeit (noch) besser zu machen.

## Anna Reppel

geboren 1993, ist staatlich anerkannte Sozialarbeiterin und studierte Wirtschafts- und Sozialwissenschaftlerin. Pixel Sozialwerk ist bereits ihr zweites christliches Kinder- und Familienprojekt, welches sie federführend aufgebaut hat. Anna liebt Obst und Einhörner.

## Erik Reppel

Jahrgang 1991, aufgewachsen im Erzgebirge, hat Bankbetriebswirtschaftslehre an der DHBW Stuttgart in Kooperation mit der Landesbank Baden-Württemberg (LBBW)studiert und ein Traineeprogramm im Risikomanagement Corporates absolviert. In Erfurt folgte ein Master in Finance & Accounting. Seit der Gründung von Pixel Sozialwerk arbeitet Erik nebenbei in der Steuerberatung, Wirtschaftsprüfung und als Berater für kommerzielle, kirchliche oder soziale Projekte.

## Jonte Schlagner

geboren 1987 im famosen Sauerland lebt mit seiner Frau und seinen beiden grandiosen Jungs im Sozialbau in Iserlohn. Dort teilt er Leben, Glauben und Arbeit in der Lampion Community. Und weil er behauptet, dass Orte mit besonderen Herausforderungen auch besonders hochwertige Antworten verdienen, gründet Jonte hier den sozialen Co-Working-Space „Frohet Schaffen".

**Adrian Micha Schleifenbaum**
geboren 1988, hat sehr lange Evangelische Theologie studiert. Unter anderem in Nottingham und Heidelberg. Dort hat er zum Thema „Kirche als Akteurin der Zivilgesellschaft" promoviert und sich dabei auch intensiv mit Fresh X und Gemeinwesendiakonie beschäftigt. Mit seiner Familie lebt er in Gießen, wo er auch als Pfarrer arbeitet.

**Christian Schröder**
geboren 1983, lebt in Aachen. Als Autor und Coach arbeitet er vor allem zu den Themen Storytelling, Digitalität und soziale Innovation.

**Sarah Vecera**
Jahrgang 1983, lebt mit ihrer Familie in Essen und arbeitet bei der Vereinten Evangelischen Mission. Sie ist Theologin, Pädagogin, Bildungsreferentin, Autorin und Aktivistin mit den Themenschwerpunkten Anti-Rassismus und Intersektionalität. Dazu veröffentlicht sie in ihrem Podcast „Stachel und Herz", auf Instagram @moyo.me und in diversen anderen digitalen und analogen Print- und Funkmedien.

**Janette Zimmermann**
Jahrgang 1984, lebt, nach einigen Jahren Jugendkirchenarbeit in Peine, mit ihrer Familie wieder in der Kleinstadt Springe (Region Hannover). Dort ist sie als Diakonin und Kirchenpionierin bis 12/2022 in einer evangelisch-lutherischen Kirchengemeinde mit der Generation der 25- bis 45-Jährigen unterwegs und erforscht, was ihnen im Leben wichtig ist und

warum das so wenig mit Kirche zu tun hat. Sie liebt Fragen mehr als Antworten und träumt von einer Kirche, die Räume aufmacht und Innovation endlich anpackt. Ihre Leidenschaft ist aus kleinen Dingen große Goldmomente entstehen zu lassen und Spaghettieis.